U0014235

全球紀行 05

聖戰與文明

伊斯蘭與西方的永恆衝突

張錫模 著

導讀

張國城

張錫模教授的《聖戰與文明》一書，堪稱對伊斯蘭世界政治史和國際關係史的經典著作。充分詳盡的史料與邏輯精潔的敘述，讓讀者能夠一窺伊斯蘭世界和西方勢力衝突和消長的經過與原因。要了解本書的架構及作者所要表達的真意，可從以下幾大脈絡來進行：

一、伊斯蘭教的起源、伊斯蘭法與伊斯蘭世界的出現，以及穆斯林的世界觀。

許多人都對中東問題的產生感到迷惑，這相當程度是緣於對伊斯蘭世界的誤解。本書第二章和第三章詳細敘述了伊斯蘭教的興起，伊斯蘭世界的地緣政治環境及伊斯蘭世界的形成過程。從所處的地理環境和地緣政治，可以理解伊斯蘭世界的形成特質－－不是先天排他的宗教。作者在導論中就提到伊斯蘭的歷史大都對異教徒採寬容態度，向少出現西歐中世基督教世界那樣的宗教迫害和宗教戰爭。

穆罕默德在西元六一〇年在麥加創立伊斯蘭教之後，「伊斯蘭法」的觀念漸次形成。伊斯蘭法將世界分為「伊斯蘭之家」（Dar al-Islam，意指伊斯蘭世界）和「戰爭之家」（Dar al-Harb，非伊斯蘭世界），「聖戰」的意義就是促使非伊斯蘭世界整合到伊斯蘭世界，重點是傳播信仰。穆斯林世界認為若一個穆斯林依據伊斯蘭法生活的權利遭到否決，「聖戰」就成為責任。

所以「聖戰」不是外界想的那樣，只是穆斯林不惜犧牲自己生命去攻擊非伊斯蘭世界異教徒的行為，本書充分解說了伊斯蘭教的起源與穆斯林的世界觀，打破了伊斯蘭世界封閉排外的傳統觀念，值得讀者仔細挖掘深思。

以伊朗來說，長期在媒體中呈現的形象就是一個反美反西方的國家。事實上伊朗有源遠流長的歷史，在文明的發展上相當早，也並不是一開始就是穆斯林國家。西元六三七年穆斯林軍在卡迪西亞戰役打敗波斯薩珊王朝的軍隊，攻佔其首都泰西封，開始了伊斯蘭對波斯的征服，接著又被突厥人與蒙古人又相繼入侵，十六世紀初的薩非王朝才開始以回教什葉派為國教。十八世紀初贊德王朝（Zand Dynasty）、卡加王朝（Qajar Dynasty）相繼崛起，但因長期戰亂，國勢衰竭，長期被英國、俄國甚至阿富汗侵略，一七二二年伊朗的薩法維帝國就被阿富汗進攻之後滅亡。十九世紀又歷經兩次與俄國的戰爭和一次與英國的戰爭，因此長期存在反抗外來勢力的觀念。有趣的是，今天以色列和伊朗勢如水火，事實上在猶太歷史裡，薩珊王朝是猶太人信仰擴張的重要時代。猶太教重要的宗教文獻《塔木德》是在薩珊王朝時期完成的，多所以猶太人為定位的學術機構在伊朗的蘇拉、蓬貝迪塔（Pumbedita）等地建立起來，這些學術機構在多個世紀以來在猶太學術方面是最有影響力的。

今天要理解伊朗問題，不能忽略這一國家長期身處伊斯蘭世界下的所經歷的歷史經驗。伊朗如此，阿富汗與其他伊斯蘭國家亦然。《聖戰與文明》一書恰可提供非常豐富的歷史敘述和思考基礎。

二、近代國家體系論理、體制和伊斯蘭世界的互動和衝突

就作者的見解，西方世界與伊斯蘭世界的衝突若以杭廷頓的「文明衝突」來解釋，顯得粗糙。作者認為的「文明」，事實上是指十八世紀下半葉以降，源自西歐的國家體系論理及體制。這和「聖戰」所追求的政治秩序（伊斯蘭共同體的建立和伊斯蘭法的統治）在「權力」、「和平」、「秩序」及「正義」等概念，存在本質的差異；十九世紀歐洲國家用以合理化對外擴張的「文明開化」觀在伊斯蘭世界引起的反抗，形成了衝突的原動力。今日所謂的中東問題，相當程度起源於這種歐洲國家體系中強國對伊斯蘭世界的侵略，及「主權國家」概念和伊斯蘭世界觀的衝突。

在第四章「西歐國家體系的衝擊」中，作者詳細介紹了西歐「國家」體系成立的過程。並且說明了當代國家行為與國際關係的政治哲學基礎。本書雖是國際關係方面的著作，但這一段的解釋即使拿來和專業政治思想史與政治哲學著作相比，也絲毫不遜色。近代，西方發展出的國際體系係建立在以主權國家為基本單位的原則之上，以權力平衡政策作為體系成員彼此互動的最核心考慮及外交活動的中心，在這一體系中，沒有凌駕於其他國家之上的一個強大中心，至少就法律形式上是如此，這也是十九世紀至二十世紀初英俄之後用以干預進而分解伊斯蘭世界存在的帝國（蒙兀兒、土耳其）的基本原因。這種主權國家為國際體系基本單位的觀念，導致英法在一次

大戰後在伊斯蘭世界創設主權國家，並視本身利益需要對這些伊斯蘭世界的主權國家扶植、打擊或是削弱。時至今日，反倒是伊斯蘭國家屢屢堅持本身的「主權國家」地位，先是在二戰後到一九七〇年代作為擺脫西方控制，追求伊斯蘭國家政治獨立自主的動力，如今也以此抗拒「普世價值」的滲入，實在是非常有趣的發展。

三、石油、「普世價值」「阿拉伯之春」與伊斯蘭世界的未來

伊斯蘭世界是石油的主要產地，也是石油改變了近代伊斯蘭世界的面貌。二次世界大戰之後，由戰時科技帶來的「石油經濟」發展讓西方世界和伊斯蘭世界的互動增加了資源掌控權的合作與爭執。伊斯蘭世界發現主權國家身分有利於和西方世界爭取和控制於本身領土內的石油。因此強調對主權的控制，這時候西方國家對伊斯蘭世界存在敵友兩種角色；敵的部分來自於過往歷史的侵略，友的部分在於對石油的需要所傾注的財富。

到了一九九〇年代，超乎國境的「普世價值」逐漸成為西方國家和伊斯蘭國家新的互動動力。伊拉克侵略科威特被聯軍消滅，理由是維護主權國家疆域完整獨立的「普世價值」；二〇一一年茉莉花革命的出現，又一定程度呼應了另外的「普世價值」--民主政治。

值得注意的是，雖然西方的國家論理和國際關係體系歷史上每每衝撞伊斯蘭世界，但近十年來，伊斯蘭國家並未完全以「反對西方」為思考原則去重建中東的政治架構。在作為一強的伊拉克被削弱之後，出現的是類似西方自由主義者所倡議的集體安全組織。在二〇〇〇年十二月

三十一日在巴林首都舉行的第二十一屆海灣阿拉伯國家合作理事會首腦會議上，作為伊斯蘭國家的成員國領導人就簽署了共同防禦條約，強調海合會成員國決心共同抵禦任何威脅。該條約包括成立聯合防務理事會，隨後衍生出「最高軍事委員會」，制定特殊的組織結構和行動機制。二〇〇九年十二月在科威特召開的第卅屆首腦會議上，海合會領導人又一致通過了海合會防禦戰略，確立了海合會國家的戰略思想，協調和加強防衛一體化，發展維護主權、獨立與利益的防禦能力，抵禦侵略，聯手應對挑戰、危機和災難。二〇一〇年十二月六日，第卅一屆海合會首腦會議再次在阿拉伯聯合酋長國首都阿布達比舉行。這次的主要議題擴大到包括伊朗問題，制定反恐戰略，打擊滋生的基地組織，在周邊國家邊界建立控制和監視機制等。

顯然，當前伊斯蘭世界認定的威脅不是西方國家。從軍備採購到提供基地，合作日漸明顯，美國發動的反恐戰爭上一定程度也被認為符合伊斯蘭世界(至少部分)的利益。事實上對伊斯蘭國家而言，他們的核心關切之一是如何與美國這樣的唯一超級強權打交道。面對區域外的強權時，每一個國家都有兩種很自然的傾向。第一種傾向是「權力平衡」，各自連結起來打造有力的同盟體來牽制區域外強權（在這裡是美國）的力量，並據此控制該強權的行為。第二種傾向是「西瓜偎大邊」，即和強權維持良好乃至緊密的關係，藉以促進本國的利益。這種雙元性的反應傾向，連同強權的回應，構成推進當代國際政治體系變遷的基本動力。

若依「聖戰」與「文明」長期衝突的觀念，美國單一超級強權的壓力，會促使伊斯蘭國家很自然地想要尋求結盟來反制美國。但是，由於權力的差距是如此地巨大，權力的不對稱是如此地明顯，因而同盟體的締造顯得極為困難，至少蘇聯解體迄今以來是如此。畢竟，要締造一個力量足以和美國相捋的同盟體，是一項非常艱困的工程。在這個過程中，又有兩種力量會構成嚴重阻力。其一是美國的介入，採行「分而治之」的策略來破壞反美同盟體的形成；其二是伊斯蘭各國的自利行為，即利用締結反美同盟體的威脅來向美國爭取更多的利益，反美為假，對美求婚為真。然而，西方和伊斯蘭體系的不對稱現實並未獲得消解或緩和，不對稱仍繼續存在，甚至因此而加深。

從二〇一〇年開始出現的「阿拉伯之春」，出乎很多人意料。事實上，阿拉伯許多思想家、文學家幾年前就已作出預言。這其實是源於穆斯林社會的反思傳統；他們除了指出存在於阿拉伯國家中政治、經濟、社會的積弊外，更通過分析阿拉伯世界深重的文化與社會危機，判定阿拉伯大地正在醞釀巨大的變革或革命。二〇一一年美國《外交政策》推選為全球百位思想家之首的埃及小說家阿斯旺尼，在二〇〇八年接受美國《紐約時報》採訪時談論起埃及的處境，就表示「專制統治者誅殺了埃及的精神，遮蔽了埃及的光芒。」「…人民一旦憤怒，一切都會改變，革命就是這樣自發地、無人策劃地爆發的」。

很多阿拉伯知識份子認為，僅從政治、經濟與國際關係的角度分析阿拉伯民族面臨的危機依然不夠，有必要從文化與思想角度深刻審視阿拉伯危機的根源。這一點，北京大學的阿拉伯專家薛慶國教授說的最為透徹。他認為阿拉伯社會的問題在於：「第一，具有膜拜權威、壓抑個性的專制主義傾向，對權威的順從與膜拜，與對神靈絕對權威的信仰糾結在一起，使專制主義在阿拉伯社會大行其道。第二，神本主義、宗教蒙昧主義盛行，不少人對宗教的理解本質上依然沒有走出中世紀之囿。第三，對西方缺乏理性認識，認為西方世界是腐敗墮落的，因而排斥西方現代先進價值，思想趨於保守與封閉。第四，宗派主義思想根深蒂固。國家、社會的概念並未深入人心，族群利益被置於國家與民族利益之上。第五，男尊女卑、歧視女性的痼疾難以消除。」

事實上，從《聖戰與文明》一書中所敘述的伊斯蘭世界歷史，可以發現伊斯蘭世界原本不是如此。筆者認為，由於伊斯蘭世界一再被作為西方文明圍堵俄羅斯和蘇聯的基地，蘇聯為了制衡西方進而爭奪和西方影響力，也要拉攏伊斯蘭世界作為緩衝區甚至結盟，對外在強權而言，一個穩固的獨裁者最適合需求，因為較可以保證緩衝區和同盟的安全不變。若緩衝區國家出現民主產生的領袖與自由思考的社會，「為單一強權提供緩衝區甚至結盟」的國家路線可能就會受到衝擊。所以無論蘇聯或是西方，對於屬於自己的緩衝區國家和同盟國家之中由領袖操作，利於鞏固統治的專制主義或神本主義都聽之任之。

今天西方和俄羅斯／蘇聯的二元對抗架構已經逐漸緩和，反恐戰爭並非西方國家與俄羅斯的對抗，因此筆者比較樂觀的認為，在緩衝區的概念逐漸從伊斯蘭世界淡化之後，這一地區的政治民主與社會開放是較可預期的。但「阿拉伯之春」是否能緩解西方和伊斯蘭體系的不對稱現實？

仍需要彼此更多的了解和智慧來決定。

張國城

澳洲國立新南威爾斯大學政治學博士

美國芝加哥大學國際關係碩士

台灣大學國家發展研究所碩士

台灣大學政治系國際關係組、會計系雙學位

曾任

會計師

行政院青年輔導委員會研究委員

行政院反恐辦公室研究員

自序

本書是「伊斯蘭與世界政治」三部曲的首部曲①，課題是解明世界政治中的伊斯蘭與源自歐洲的國家體系。在根本的意義上，本書的核心目標是借助理解伊斯蘭來檢討當代人類最大範疇的政治思想—世界政治秩序觀。

近代人類政治思想的發展主流，率皆以國家（state）為中心範疇，亦即以國家這樣的政治單位作為思考的基本起點，而國家此類政治單位成立的前提—國家體系的存在，則變成研究的預設而非研究的對象。

但是，如果人類思維活動的任務，首先在認識與解明一切現象的發生原因、變化與規律，藉此打開一條通往人類最高課題的道路—有意識、有計劃地進行人類歷史的自由創造，那麼站在人類總體文明的高度，重新解明世界政治的體系運作邏輯與變動規律，顯然不可或缺。

研究課題規範著研究的取材與敘述。為了解明伊斯蘭的世界政治秩序觀，源自西歐之國家體系的世界政治秩序觀，以及這兩種異質的世界觀相互之間的互動與衝突，研究者必須重溯歷史的根源。但這並不等於本書是部歷史著作。任務界定內涵，本書既不是，也不必是歷史著作，而是根據上述的問題意識與研究需要，以歷史為基礎，重新對政治理論進行檢討與釐清。

人類活在當代，當代的問題激發他去思索過去，藉以展望未來。任何一個研究者的問題意識，不可避免地會受到時代事件的影響，本書作者也不例外。二〇〇一年九月十一日美國紐約與華府同步恐怖攻擊事件，以及其後由美國政府發動的全球反恐戰爭②，刺激筆者探究。由於問題的根源相當深遠，要予以釐清就必須從根著手，因而作者並未直接切入當代世界政治的關鍵問題③，而是先回到更遙遠的過往去釐清問題的根源所在。這層考慮是「伊斯蘭與世界政治」決定以三部曲方式寫作的原因。

本書的年代表採用基督教紀元，這只是為了避免語句冗贅及便於國內讀者覽閱，並無以基督教為主體的絲毫用意，這一點需請讀者注意。再者，本書使用的文獻雖參考一些外文相關著作與論文，卻未運用阿拉伯文、波斯文或土耳其文等相關文獻。作者不諳這些語文的客觀事實，使本書的研究有著無可卸責的瑕疵。在這層意義上，本書，以及今後的第二、三部曲，只能說是嘗試之作，記錄的是區區一個研究者的困惑與思索，而功能只能說是激發其他更有條件的研究者展開更正格的研究。

任何一本書的完成，總會受到許多人的協助，對於那些曾經在作者知識與情感旅程上提供助力與安慰的人們，再此表達最誠摯的感念與謝意，尤其要感謝開啟我思考政治的導師　許介鱗教授，以及在歐亞大陸國際政治史屢屢予我寶貴教育的　張緒心教授。

最後，僅將本書獻給我的父親、母親、妻子，以及我那些仍居住在歐亞大陸，默默忍受著肉體上的苦難，且在精神上橫遭誤解乃至誣衊的穆斯林諸友。

張錫模

二〇〇二年十二月三十一日・高雄西子灣

①後因作者於二〇〇七年年十月十六日上午九時，病逝於台北榮民總醫院；「伊斯蘭與世界政治」三部曲最終仍未能完成。

②後續美國、英國等國家以指責薩達姆政權擁有大規模殺傷性武器為開戰重要理由，聯合對伊拉克宣戰，引發了長達八年（自二〇〇三年七月十日至二〇一〇年八月十八日，最後一批美軍撤出伊拉克的日期為二〇一一年十二月十八日）的伊拉克戰爭。除英、美外，澳洲、波蘭、南韓、義大利……等國也有參與此次聯合軍事行動。

③作者後續另著《全球反恐戰爭》一書，於二〇〇六年由東觀出版社出版；目前該書已絕版。

第一章

導論——聖戰與文明

「聖戰」（Jihad）一詞的本意是「神聖的戰鬥」（holy strugle），乃是伊斯蘭的特有論理，而「文明」則是十八世紀下半葉以降，西歐國家體系所整備而成的特殊論述。釐清這些關鍵詞的發展歷程與政治意義，將有助於透視伊斯蘭與主權國家體系這兩種論理之衝突的核心內涵。

I 導論：聖戰與文明

本書的主題是一場長達數百年的爭執，即圍繞者人類對世界政治的看法與要求之中，伊斯蘭與主權國家體系這兩種論理之間的衝突。

這場衝突的關鍵詞是「聖戰」（Jihad）與「文明」。「聖戰」是伊斯蘭的特有論理，而「文明」則是十八世紀下半葉以降，西歐國家體系所整備而成的特殊論述。釐清這些關鍵詞的發展歷程與政治意義，將有助於透視伊斯蘭與主權國家體系這兩種論理之衝突的核心內涵。

「聖戰」一詞的本意是「神聖的戰鬥」（holy strugle）①。先知穆罕默德於西元六一〇在麥加所創立的伊斯蘭，以及於六二二年在麥地那所建立的伊斯蘭共同體（umma），並不以「民族」來作為眾民政治屬性的首要定義，而是根據穆斯林與非穆斯林的（宗教）信仰線來區劃治下人民，因而用當代的概念來說，可以理解為「屬教主義」—生而為人、血緣，地緣等考慮，並非重點，重點在於是否信仰伊斯蘭，是不是皈依與遵奉伊斯蘭的穆斯林。在論理上與其後的體制上，所有的穆斯林一律平等，且需接受伊斯蘭法（Shari'a）的規範。在東亞古代文化將世界分為華（文化）與夷（野蠻）兩種畛域的世界觀相當，伊斯蘭法將世界分為「伊斯蘭之家」（Dar al-Islam，伊斯蘭世界）與「戰爭之家」（Dar al-Harb，非伊斯蘭世界）。理論上，這種區劃僅具暫時意義，隨著先知聖訓的不斷傳播，所有的「戰爭之家」，最終都會變成「伊斯蘭之家」，即世上所有人終將改信伊斯蘭，而穆斯林也有責任促使非穆斯林皈依真主。

在起源上，「聖戰」的精神在六二四年的巴德爾戰役（Battle of Badr）中被導入。在該場戰役中，穆罕默德和他那近三百名的跟隨者對抗兵力約為穆斯林三倍的古萊須部族，並且奇蹟似地戰勝。於是，巴德爾精神便成為伊斯蘭日後重要的精神遺產：信仰者以少勝多；「殉教是穆斯林的義務，勝利是阿拉的責任」②。勝者更相信此一精神，而敗者則認為挫敗只是短暫的現象。穆罕默德於六三二年逝世後，伊斯蘭共同體從阿拉伯半島快速向外擴張，迅速建立起橫跨北非與西亞的大帝國。在此一向外擴張的過程中，「聖戰」的意義被擴大為促使非伊斯蘭世界整合到伊斯蘭世界的努力。這種信仰的傳播，固然在必要時使用武力，但多數場合是採取和平手段。事實上，整部伊斯蘭的歷史，大都對異教徒採寬容態度，向少出現西歐中世基督徒世界那樣的宗教迫害與宗教戰爭。「左手古蘭經，右手彎刀」，是十字軍東征時的故意醜化，不是事實。

進入十世紀，伊斯蘭帝國的擴張停止，「聖戰」跟著幾乎完全消失。十一世紀末以降的七次十字軍東征（一〇九六年到一二九一年），促使穆斯林武裝起來防衛伊斯蘭共同體，此即為防禦型的「聖戰」觀念。此後，穆斯林世界對聖戰的理解，主要即從此一防禦觀出發，其基本思維是：如果一個穆斯林依據伊斯蘭法生活的權利遭到否決，那麼他就是生活在「戰爭之家」，而「聖戰」即變成責任③。

蒙古帝國征服西亞時代，穆斯林的反抗即本諸此一防禦型的「聖戰」觀。鄂圖曼土耳其④、薩法維王朝下的波斯，以及印度的蒙兀兒等三大伊斯蘭帝國在十四至十六世紀崛起後，並未影響到穆斯林對「聖戰」（防禦伊斯蘭共同體）的基本見解。十八世紀以降，三大伊斯蘭帝國中衰，漸次遭到西歐國家體系列強的侵略與殖民，防禦型「聖戰」成為部份穆斯林反抗的論理，但這些反抗並沒有成功，尤其未建立起明顯具有跨區域（國際）的武裝連帶。直至一九七九年蘇聯入侵阿富汗，才出現國際性的穆斯林武裝連帶與「聖戰」運動。

一九七九年至一九八九年的阿富汗戰爭，是當代伊斯蘭「聖戰」的轉捩點。為了擊潰蘇聯，美國在這段時間與巴基斯坦、沙烏地阿拉伯、埃及、中華人民共和國等國合作，協力動員全球穆斯林介入阿富汗戰爭，訴諸抵抗無神論者（蘇聯共產主義）對伊斯蘭之侵略的防禦型「聖戰」論理，動員來自北非（埃及為主）、西亞（沙烏地阿拉伯與葉門為主）、巴基斯坦（西北邊省與喀什米爾為主）、中國（新疆維吾爾自治區），以及東南亞（菲律賓岷答那峨與印尼）等國的穆斯林聖戰士（mujahideen）前往阿富汗參加反蘇游擊戰，迫使蘇聯在阿富汗陷入長達十年的泥沼戰。日後成為國際焦點的奧薩瑪・賓拉登（Osama bin Laden，一九五七年至二〇一一年）和他組建的「蓋達組織」（al Qaeda，原意為基地）⑤即是此一「伊斯蘭對抗共產主義」謀略下的產物⑥。

阿富汗的十年泥沼戰導致蘇聯的戰爭機器陷入史無前例的危機，令克里姆林宮無法再用暴力機器鎮壓異議，從而打開了民主化的道路。再者，一九八五年美國與沙烏地阿拉伯合作，聯手主導國際油價巨幅下挫，直接使財政依賴石油出口收入的蘇聯經濟重創，迫使戈巴契夫（Mikhail

Gorbachev，一九三一年—）不得不著手進行「重建」。這些因素相加，促成了中東歐共產圈的體制變革，並在最終導致蘇聯的解體⑦。

當代「聖戰」與聖戰士集團是美國冷戰謀略的產物。此一謀略確實奏效，在阿富汗擊潰蘇聯並促其解體⑧，代價則是阿富汗延宕不止的內戰悲劇、中亞於蘇聯解體後成為能源鬥爭的新場域，以及聖戰士集團返國後各自對自己的政府倒戈相向：阿富汗聖戰士集團間的內戰加巴基斯坦的戰略，促成塔利班⑨的崛起；回到埃及的聖戰士集團，成為攻擊穆巴拉克政權（二〇一一年結束）的主力⑩；來自維吾爾自治區的聖戰士，現在成為新疆反抗中國共產政府的主要武裝力量；而回到喀什米爾的聖戰士，則成為激化印度與巴基斯坦關於喀什米爾之爭的新主角。

更重要的轉折是一九九〇至一九九一年間的波斯灣戰爭，一九九〇年八月七日，海珊總統（Saddam Hussein，一九三七年至二〇〇六年）派遣伊拉克大軍侵入科威特，引發以美國為首的國際聯軍攻擊。為了牽制聯軍的攻擊，一九九一年元月，來自全球各地伊斯蘭主義諸運動的部份領袖們在巴格達集會，發表聲明支持海珊所稱的「聖戰」，並在聲明中批評伊拉克與科威特的國界線是西歐帝國主義恣意的人為產物，而真正的伊斯蘭信仰應該超越國界。此外，在該次會議中，來自約旦的伊斯蘭長老塔米尼（al Tamimi）甚至提議選舉海珊作為「全球穆斯林共同體的哈里發（Caliph）」⑪。

如此，伊拉克總統海珊遂成為當代以反美為主軸之「聖戰」的創始人。這場「聖戰」插曲被歐美諸國政府視為鬧劇，他們認為伊拉克入侵科威特的行為明顯違反國際法，踐踏當時美國總統布希所宣稱的「新世界秩序」，並據此發動以美軍為主力、聯合國為名的多國聯軍，對伊拉克展開攻擊。在此一多國聯軍中，有沙烏地阿拉伯、約旦、敘利亞等諸多穆斯林國家的軍隊參與，剛好與海珊所呼籲的全球穆斯林「聖戰」背道而馳，顯示伊拉克專制政府為了合理化其行為而展開的伊斯蘭式動員，並未獲得全球絕大多數穆斯林的支持。

儘管如此，波灣戰爭確實成為伊斯蘭主義國際武鬥派抬頭的重要觸媒。以波灣戰爭為契機，美軍進駐沙烏地阿拉伯，以及戰後美國主導聯合國對伊拉克的長期制裁，造成該國老弱婦孺大量受難，使奧薩瑪・賓拉登和他的蓋達組織倒戈，世界政治舞台上自此出現全新的國際「聖戰」組織，以世界規模的樣態登場，並自一九九二年以降升高對美武裝鬥爭，一九九八年呼籲對美發動「聖戰」。其後，迎來了二〇〇一年的九一一事件與美國的「全球反恐戰爭」⑫，主戰場仍舊在昔日的阿富汗戰場—阿富汗、巴基斯坦西北邊省與喀什米爾，只是劇情逆轉：一九八〇年代是美國聯合聖戰士集團共擊蘇聯，而現在則是美國聯合俄羅斯共擊聖戰士集團。

與當代聖戰的思想與實態相較，美國則有自己的理解與論述，其基本歷程是：「伊斯蘭復興」、「原理主義」、「聖戰」、「文明」的衝突。

自一九七〇年代起，通過一九七三年第一次石油危機，「伊斯蘭問題」便逐漸成為美國新聞界、政界與學界關注的課題之一，進而引發伊斯蘭熱與相關爭論⑬。一九七九年伊斯蘭革命、造成數百人死亡的聖地麥加大清真寺（God Mosque）佔領殺人事件，以及蘇聯派軍侵入阿富汗首都喀布爾而引爆日後長達十年的阿富汗戰爭等事件，標誌出穆斯林世界的劇烈變動。這一年，適逢伊斯蘭曆一四〇〇年，因而伊朗、沙烏地阿拉伯與阿富汗的三大事件，在全球穆斯林社會中激起廣泛的波紋，並在歐美造成極大的震撼，「伊斯蘭復興」（Islamic Resurgence）的問題，漸次成為注意的焦點。在這段期間，研究者的共同點是著力於探討「伊斯蘭與政治」這兩大變數之間的關聯⑭。

進入一九八〇年代，除了阿富汗戰爭的研究之外，伊斯蘭「原理主義」（fundamentalism）的議題也逐漸受到歐美學界的重視。一九八一年十月六日埃及總統沙達特（Anwar Sadat, 一九一八年至一九八一年）被刺身亡，一九八二年以色列侵略黎巴嫩而導致什葉派武鬥團體在黎巴嫩崛起，一九八三年真主黨（Hizballah）等武鬥派在黎巴嫩對以色列與美國發動「聖戰」，一九八七年起「哈馬斯（伊斯蘭抵抗運動）」（HAMMAS）與「伊斯蘭聖戰」等組織在巴勒斯坦對以色列展開大眾蜂起（intifadah），以及在一九八九年以降阿爾及利亞穆斯林武裝反抗與暗殺的激化，使歐美學界日益將「伊斯蘭原理主義」與「暴力反抗」這兩個不同的議題聯繫起來看待，並將研究焦點側重在原理主義的暴力面上⑮，日益關注伊斯蘭「聖戰」問題⑯。與一九七〇年代將研究重點置於「伊斯蘭與政治」相較，此一階段的研究重點，轉至伊斯蘭原理主義（Islamic Fundamentalism）及暴力／恐怖主義這兩者之關聯性。在此一論述基礎上，加上一九九一年的波灣戰爭，以及一九九三年以降的一系列以美國為主要對象的恐怖攻擊事件，一方面伊斯蘭「原理主義」與恐怖主義漸被等同起來，另一方面則開始出現「文明衝突」的新論述。

「諸文明的衝突」（'clash of civilizations'）一詞，最早由英美學界著名的中東史家路易士（Bernard Lewis）於一九九〇年在美國提出⑰。一九九三年，哈佛大學教授杭廷頓（Samuel P. Huntington, 一九二七年—二〇〇八年）沿用路易士的修辭在《外交事務》季刊上發表題為「文明衝突論」的長篇論文⑱，論斷「人類的巨大分歧，以及衝突的支配性來源，將會是文化。……文明之間的斷層線（fault lines）將會是為來的戰鬥線⑲。

在杭廷頓「文明衝突論」正式提出之前，即已出現針對「（作為抽象概念之）宗教會打架」理論的反駁論述⑳。畢竟，在學理上，杭廷頓的理論存在者幾項重要的缺陷㉑。

第一：杭廷頓的論述採取了語意曖昧（semantic ambiguity）的修辭策略，經常將文明、文化與宗教三詞混合使用，但對文明單位的界定及諸文明之間的界線區劃原理之闡述卻顯得極為模糊。

第二：作為抽象的集合性概念，文明畢竟不是國際政治的行為主體，且主體之間有衝突紀錄，並不等於今後必然會發生衝突。

第三：在具體分析上，無論是伊斯蘭或是基督教，都不是鐵板一塊。源自冷戰意識型態宣傳的「西方」一詞所代表的集合體，絕不是也不可能是「單一行為者」（unitary actor），而伊斯蘭此一抽象概念所代表的全球十餘億的穆斯林，也不是具有共同意志、目標、政治偏好，以及據此而展開集體行動的統一體。相反地，在全球穆斯林之間，國家體制的路線之爭，遜尼對什葉的宗派衝突、阿富汗遜尼派穆斯林之間的部族（普希圖對非普希圖）的分裂等，都在在顯示：將全球穆斯林視為統一的集合體，嚴格說來，只是源於語意曖昧所產生的混淆與誤解。

但是，研究者不能輕忽杭廷頓的主張，因為此類主張並非只是學術現象，更是政治現象。也就是說，杭廷頓的文明衝突論，並非只是針對世界政治現象進行詮釋，更是一種關於美國的策略論述。「文明衝突論」出現的時機，適逢美國在冷戰終結與蘇聯解體後重新界定其世界政治策略與地緣政治角色的摸索期。正如一位歐洲的學者所說：「明顯地，杭廷頓和路易士一樣，認為諸文明之間的核心界線是基督教與伊斯蘭之間的界線，儘管杭廷頓花了很大的篇幅描繪東正教與西方基督教之間的斷層線，並對中國的『儒教』文明、日本文明、印度教文明，以及其他投予了一定的關注。從十字軍東征以來，伊斯蘭文明即是西方的舊敵，以色列與巴勒斯坦之間存在著看似永無止境的敵意，所謂伊斯蘭原理主義的崛起，以及伊朗、伊拉克、敘利亞等國政府公開的反西方立場，使伊斯蘭成為共產主義邪惡帝國最適當的繼承人㉒」。

再者，杭廷頓用來描述世界政治衝突的特殊詞彙是「文明」一詞而非宗教，這畢竟具有意義。如果將「文明」寬鬆地定義為世界運行原理之主張與體制，那麼當代「聖戰」運動所追求的政治秩序—伊斯蘭共同體的建立與伊斯蘭法的統治，確實與源自西歐的國家體系論理・體制有著根本性的歧異，與其說是兩種普遍主義—「世俗」（西歐）的普遍主義與「神意」（伊斯蘭）的普遍主義—之間的衝突，毋寧說是伊斯蘭論理與國家體系論理對世界秩序中的第一義（primary）定義應該如何界定的爭議，即兩者之間對於「權利」、「和平」、「秩序」、「正義」等最重要概念的定義，存在著本質的差異。簡言之，這是關於「權利與正義」的根本性歧異。

更重要的是，「文明」一詞在世界政治上具有特殊的意義。與「聖戰」的本質是動詞（早期的「擴大」與其後的「防禦」）相當，源自十六世紀西歐絕對主義君主與權貴階層用來指涉「宮廷風格」的「文明」觀，至十八世紀下半葉即發展為西歐國家體系的動詞，並在一八一五年反革命的維也納體制之後，成為西歐國家體系列強對內「綏靖」（pacification），對外進行殖民擴張的理論武器。這就是十九世紀著名的「文明開化」（civilize）觀。作用力必引起反作用力，當列強向外強制推進其特有的世界政治觀與體制（「文明開化」）時，便在伊斯蘭世界引起穆斯林的反抗（「聖戰」）。因此，「文明」與「聖戰」必須視為一組配套概念，據此對世界政治的歷程與論理之爭加以體系性地把握。

本書即是關於伊斯蘭論理與西歐國家體系論理兩者長達數百年衝突的論述。本書的目的是揭示伊斯蘭的論理與國家體系論理的根本性歧異。透過在歷史過程中解明此一歧異的展開與變化，導出這場數百年的衝突對伊斯蘭、國家體系以及對世界政治的意義。

本書以下的討論，將從解明伊斯蘭的根本內涵，以及根據此一內涵所建立的「伊斯蘭世界體系」的運作原理與基本精神著手（第二、三章）。在西歐主權／領域國家體系尚未擴張到穆斯林世界之前，這個曾經長期支配中東達一千餘年之久的獨特「伊斯蘭世界體系」，塑造了中東穆斯林的世界觀，以及他們對人類政治組織方式與運行規範的特殊認識。在這個體系內部，則長期存在著多元中心－鄂圖曼土耳其、波斯薩法維王朝，印度蒙兀兒等三大伊斯蘭帝國。這個「一體系多中心」的伊斯蘭世界，在十八世紀下半葉已出現內發型的體系危機，構成了近代伊斯蘭復興運動的前提（見第四章），並決定著十九世紀以降「伊斯蘭世界體系」在遭遇西歐主權・領域國家體系向外擴張過程中的挫敗，與由此而來的原理轉換－轉向揚棄伊斯蘭世界體系的論理政策，而改採「民族－國家」的論理（見第五章）。

在這個複雜的歷史過程中，不同的國際位置，尤其是地緣政治位置，深刻影響著個別穆斯林社會被吸入全球主權國家體系的方式，並因此制約著伊斯蘭理論家們對因應之道的不同見解與不同策略。與此同時，西歐列強對伊斯蘭世界的殖民擴張，也改變著歐洲國家體系本身的論理與運行，法國大革命（一七八九年到一七九九年）製造的民族國家模型被移入巴爾幹半島後出現變形，而英俄兩大帝國在歐亞大陸內奧的「大競賽」（Great Game），則演變成史上首次帶有全球規模的地緣性政治衝突，據此塑造著「圍堵」的原型，為德意志的崛起準備了條件，從而激化著歐洲國家體系的矛盾，最終導向了第一次世界大戰（一九一四年到一九一八年）歐洲國家體系與伊斯蘭體系的同步崩潰（第六章）。在通過歷史的重審與論理的闡述後，再以檢討「權力與正義」的命題作為中間性結語。

註譯

①Alexander Pllols, The True Meaning of the Islamic Term 'Jihad', Radio Free Europe/ Radio Liberty(RFE/RL), Weekday Magazine, Sep. 20, 2001.

②M. J. Akbar, The Shad of Swords. Jihad and the Conflict Between Islam and Christianity（London and New York：Routledge Publisher, 2002）, p.9

③Ibid, p.36

④Ottoman Empire作者原文寫作為「奧圖曼土耳其」，但要說明的是，鄂圖曼土耳其是以開國蘇丹鄂圖曼一世的名字為國號，原文為دولت علیه عثمانیه，土耳其文：Osmanlı imparatorluğu，換言之，其實是接近原語發音的是「奧斯曼」。但台灣普遍採用「鄂圖曼土耳其」（阿拉伯語「عثمانی」轉義大利語「ottomano」）為對應翻譯國名，因此於此次改版將其修改為台灣讀者較為熟知的「鄂圖曼土耳其」。

⑤作者原文寫作為「軍事據點」（al Qaeda）集團，為求易讀性，故於此次改版修改為台灣讀者較為熟知的「蓋達組織」。

⑥這對史實最重要的著作是John K. Cooley, Unholy Wars: Afghanistan, America and International Terrorism(London: Pluto Press, 2000)

⑦Diego Cordovez and Selig S. Harrison, out of Afghanistan：The Inside Story of the Soviet Withdrawal（New York and Oxford： Oxford University Press, 1995）.

⑧直至目前（二〇一二年三月）阿富汗境內仍屬動盪，關於阿富汗內戰為阿富汗人民所帶來的影響可於卡勒德．胡賽尼（Khaled Hosseini）的小說：A Thousand Splendid Suns（中譯本《燦爛千陽》，木馬出版，二零零八年）中一窺究竟。

⑨طالبان波斯語原意為學生，意即「伊斯蘭教的學生」，也可意譯為神學士

⑩穆巴拉克自一九八一年起擔任埃及總統，期間長達三十年；二〇一一年在民眾示威浪潮下宣佈辭

職；下台後旋即遭到埃及總檢察長馬哈茂德以蓄意謀殺抗議者並且濫用權力謀取私利……起訴，目前司法審判仍持續。

⑪Bassam Tibi, The Challenge of Fundamentalism: Political Islam and the New World Disorder (University of California Press, 1998),p.15-16

⑫後來則引發長達八年（二〇〇三年至二〇一一年）的伊拉克戰爭。

⑬巴勒斯坦出身的美國比較文學學者薩伊德（Edward W. Said, 一九九三年至二〇〇三年）日後大享盛名的著作《東方主義》（Orientalism,立緒出版）初版於一九七八年，即是在此一背景中出現。參見：Orientalism: Western Conceptions of The Orient (New York: Routledge & Kegan Paul Ltd, 1978).薩伊德的「東方」僅侷限於今日通稱的「中東」，並未包括另一個重要的穆斯林區域—中亞、阿富汗、巴基斯坦與印度北部。

⑭代表著作是Ali Hillal Dessouki, Islamic Resurgence in Arab World, New York (NY: Praeger Publishers, 1982); John L. Esposito, Islam and Politics (Syracuse, NY: Syracuse University Press, 1984); R. Hrair Dekmejian, Islam and Revolution (Syracuse, NY: Syracuse University Press, 1985)

⑮參見Martin Kramer, Islam vs. Democracy, Commentary, Jan. 1993; Islam and Egyptian Politics (New York, NY: St. Martin’ s Press, 1990).

⑯代表著作為Dilip Hiro, Holy Wars. (New York, NY:Routledge, 1989).

⑰路易士著作甚豐，在英美學界被視為中東史研究第一人。他在一九九〇年應邀前往美國政府出資支持的傑佛遜講座（the Jefferson Lecture）發表專題演說，題為「伊斯蘭原理主義」（”Islamic Fundamentalism”），其後將演說稿改為專文，其中赫然出現「諸文明之衝突」的修辭。參見：Bernard Lewis, The Root of Muslim Rage, The Atlantic Monthly, No. 226, Sep. 3, 1990, pp.47-54.從這篇論文的標題用語：「穆斯林的憤怒」，即可看出路易士對伊斯蘭與穆斯林的偏見及刻板印象。

一位批評家指出，「穆斯林的憤怒」之類的描繪若能成立，那麼諸如「基督徒的憤怒」及「猶太教徒的憤怒」之類的描繪也將成立，但從未見過有使用此類的詞與來描寫歐美諸國的行為與動機，顯見路易士一文的標題已事先設定了論調與期望，從憤怒、暴力、仇恨，以及非理性的角度來區分伊斯蘭與「西方」，並加以簡化與抹黑。參見John Esposito, The Islamic Threat: Myth or Reality? (New York: Oxford University Press, 1992), pp.173-174

⑱Samuel P. Huntington, “The Clash of Cilization?” Foreign Affairs, Summer 1993, pp.22-49

⑲Ibid. p.22

⑳代表作為John Esposito, The Islamic Threat: Myth or Reality? (New York: Oxford University Press), 1992

㉑杭廷頓後來將他一九九三年的論文及針對該論文之批評的答覆整理成更具體性的專書，見Samuel P. Huntington, The clash of civilizations and the remaking of world order(New York: Simon & Schuster, 1996)，中文版《文明衝突與世界秩序的重建》聯經出版，一九九七年。

㉒Peter van der Veer, Political religion in the twenty-first century, in T. V. Paul and John A. Hall eds., International Order and the Furture of World Politics, (Cambridge University Press 1999), p.311

第二章

伊斯蘭的勃興

伊斯蘭於西元六一〇年由穆罕默德在阿拉伯半島創立，並漸次展開佈教活動，在當時阿拉伯半島特殊的環境中，這套建立在一神論基礎上的超越性思想迅速影響了阿拉伯半島諸民的互動，也創造了伊斯蘭獨有的政治／社會體系。權力擴張的同時也為伊斯蘭帶來新的矛盾，穆罕默德逝世後，其內部矛盾亦隨之引爆，暴露出原初伊斯蘭思想的核心矛盾之處，卻也帶動了新思想的產生與新體系的成立。

思想起自環境。不同的地理環境，生態系統（「風土」）孕育出不同的思想，尤其是社會思想。思想既不可在真空中產生，也不可能離開環境而獨立存在。自然地理．生態系統的差異，對居住在其中的人類生活與思維產生著重要的影響。在方法論上，地理決定論的古老說法早已喪失說服力，畢竟自然地理．生態環境並不能單獨而絕對地決定人類的生活。但是，生態環境卻對人類生活的可能性設定了基本的框架，人類只能在這個可能範圍內，面對有限的選擇，作出不同的決定，進而經營出不同的生活。選擇權的大小，主要取決於生態環境與人類技術水準間的相互關係，而技術水準又源自於人類為適應特定生態環境所激發出來。在最終分析上，自然地理．生態系統的特性決定社會生產力較快或較慢的發展，而生產力的發展程度又決定著整個社會制度，也就是決定社會環境的全部特性，並據由這些特性制約著個別人們的意圖、情感、認識、觀點，即整個心理與思維狀態。因此自然地理．生態系統、生產力與社會生產關係的發展，以及思維的演進這三者之間，存著一條無形卻有力的紐帶。

作為一種特殊的思想體系，伊斯蘭於西元六一〇年由穆罕默德在阿拉伯半島這個特殊的風土環境中創立，並漸次展開佈教活動。在當時阿拉伯半島特殊的環境中，這套建立在一神論基礎上的超越性思想，開始展現出巨大的威力，影響著半島諸民的互動。在伊斯蘭創立十二年後的六二二年，穆罕默德率領信眾遷至麥地那，建立史上最初的「伊斯蘭共同體」（Umma），思想與運動因而發展為新的政治／社會體系，並很快在半島政治中擴張開來。

權力的擴張帶來了新的矛盾，尤其新思想／體制與半島舊體制／思想之間的矛盾。在六三二年穆罕默德過世後，伊斯蘭進入哈里發（Caliph）時代，矛盾也很快被引爆，並因此推動著伊斯蘭共同體在哈里發時代驚人的擴張與體制的膨脹。在正統哈里發時代（六三二至六六一年），伊斯蘭共同體已擴張為涵蓋西亞大部份區域的阿拉伯帝國。

伴隨著伊斯蘭共同體的快速擴張，思想（伊斯蘭）因體制而茁壯，但思想與體制的矛盾也漸漸累積起來，最終演變成尖銳的思想分歧，暴露出原初伊斯蘭思想的核心矛盾，這又帶動著新思想的產生與新體制的成立。

I 帝國與諸神之爭

伊斯蘭思想的前提為一神論，而一神論誕生在亞洲特殊的自然地理環境・生態系統之中。

亞洲位於東半球的東北邊，東、西、南三面分別瀕臨太平洋、北冰洋與印度洋，面積四千四百萬平方公里，是歐亞大陸的核心組成（亞洲大陸面積為歐洲大陸的四倍半）①，面積在世界六大陸塊中排名第一，約佔全球陸地的三分之一強。在亞洲的東南端，馬來半島與大洋洲的澳洲大陸咫尺相望。再者，儘管在心理距離上，人們已經因教育而習慣地以為，亞洲與美洲因浩瀚的太平洋相隔而距離遙遠，但在自然地理上，亞洲與北美洲的北端，各有一角突出在北冰洋與太平洋之間，由寬度僅有八十六公里的白令海峽將兩大陸塊連結起來。

在自然環境與生態條件上，廣袤的亞洲有著無與倫比的複雜性。喜馬拉雅山脈、崑崙山脈、天山山脈、興都庫什山脈等世界首屈一指的大山脈縱橫，其間坐落著稀有的大山岳地帶西藏高原、遼闊的蒙古高原與哈薩克草原、整片西伯利亞的大森林地帶—樹海（Taiga），另有戈壁、塔克拉馬干等巨型沙漠橫亙其中，又有黃河、長江、恆河等大河所塑造的肥沃原野。從生態條件的角度看來，亞洲大略可以區分為三大區域：濕潤亞洲、半乾燥亞洲，以及乾燥亞洲。

來自太平洋與印度洋的大量濕氣，進入亞洲大陸塊的東側與南側，帶來豐沛的雨量，塑造著亞洲最濕潤的生態區域。這個地帶以中國、大陸部東南亞、印度次大陸為中心，包括日本、朝鮮半島、以及島嶼北部東南亞，可以略稱為「濕潤亞洲」（Wet Asia）。

在亞洲大陸塊北部，由於受到北冰洋濕氣的影響，並受到來自東部的太平洋風吹拂，孕育成廣袤的森林地帶。而在最北方的周邊，則因溫度過低而形成凍土帶；中國東北的北部與西伯利亞的大半部，是構成這個地帶的核心，其特色是降雨量雖少，但並不顯得乾燥，比較上屬於亞洲的亞溼潤地帶，稱為「半乾燥亞洲」（Semi-wet Asia）。

在亞洲大陸塊中部內奧，完全未能受到太平洋、北冰洋等外

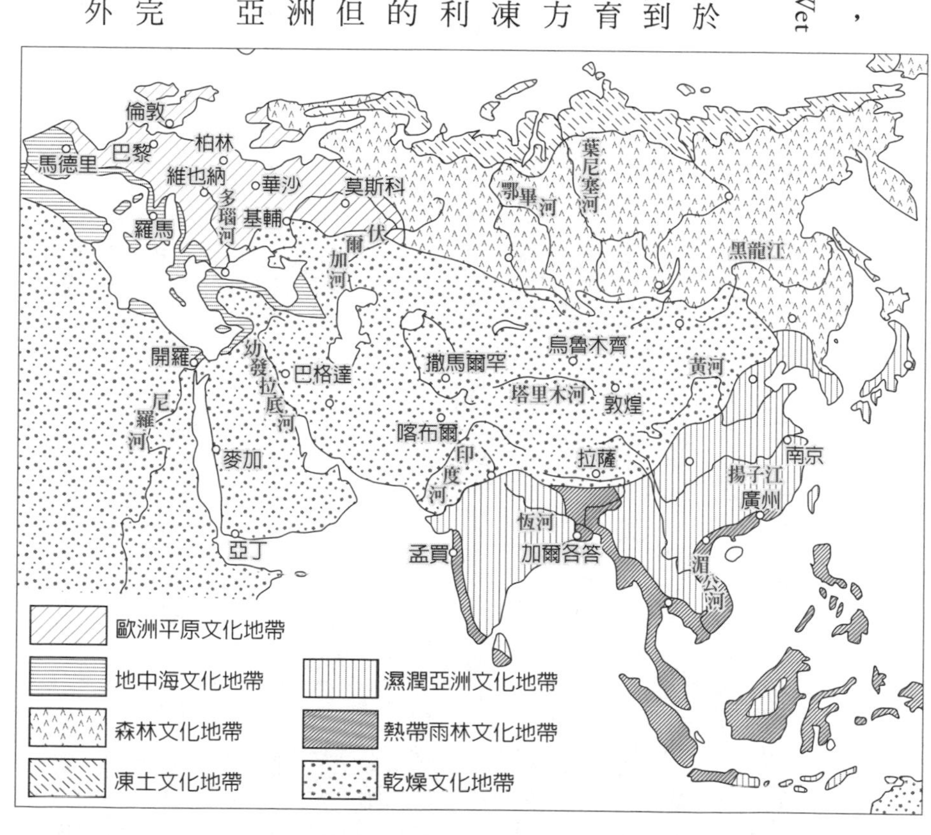

圖一　歐亞大陸的生態

洋影響的地帶，降雨量極低，沙漠與乾燥性草原相連。這個亞洲最為乾燥的地帶，從東亞中國東北的西側與興安嶺附近，貫穿蒙古高原，連接西伯利亞一部分、新疆、西藏、中亞、伊朗、阿拉伯半島等，以迄亞洲西端的小亞細亞（安納托利亞）、敘利亞與巴勒斯坦等廣袤區域。這個廣域地帶可以稱為「乾燥亞洲」（Dry Asia）。②

異質的自然地理．生態系統制約著人類的生產方式。濕潤亞洲（東亞與東南亞）可略分為大陸部與島嶼部；大陸部的生態環境適合人類從事農業耕作，農耕成為壓倒性的生產方式，因而又被稱為「稻米亞洲」。而在沿海島嶼部，除了農作之外，尚有海上活動——包括漁獲與利用季風（貿易風）航行的商業交易。與此相對，乾燥亞洲（中亞與西亞）因完全不受海洋氣流的影響，廣佈著沙漠與草原，因而又稱「沙漠亞洲」；住民的生活略分為兩大類型：在大草原（steppe）或半沙漠地帶，人類以移動（逐水草而居）方式蓄養牲畜，遊牧成為主流的生產方式。而少數可以利用河水或汲引地下水的地區，則形成農耕的沙漠孤島（綠洲）。遊牧的移居生活與綠洲的農耕定性生活形成強烈對比。在乾燥亞洲北方的半濕潤亞洲（北亞，相當於西伯利亞），是亞洲最寒冷的地帶，雨量較濕潤亞洲少而比乾燥亞洲多，雖有海洋的溼氣調節，但因緯度高，氣候嚴寒，水氣無法蒸發，形成廣大的針葉樹林—樹海，因而又稱「森林亞洲」。在樹海的北面，面向北冰洋的區域則成為凍土帶（tsudra）。居住在樹海地帶的住民主要經營著狩獵生活，而其北方的凍土帶住民則以漁獵生活為主，其中以愛斯基摩人最為著名。

不同的生產方式構成不同的文化型態，因此形成北亞遊牧文化圈、東亞農耕文化圈、南亞農耕文化圈、西亞的綠洲文化圈及北亞樹海地帶的狩獵文化圈和東南亞島嶼部的海洋文化圈等六大文化區域。③這些不同的文化圈（自然環境與人類生活的有機組合）孕育著相互交易的基本條件：亦即海洋、島嶼、河川、山岳、沙漠、湖沼、土壤的差異，動植物的分佈和生產性等自然地理還境和人類生活的有機連結，促成了人類團體之間的

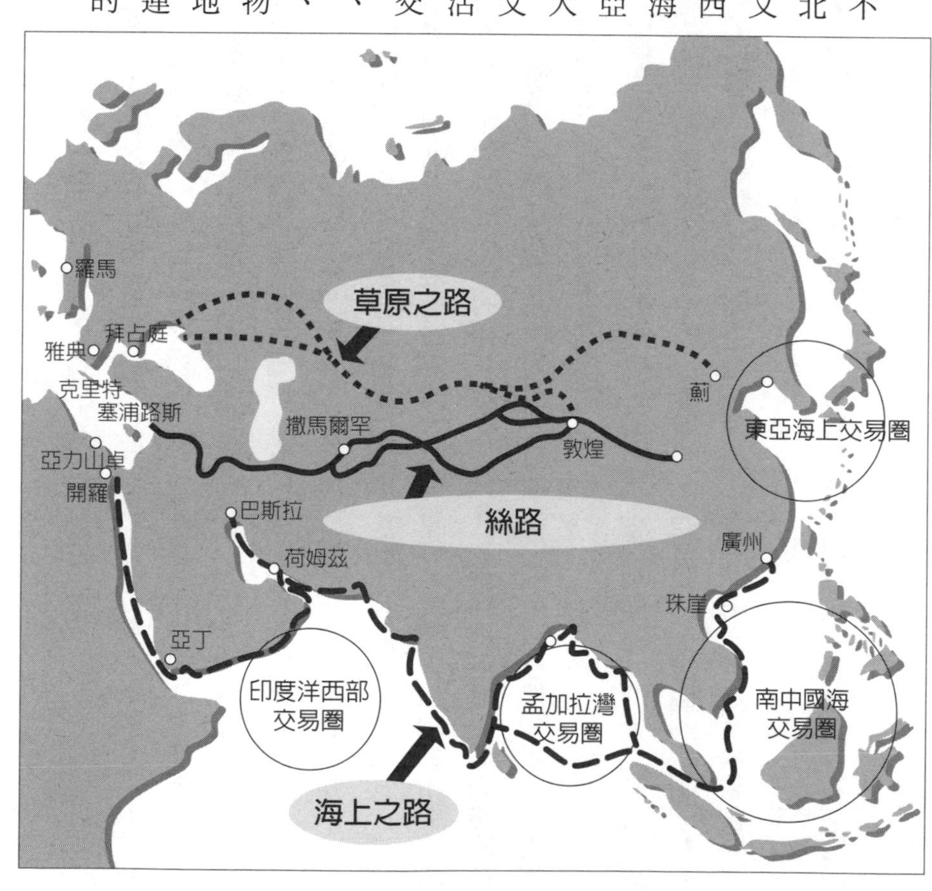

圖二　歐亞大陸的海陸交通網絡圖

相互交易，並因此在歷史上漸次形成了長距離交通網與異文化之間的互動。

網路（Network）的本質是不同地區之人類社群持續性互動所構成之關係的總和，其中以經濟交換關係為最根本的基礎。值得注意的是，經濟交換的原則並非單純來自於生產剩餘，而是具有某種程度之生產互補性的交換關係。遠距區域之間，因生態條件的多樣性與由此而生的生產性質之質、量、種類與時間等差異，是區域間相互交流關係成立的主因。在生態系差異條件的基礎上，各區域間透過物品的交換、人員的移動、資訊與文化的交流，構成了錯綜而長期持續的互動關係。再者，長距離交通網路的構築，也並非因經濟考量而形成，除了自然地理環境與生態系的條件差異外，人類的移動和擴散（如戰爭與侵略所造成的大規模遷徙，或因人口壓力所造成的經濟性移民等），以及文化的震源區域和擴散地帶的相互關係，皆會影響到長距離交通網路的形成與變化。換言之，長距離交通網路，由網路基層部份的自然地理・生態系諸條件、中層的人類移動，以及上層的認識／觀念體系等三個基本要素堆疊而成。[4]

從方法論的角度來說，連結廣袤各區域而成的複數交通網路，將不同區域的人們統合成更廣面的人類／自然關係的總體，從而形成人類認識中的（廣域的）「空間」，這個「空間」為人類所認識，即構成不同區域的人類對「空間」的不同定義。因此在十五、十六世紀西歐諸國展開所謂的「地理大發現」而創造出近代主流的地理觀—世界作為一體（the world as a whole）等觀念之前，不同區域的人類社群所抱持的觀念，並非世界作為一體的單數觀點，而是普遍存在著複數世界（worlds）或複數世界體系的觀點（world-systems）。⑤

在基督教紀元前後，整個歐亞非大陸早已出現複雜的長距離交通網路，略分為陸上網路與海上網路。陸上網路是最早被開發出來的交通網路，略分為著名的「絲路」與「草原之路」。絲路是最早被開發出來的交通網路，以中亞綠洲農耕定住民的駱駝商隊為主力，往來於綠洲都市之間而結成；其核心都市是大型的綠洲都市撒馬爾罕（Samarkand）。草原之路則是以遊牧民為主力，沿著北亞—歐俄草原線進行溝通。至於海上交通，在基督教紀元元年前後，埃及商人首次發現印度洋季風（冬為東北季風，夏為西南風）之後，

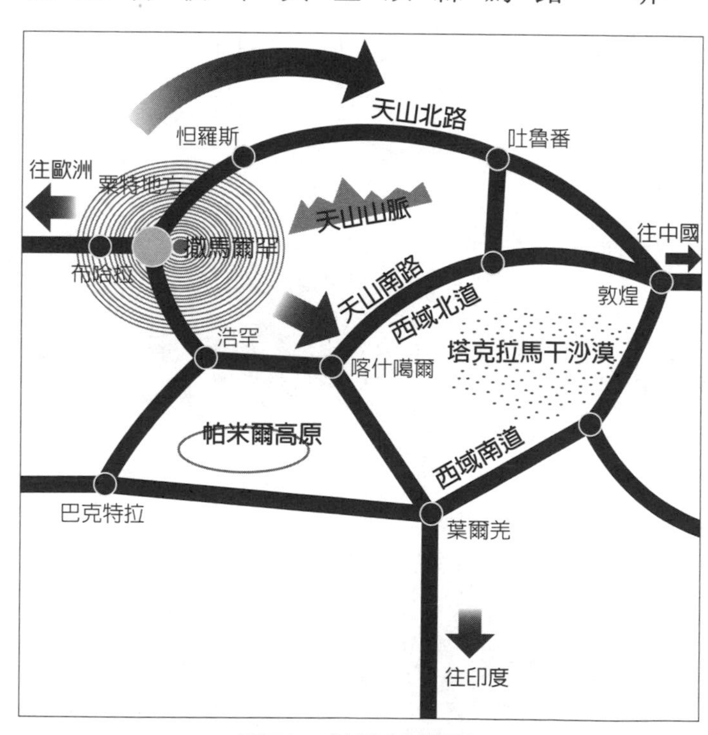

圖三　絲路結構圖

海上網路漸次被開發出來，並逐漸構成以印度洋為中心的複雜網路——「海上之路」。

而在亞洲西部，則連結著歐洲。亞洲與歐洲的區分，只是近代帶有特殊政治意義的人為概念，並非依據自然地理．生態系統的顯著差異來進行區劃。⑥在自然地理上，歐洲是歐亞大陸（Eurasia）向西端突出的小部份，可說是歐亞大陸在西端的小型半島，其總面積約為一千萬平方公里，略及亞洲的四分之一弱。整個歐洲的大部份地區，是北亞大草原的延長，其間烏拉爾山脈最高峰約一千八百公尺，是屬於比較低的山系，並不構成像天山、喜馬拉雅山等亞洲巨大山系那樣的溝通障礙。在平原的南北兩側則各自挺立著喀爾巴阡山脈、阿爾卑斯山脈，以及斯堪地那維亞半島的險阻山岳地帶。由於三面環海，整個歐洲深受海洋性氣候調節，溫暖而濕潤，鮮有不毛之地，海岸線既長且多樣，島嶼亦多，因而並無亞洲大陸那種大陸內

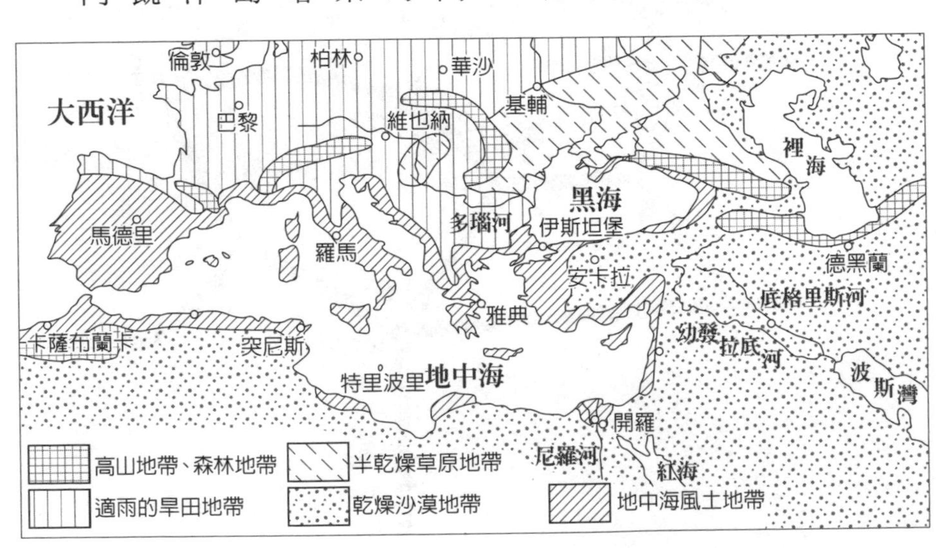

圖四　地中海世界

陸地帶與沿岸地帶在自然地理．生態條件上的極端對立，以及因此在社會經濟發展上所產生的明顯對比。

歐洲地理的特性，使洲內各區域的相互溝通較亞洲各文化圈的溝通來得容易。不過庇里牛斯、阿爾卑斯、喀爾巴阡等山脈的阻隔與山脈南北不同的水文，使歐陸一分為二，形成有明顯差異的「平原世界」（河運文化圈）與「地中海世界」（海洋文化圈）。

平原世界的自然地理特色是河運發達。在阿爾卑斯山脈以北的歐洲，地勢平坦連延，一年四季水量豐沛的河川極多，構成極為發達的水運網，是十九世紀中業鐵道革命之前，阿爾卑斯山脈以北的最大交通網。著名的港口，如倫敦、科隆、不萊梅、漢堡、盧卑克等，都是倚靠河川的都市（河市）。至於海港的發達則是在十六世紀之後。

相對地，注入地中海的河川，因阿爾卑斯、亞平寧等山脈向前延伸，直迫海岸，地勢險峻，所以除了義大利北部的波河之外，其他河流的水量都不豐，夏季水量尤其低落。希臘、義大利、西班牙等地的河川，除了波河與在馬賽注入地中海的隆河之外，河運均不發達，溯航距離亦短。因此，在地中海世界除了北非埃及的尼羅河之外，沿著河川的內陸都市極不發達，而發達的港口清一色都是海港。⑦

海洋文化使地中海岸諸地與北非鄰近區域緊密相連。這一片海洋世界中，地中海岸、黑海岸、裡海岸，以及從尼羅河谷到巴勒斯坦與敘利亞，是較為豐沃的原野，構成了農業生產的基礎。灌溉的發達—即治水的良窳，攸關農業剩餘的確保與否，並因此直接繫上政權的興衰。

與條件較為優沃的海岸、河川流域、綠洲相對，在北非則存在著廣大的沙漠與草原，並與西亞、中亞廣袤的乾燥地帶連成一片。在生態上，農耕地帶與沙漠／草原地帶構成顯著的對比，並形成兩種不同的人類生活方式：定住農耕民與遊牧民。在歷史上，於沙漠和草原生活的遊牧民，在與農耕民進行交易，並對農耕地帶進行掠奪並入主而定住化之後，便會有新的遊牧民繼起，再循著同樣的模式，便構成王朝興衰的基調。⑧

肥沃月灣與埃及是人類文化的起源地之一。人類社會的維繫與文化的開拓，必須以可保存之食物（穀物與肉畜）的生產為前提。拜底格里斯河與幼發拉底河豐沛的水源之賜，俗稱美索不達米亞（今日伊拉克）的兩河流域，在西元前三五〇〇年左右即出現組織性的農耕文化，並依據農業剩餘而發展出規模較大的組織性政治單位。先是蘇美人的登場，接著在西元前二〇〇〇年左右出現以留下《漢摩拉比法典》而著稱的巴比倫王國。西元前一四五〇年左右，新興的亞述帝國崛起，其勢力在西元前七世紀達到高峰。

在美索不達米亞的西方，拜尼羅河之賜，早在古希臘諸城邦興起之前，古埃及即發展出先進的農耕文明，成為古代地中海世界最重要的穀物生產中心。尼羅河的賜予與連結地中海和紅海的中繼地優勢，使古埃及在西元前三〇〇〇年左右，即已出現統合分散諸聚落而成的「古王國」（西元前二六八〇年至前二一八一年），其後歷經「中王國」（約西元前二一三三年至前一七八六年）進入新王國時代（西元前一五六七年至一〇八五年前）。⑨

在肥沃月灣與埃及之間的敘利亞，因位於兩大農耕地帶相互溝通的輻輳地位，極早便獲得人類的重視。遠在古埃及立國之際，腓尼基人即已在敘利亞出現，並在沿海各地建立許多港市，至西元前二六〇〇年已利用海路與埃及建立起緊密關係，之後便經由自己本身的海洋生活、埃及的糧食供給，以及對東方貿易通路（敘利亞）的控制，漸次在地中海沿岸要地建力起許多殖民地，並因此成為最早開發伊比利半島的人類。

在美索不達米亞的東方橫亙著伊朗高原，在其上游的古波斯人屬於亞利安人的一支，他們因為此一亞歐通廊所展示的高度商業性而進入伊朗高原，依靠蓄養高原有蹄類肉畜以確保食物來源的方式，經營著遊牧生活，並據此開發出戰鬥綱領完整的騎兵戰法，在軍事力量上凌駕農耕民族，進而兼併兩河流域的亞述帝國（西元前一三五〇年至前六一二年），並於西元前五五〇年建立首次在政治上統一伊朗高原的古波斯帝國—阿契美尼德王朝（Achaemenids，西元前五五〇至三三〇年）。古波斯帝國是西亞史上最早出現的大帝國，在此之前出現的亞述帝國，領土僅止於美索不達米亞周邊，而且在西元前七世紀兼併埃及後不久即告滅亡。但是古波斯帝國的領土，東至中亞一角，西至小亞細亞與埃及，形成版圖數倍於亞述帝國的空前大帝國。

與西亞和埃及的組織性農耕文化及一統帝國式的政治生活相對，在地中海周邊區域由於農耕條件不佳，人類沿著地中海岸港灣區域分居而生，構成了各種區域性聚落，海上貿易成為這些聚落賴以維生的重要基礎，並且很早就產生了奴隸制度，以支撐從事貿易活動所需的勞動力。在奴隸制度的基礎上，從事海洋貿易而繁榮起來，並呈現散居狀的各個小集團，構成此一區域早期歷史的特徵。在古希臘，人們將這些小集團的居住地點稱為城邦（polis）。諸邦之間的連結，與其說是面的連結，不如說是點與點之間的線性連結。這一點與平原歐洲明顯有異，並因此構成古希臘人的宗教觀：諸神並列，一如諸城邦並立。

古希臘諸城邦以商業城邦雅典和農耕城邦斯巴達為代表。商業的重心是海路貿易，在溝通路線上，可從東地中海航路出發，以埃及（其後為蘇伊士運河）作為中繼站，連結紅海航路，再往前可與綠海（波斯灣）航路相連，從而經海路與印度半島、東南亞及東亞相連。與海路相對，陸路一分為三：從瀕臨地中海的敘利亞出發，可以連結伊拉克的主軸線（歐亞通廊），進而連結歐亞大陸路上大動脈（絲路），或是從小亞細亞半島出發，向東連結絲路。

此外，尚可從黑海北方的草原向東出發，經南俄大平原，沿著「草原之路」一路抵達東亞。在歷史的發展上，這一條途經黑海北部的軸線，最早出現古希臘人的殖民地⑩。西元前一五〇〇年左右崛起的古希臘城邦憑藉著海洋生活的專長，通過海路而展開積極的殖民活動，分別向東與向南發展；除了東向前進黑海北部之外，還逐漸在巴爾幹半島和小亞細亞的沿海地帶（地中海的東北部）定居下來，並持續往外擴散，從而波及義大利半島的南部。古希臘人的崛起，使地中海的周邊世界一分為二，形成腓尼基與希臘南北兩大勢力圈分割的態勢。此一對立一直延續到西元前六世紀，直到在伊朗崛起的古波斯帝國前進小亞細亞，並在敘利亞壓制腓尼基勢力為止。

因此，東地中海沿岸是亞洲、歐洲與非洲三個大陸塊海陸交通網絡的交會點。這個區域特有的生態環境及其向東的整體溝通網絡，構成了這個區域古代政治勢力興衰起落的基本原因。

古波斯帝國阿契美尼德王朝崛起後，為了控制東西交通而展開對外征服，憑藉著騎兵部隊的優勢，不到五十年的時間，即兼併了底格里斯河、幼發拉底河、尼羅河、印度河、（中亞）阿姆河與錫爾河等六大河流域的廣大領土，並由大流士一世出兵壓迫位於小亞細亞的希臘殖民地。西元前五二五年，古波斯帝國征服埃及，進而與古希臘諸城邦對峙。雙方為了爭奪對東地中海世界的控制權，自西元前四九二年起，爆發了長達四十餘年的希臘—波斯戰爭（一般稱為「波希戰爭」，西元前四九二年至西元前四四八年），波斯帝國在薩拉米斯海戰（西元前四八〇年）敗北後，勝負態勢逐漸明朗化。

波希戰爭結束後，地中海霸權爭奪戰仍未停止。一方面隨著波斯帝國因戰敗而在東地中海環海區域的勢力消退，以迦太基殖民區域為代表的腓尼基勢力得以強而有力地保存下來，而埃及也在波斯帝國的統治下權力復興，並在西元前四五五年重新建立獨立政權。另一方面，戰勝的雅典勢力抬頭，透過海洋經營的發達而建立起霸權，卻因此破壞了希臘諸邦原有的權力平衡，最終導致伯羅奔尼撒戰爭（西元前四三一年至西元前四〇四年）爆發。地中海世界的分立與希臘諸城邦的長年混戰，為馬其頓亞歷山大大帝（西元前三五六年至西元前三二三年）的崛起準備了條件，他在征服殷希臘諸城邦之後，控制了東地中海環海區域，進而遠征波斯，展開大征服（西元前三三四年至西元前三二四年），並於西元前三三〇年擊滅阿契美尼德王朝。亞歷山大大帝遠征波斯，其實並非出於單純的征服慾，而是基於確保地中海世界安全，因此決定翦除東方威脅來源的戰略考量。

快速擴張的亞歷山大帝國，很快就因為亞歷山大大帝死後的繼承權爭奪而導致分裂，在歷經約略百年的多元分立後，羅馬的權力開始崛起。希臘的勢力偏重在地中海世界的東部，而崛起於義大利半島的羅馬在征服迦太基（西元前二〇一年）後稱霸西地中海；為了進一步掌控東地中海，又先後征服希臘、敘利亞與埃及，從而在地中海世界建立起史上首次的政治統一。在此一基礎上，羅馬人對東方的貿易通商日趨發達，其中以紅海貿易最具活力，因而刺激了阿拉伯半島南端的葉門，以及半島中部的麥加與麥地那等沿岸諸綠洲的發展。

羅馬帝國的崛起與凱撒的高盧戰爭（西元前五八年至西元前五一年），首度明白顯露出歐洲存在著兩個世界：西歐世界與地中海世界。在阿爾卑斯山以北，河川構成了最大的交通網，日後成為歐洲要城的如倫敦、科隆、不萊梅、漢堡等，當時都是沿著內陸河川的港市而非海港，其發達與內陸的農村具有不可分割的關係。與此相對，在義大利的港市幾乎全是在面向海洋的岩壁上發展出來而成為對外貿易的據點，和內陸農村並無直接連帶⑪。

羅馬帝國將地中海世界諸民皆納入其統治，建構出史上著名的「羅馬統治下的和平」（Pax

Roman）。但「和平」的實態卻是驚人的殺戮與暴政；對此，羅馬史家塔西佗（Gaius Cornelius Tacitus，五五年至一一五年）這樣描述：「他們把強盜、屠殺與掠奪偽稱為『政府』；他們製造廢墟，並稱此為和平。」⑫羅馬帝國廢墟式和平遭遇著猶太教徒與基督徒等一神論教徒的堅決抵抗，猶太教是起自沙漠地帶的特殊宗教（世界觀）。在沙漠中，人類最易感受到大自然巨大而全面的支配力量，使猶太人否定了既存的各種多神論；他們認為世界上只有一個神，神對人類毫無所需，神是全知全能，對人具有無限性的絕對支配，此一絕對支配反映在神對人的裁判權之上⑬。

自然風土所形成的一神論，結合由猶太人特殊的歷史遭遇—即在巴比倫、波斯、馬其頓、羅馬等帝國支配下生活於社會的最底層—構成了猶太人特殊的史觀，認為神的意圖（具化為神約）若經實現，猶太人將會獲得解放而成為新世界（神國）的主人翁。這種歷史預定（predestination）的見解，構成了一神論的最大特徵；相信歷史行進的目的已被設定，歷史的進程將往該目的逼近；目的達成，謂之終末（或譯為末事），當終末來臨時，人類將會受到最後的審判。為了避免在最後審判時墮入地獄，人們在此世的生活應該遵循神的教誨，亦即神的啟示而行。因此在一神論中，對傳達神諭的先知（預言者）賦予極高的地位，先知所傳達的神諭即「神的語言」，稱為「啟示」⑭。換言之，若說古希臘產生出豐富的諸神形象，那麼在猶太教的世界裡，則獨創出唯一真神與眾先知的世界觀⑮。

在猶太教終末審判與一神論的基礎上，基督教提出「救恩」（或救贖，salvation）的概念。救恩觀的提出，構成了基督教與猶太教的根本差異，其核心論理是：救恩來自耶穌基督。基督（Christ）一詞原意即為「救恩者」。耶穌基督提出，人在尚未面臨終末審判前，即可通過信神的道路，獲得神的救恩。在一神論的論理下，唯一的神全知全能，只有祂有權力與能力決定是否給與人們救恩。因此耶穌所允諾的救恩若要有效，在論理上耶穌本人必須是神（因而耶穌的復活即為關鍵），否則耶穌允諾的救恩便無意義。

一神論教徒的抵抗妨礙著羅馬帝國的意識形態統一，並導致帝國當局長達數百年的嚴酷鎮壓。其後，在羅馬皇帝君士坦丁統治期間（三一一年至三三七年），帝國政策作出大幅調整，將首都遷至新建的君士坦丁堡，並發佈米蘭勒令（三一三年），承認基督教為合法宗教，正面運用基督教超越血緣與地緣的論理，為帝國當局的意識形態統一政策服務⑯。這個支配政策的大轉換，為其後基督教的羅馬帝國國教化（三九四年）與東西羅馬帝國的分裂（三九五年）鋪設了道路。儘管西羅馬帝國亡於四七六年，但帝國的權力與文化中心，自君士坦丁時代以來即已遷移至東地中海世界，並繼續在該處延續了近一千年。

在羅馬帝國境內，基督教蓬勃發展，但不久即陷入論爭。基督教所獨創的救恩觀及基督為神的主張，不僅使基督教遭到猶太教嚴厲非難，而且在基督教內部也引起重大爭議。爭議的起點在於耶穌的神性。耶穌必須是神，救贖方有效力。但在基督降世之前，已知有唯一真神耶和華，因而耶穌為神的主張有違一神論基本立場之虞。為了解決此一論點上的盲點，三位一體說（Trinitas, trinity）登場，即主張道成肉身，聖父（耶和華）、聖子（耶穌）與聖靈三者同一。但是耶穌的肉身出自於瑪利亞，並且被釘死在十字架上，這些歷史事實仍鮮明地烙印在人們的腦海中，因而利比亞出身的亞歷山卓城大主教阿里烏斯（Arius，二五六年至三三六年，教會史稱「亞流」）即主張：耶穌雖然是神，但並不是與萬物的造物主同格的神。但阿里烏斯的理論若成立，將徹底動搖三位一體說，連帶地動搖整個基督教的理論基礎，因而引起了亞歷山卓主教亞歷山德羅斯（Alexandros，三二八年歿）的反對。此一有關耶穌與神同類（homo i ousios）或同一（homoousios）的爭議不僅攸關神學爭論，更引起政治分裂；因而促使東羅馬帝國的君士坦丁大帝（Constantinus，三〇六年至三三七年在位）親自擔任議長，於三二五年在尼西亞（Nicea）召開宗教會議，裁決遵守三位一體說，判定阿里烏斯派為異端而予以排擠與放逐。

在三位一體說決議後，論證移至基督的性格本身。三位一體說確立了基督即耶和華的理論立場，但基督的肉身畢竟是瑪利亞所生，因而基督教主流的正統派（Orthodoxy）抱持著基督同時具有神性與人性的見解，但未對兩者的區別加以精確論述，也因此導致四二八年就任君士坦丁堡宗主教的聶斯托留（Nestorius）登場，他站在護衛三位一體論、警戒阿里烏斯派再起的立場，認為「神的母親」（theotokos，「生神者」）一詞不妥；因神之母的概念與神乃超越性的絕對存在概念相互矛盾，主張改以「人的母親」（anthropotokos）或「基督的母親」（Christokos）等新概念來取代「神的母親」此一概念，因而強調耶穌的人性而輕視其神性，結果引起亞歷山卓教會主教區利羅（Cyril of Alexandria，三七五年至四四四年）的反論；後者為了攻擊聶斯托留的理論，全面否定耶穌的人性，只承認耶穌的神性，因而被稱為單性論（Monophysitism）。神學理論上的論爭聯繫上教會權位的角力，使聶斯托留派在四三一年的宗教會議中被斥為異端⑰。

圍繞著聶斯托留派主張的神學導論，對其後的中東產生極大影響。被斥為異端並遭受到排擠與迫害的聶斯托留派信徒逃往波斯，後在阿拉伯帝國成立後受到寬容與保護而大為發展，進而向東傳播，在中亞區域與大唐帝國下一度頗為興盛，稱為景教。直到十四世紀帖木兒帝國在中亞興起，排擠聶斯托留派，才使該派影響力轉弱，但殘存的信徒仍舊努力地將信仰保留下來，迄今仍以亞述利亞（Assyrian）正教會及卡爾迪亞（Chaldean）教會的名稱，存留在黎巴嫩與敘利亞。

當地中海世界的拜占庭帝國內部陷入宗教區隔線所造成的分裂與迫害時，這個帝國尚必須面對來自東方的競爭。亞歷山大帝國崩潰混亂中崛起的安息王朝（西元前二四七年至西元二二四年）滅亡後，新崛起的薩珊王朝（Sassanids，西元前二二四年至西元六五一年）迅速建立起西亞區域的霸權，與建都於拜占庭的東羅馬帝國形成長期對峙的局面。此一長期對峙與衝突的焦點乃是爭奪納貢與賦稅，包括治下諸人民的定期納貢，以及東西交通孔道的控制權和由此而來的賦稅。在拜占庭帝國和薩珊王朝的長期爭霸中，整個區域的眾多小邦紛紛被捲入，連結東地中海經小亞細亞與肥沃月彎以迄波斯的交通動脈，則由於遭到連年戰亂的破壞，導致功能大為降低；也因此促成原本處於東西兩大霸權邊陲地帶的阿拉伯半島應運崛起。

II 部落共同體的危機

東西兩大帝國的南方橫亙著巨大的半島。這片半島三面環海，北面為敘利亞沙漠所區隔，西側因紅海而與非洲的撒哈拉沙漠遙遙相望，東側則是廣袤的印度洋。整個阿拉伯半島略成西北向東南的長方形，從肥沃月灣向東南延伸，氣候特色是乾旱。西部紅海延岸橫亙著兩千公尺級的山脈，向東漸次斜降。在半島南部，東西向的高大山脈橫走，至葉門達三千公尺。在山脈面海前沿的半島南部丘陵地帶，夏季可受來自海上的濕潤季風調節，年雨量可達一千厘米，但在山脈以北的內陸部，因水氣受到山脈阻擋，年雨量僅達一百厘米，氣候相當乾燥燠熱，夏天日間溫度高達攝氏五十度以上，形成巨大的沙漠，只有零星的綠洲點綴其間。在沙漠的北方，受到海洋氣候的邊陲性影響，乾旱稍減，形成一大片草原。

習慣上，阿拉伯人將半島中部與北部分為提哈瑪（Tihama）、漢志（Hijaz）與內志（Najd）三個區域，提哈瑪意為「低地」，指紅海海岸成波浪狀的平原與坡地。漢志意為「障礙」，位於提哈瑪東側，原指隔離海岸平原與內志高地的山脈，後來擴大為兼指海岸平原的許多地方。在漢志的東方，是名為內志的廣大內陸高地，其中大部份地區是努夫德（Nufud）沙漠⑱。

與肥沃月灣相較，阿拉伯半島較不適合人類居住。農業僅限於綠洲，半島南端也有些許農耕，但半島大部份地區只能從事遊牧，主要的畜種是駱駝、山羊與綿羊。自然環境與當時的技術水準，決定著半島住民的生產方式，並且制約著社會生活型態與意識形態－各自分立的諸部族共同體。其中，最大的分界線是綠洲定住民與草原遊牧民的分界線。在沙漠與草原行遊牧維生的貝都因人，富於獨立心，厭惡來自外部的一切束縛，輕蔑定住民的定住生活，但基於糧食供給與手工藝品的需要，貝都因人經常與綠洲定住民進行以物易物的交易。但是定住民與貝都因人的關係並非一貫地友好，當降雨量不足，牧草與牲畜難以養育而導致飢荒時，貝都因人就會襲擊定住民與其他部族，掠奪以食。

在此一生態．經濟生活下，社會生活的基本運作原理是家族、氏族、部族的三重同心圓邏輯。社會的組織以家庭作為最小單位，數十個帳篷的家族結合成氏族（clan），而諸氏族的集合體則稱為部族（tribe）⑲。實際的社會生活單位與其說是家族，不如說是氏族，數個帳篷內的家族彼此進行著互助合作的生活。每一個氏族都以共同祖先之名作為其稱呼的系譜符號，氏族的基本形成邏輯是血緣，但也可以有其他的方式，如被解放的奴隸、同盟者與追隨者等。部族（kabilah）則是根據共同的系譜意識，其頂點是共同的組先（或祖先象徵），並不等同於今日所認知的族群團體（ethnic group）。在當時，家系是阿拉伯半島住民最主要的區分概念，長老會議是其主流統治方式，而多神教與偶像／聖石崇拜則是其宗教信仰的主流⑳。

部族間的互動原理，主要是根據定住民與遊牧民間長期互動所形成的慣習與規則。在合作方面，最重要的是締結軍事意義的同盟關係（hilf）。在處理衝突方面，最核心的原理是不可殺人，殺人者必須遭到報復，而他們也就是經由此一報復法則來維護部族社會的和平與安全。換言之，同一部族的成年男子，必須承擔為同族受害者復仇的義務。在發生殺人的場合中，若經族長的調停，有時殺人者可以用人身代償金的方式支付賠償，從而免於遭受報復。再者，在苛酷的沙漠風土中，對於求助的客人必須給予慷慨的協助與保護。簡言之，血的復仇、人身代償金與慷慨風，構成各部族間的互動原理㉑。

沙漠地形的自然限制，使半島內部免於臣屬拜占庭帝國或波斯帝國，但也因此從未建立起統一的政治體。各自分立的部落共同體，各自信仰著繁複多樣的多神教。歸納而言，這些多神論論理的特色是，世界上存有諸神，諸神各有其需求，這些需求與人類的需求極為類似，諸神與人類的關係乃建立在人類滿足諸神的條件之上；諸神滿足其需求的力量雖然可觀，但並非無限，因而人類受到諸神的支配，但終非全能的支配。簡言之，神對人類的支配，是有限性的相對支配。

綠洲的農耕較草原的遊牧更易於進行中小規模的原始資本積累，這個條件使海洋貿易與駱駝商隊貿易成為可能。以駱駝商隊為主要運輸形式的陸上貿易若要繁榮，必須具備政治與經濟條件——即運輸的安全與商品的供需。運輸的安全涉及綠洲住民與遊牧住民間的政治與軍事互動，而貿易商品的供需則涉及半島住民與半島外的經濟互動。在很長的時期裡。半島諸部族共同體的分立，使運輸安全極難確保。而半島對東西兩大權力與文化中心的地理隔絕，又限制著經濟互動的需要，因而半島住民與外部的互動，主要集中在半島北部與波斯灣沿岸，並以海洋貿易作為主力。西元前十三世紀左右，阿拉伯半島南端的農耕地帶即出現米那王國，其後進入薩巴王國時代（西元前九五〇年至西元前一一五年），通過農業剩餘的累積，展開對外活絡的交易，獨佔著非洲東海岸與印度方面的貿易。其後興起的希姆拉雅王國獨佔印度洋與紅海間的東西貿易，並進入全盛時代。直至西元四世紀，經由美索不達米亞平原而抵達波斯灣的東西貿易通路被開發出來，阿拉伯半島南部的繁榮才逐漸衰退。

這就凸顯出阿拉伯半島在異文化溝通網絡上的特殊地位─位居歐亞非三大陸交通十字路口。儘管自然條件不佳，但連結地中海與印度洋的東西軸線，以及連結歐亞大陸與非洲大陸的南北軸線，正好在阿拉伯半島交會。通過這兩大軸線，可以從遠地獲取人員、物品、資訊與文化，使阿拉伯半島成為國際交通・運輸與貿易活動的中心，並扮演著古代文明向周邊輻射的原點。再者，在這個區域，多重多層的人類集團相互遭遇、衝突、共存與共居，經由社會與國家的衝突而導致共同體的連帶不斷地解體與再編，形成循環活動㉒。此一地理・生態特徵，使阿拉伯半島在早期的歷史中即成為各種不同思想的交會地。

對外貿易與文化交流的發達，促成外來思想（一神論）的傳入。羅馬帝國崛起，猶太國家的滅亡，聖城耶路撒冷的猶太神殿被毀（西元七〇年），使猶太人離散各地，一部份進入阿拉伯半島，並將一神論傳入。後來成為伊斯蘭共同體誕生地的麥地那即居住著大量的猶太人，甚至可說是猶太教化的綠洲。再者，東羅馬帝國境內的宗教分裂與隨之而來的宗教迫害，使聶斯托留派與單性論信徒逃往周邊地區並展開積極傳教，更將一波宗教思潮帶入阿拉伯半島。

海路貿易的發達，也引起波斯薩珊王朝對控制印度洋交通網絡的戰略興趣。西元四世紀起，薩珊王朝為了與領有東地中海沿岸、埃及、敘利亞而控制陸路交通的東羅馬帝國抗衡，漸次重視阿拉伯海與印度洋的海上經營，逐步征服南至東非海岸，東至印度次大陸西海岸與斯里蘭卡等廣袤的印度洋西部海域及其沿岸部。如此，印度洋西部海域成為「波斯之海」，海洋貿易由波斯系商業集團所控制（但東羅馬帝國仍控制著紅海貿易），並將此一海上網路與伊朗高原東向的路上網絡（絲路）連結起來。從而控制阿拉伯半島南端，以葉門為中心的沿海要道。西印度洋海域為波斯人所獨佔，先前在此一海域活躍的印度次大陸諸民，勢力範圍被侷限在馬爾地夫及斯里蘭卡以東，遂轉向向東發展，開拓出通往印度洋東面海域的交通網絡，從而帶動了佛教與印度文化向東南亞傳播的浪潮，促成了東南亞區域的「印度化㉓」。與此相對，在羅馬帝國境內遭到迫害的聶斯托留派等基督徒，則拜薩珊王朝治下的海陸交通發達與宗教寬容之賜，得以在波斯帝國境內及其東方傳教，並在其後數百年間以景教為名流行於東亞㉔。

在環印度洋文化圈歷經重大變化的同時，阿拉伯半島內部也產生激烈的變化。氣候變遷造成水源不足，以及波斯薩珊王朝向阿拉伯半島南部沿海地帶的擴張，迫使半島南部農耕定住民離開定住的農耕綠洲，重新經營遊牧生活，並向北遷徙，與半島北部的遊牧民相互爭奪遊牧區。此一大遷徙使阿拉伯半島陷入混戰狀態，在伊斯蘭紀元前一〇〇年至一五〇年（西元五、六世紀）間進入所謂的「部族鬥爭時代」，此即伊斯蘭史上著名的「無明時代」（Jahiliya, Age of Ignorance）㉕。

「無明時代」的諸部族相爭，使阿拉伯半島住民的互動更趨頻繁。各部族間的對立與抗爭不斷；抗爭手段不僅只有戰鬥，還包括了「詩的競賽」。詩人的活躍促成了超越各部族自有語的阿拉伯語出現；即在北方文化的影響下，南方遊牧民的語言與文字漸次與北方住民融合，促成了北阿拉伯語與從阿拉姆（Aramaic）文字派生之納巴塔伊（Nabataeans）文字在半島的廣泛運用。日後的阿拉伯語和阿拉伯文字即由此發展而來㉖。這種新共通語的發展，協助了諸民相互間的共同意識萌芽，成為日後「阿拉伯人」概念的濫觴㉗。

在阿拉伯半島的無明時代，半島外的兩大強權——東羅馬帝國與薩珊王朝治下的波斯帝國依舊處於長期對峙與戰亂的局面，兩大帝國的前疆—埃及—敘利亞—肥沃月灣一線遭到戰爭嚴重破壞，造成既存東西交通孔道的衰退，並因此刺激新交通網絡的開拓。連結地中海世界與東方的貿易商，無論是海路或陸路，均需經由阿拉伯半島，使阿拉伯半島漸次被整合為當時國際貿易網的一環，帶動了麥加、麥地那等綠洲都市的繁榮。這些綠洲都市的繁榮與財富累積，引來遊牧民的入侵，入據綠洲都市而漸次成為定住民。五世紀末期，麥加被一支名為古萊須（Quraysh）的部族所征服，成為獨佔半島中繼貿易的最大勢力㉘。

貿易的興盛擴大了麥加、麥地那等綠洲都市的權力，但利潤僅限於少數大商人家族所有，使其政治體系轉變為金權寡頭政治，都市內部的貧富差距漸趨擴大，綠洲都市民與草原遊牧民間的經濟與文化衝突也逐步加深。儘管遊牧時代部族連帶制度的各種運作原理，如血的復仇、人身代償金，同盟關係與慷慨風等仍持續運作，部族共同體的社會結構也仍以部族（以及其下之次級單位的支族）作為基本單位，使得擴大中的貧富差距因而尚未分化為經濟上的階級，但綠洲都市內部的貧富差距，及遊牧民與定住民之間的衝突，仍造成既存部族共同體倫理的危機與既存社會秩序的解體。

III 伊斯蘭共同體

五七〇年，先知穆罕默德誕生在支配麥加的古萊須部族中的一個邊緣性小支族哈希姆（Hashim）家。穆罕默德出生時父親即過世，母親亦在六歲時亡故，成為邊緣小支族中的邊緣孤兒的穆罕默德，在伯父的庇護下長大成人，並受雇於富商家族寡婦哈蒂嘉（Khadijah，至六一九年），並於五九五年結為夫妻；當時穆罕默德二十五歲，而哈蒂嘉已超過四十歲。兩人婚後共育三男四女，但皆早夭。人生的困頓使穆罕默德常至沙漠中進行冥想，並在此一時期接觸到聶斯托留派等基督教的教義。四十歲（六一〇年）左右，穆罕默德在麥加郊外希拉（Hira）山的洞窟中冥想，汲取了猶太教與基督教等一神論的部份教義，接受創造主即唯一真神阿拉的啟示，自覺為神的使徒與預言者（先知），發出最後審判之日的警告，從而創立了伊斯蘭㉙。

與猶太教與基督教相同，伊斯蘭教的基本論理也是一神教。穆罕默德繼承了末日審判與尊敬先知等論理，但他既未接受基督教的救恩觀，也不同意將耶穌等同於神。相反地，他只賦予耶穌先知之一的地位，並宣稱自己是最後一位先知，因而在理論上，穆罕默德所傳達的啟示是「最終的啟示」，這也構成了伊斯蘭與其他一神論的根本差異，成為伊斯蘭的最大特徵。

在希拉山獲得啟示後，穆罕默德便在麥加展開傳教事業；前三年秘密傳教，其後則公開傳教。麥加時期傳教的內容，以前述一神論特徵的最後審判為起點，添加兩條極為單純明快的信律：「阿拉是唯一的真神」──神的唯一性（tawhid）㉚，以及「穆罕默德是阿拉的使徒」㉛。

這兩大信仰告白（shahada）構成伊斯蘭的兩大原理㉜。第一原理規定著神與人類之間的垂直關係，而第二原理則規範著人類之間的水平關係。根據第一原理，穆斯林必須皈依、信仰與遵循阿拉的啟示與教誨，此一遵循關係無須中介人，而是個別穆斯林與阿拉間的直接關係，因而在伊斯蘭之中，並無羅馬天主教或是希臘正教之類的教會體系存在。第二原理則規定著所有穆斯林之間的水平關係，即阿拉的啟示由其使徒，即最後一位先知穆罕默德所傳達㉝。以《古蘭經》為代表正典，信徒稱為穆斯林，彼此間一律平等，並篤信與奉行伊斯蘭而生。㉞所有穆斯林的集合體，則稱為「伊斯蘭共同體」（umma）㉟。

在兩大原理的基礎上，所有的穆斯林都必須遵奉「五功」與「六信」，這是身為穆斯林最基本的義務。五功指五種行為：信仰告白（證信）、禮拜、天課、斷食（齋戒月期間從日出到日落禁食）和聖地麥加巡禮㊱。六信則是指必須真切信仰的六種項目，包括神、天使、啟典、使徒、來世與定命。五功六信中，天課（zakat）與齋戒明顯表現出伊斯蘭特有的正義與平等觀㊲。

「天課」即穆斯林必須將其收入的一定比例贈予窮人㊳。值得注意的是：一方面，天課並非人與人相互關係間的慈善行為，而是根據第一原理所規定的神與人之垂直關係而來，天課的額度意涵著神對人類財產的權利；另一方面，天課的用途，必須施以伊斯蘭共同體中的窮人、寡婦、孤兒等之上，則屬第二原理的水平關係。至於斷食，即世所熟知的拉瑪丹（Ramadan）月，在這段期間，穆斯林每天都必須在日出到日落這段時間保持空腹，以培養精神上的清明，強化對真主的信仰，同時也帶有促使飽漢體驗餓漢飢的意義。天課與斷食，清晰地反映出伊斯蘭具有濃厚的平等主義性格。

新創出的伊斯蘭原理使穆斯林得以超越血緣、地緣等人為的差異界線，根據共同性（同為穆斯林）與同胞性（同為伊斯蘭共同體的成員）來界定彼此關係。於是，一個新的世界觀出現了——伊斯蘭信仰與穆斯林同胞性的宗教連帶，超越了部族的連結，並據此提倡社會平等與救濟窮人等社會平等正義思想。

這個新型的宗教體共同論述，尤其是平等與社會正義觀，獲得古萊須部族年輕一輩的支持，從而引來麥加大商人勢力的警戒。畢竟穆罕默德所宣揚的伊斯蘭，直接挑戰著麥加既存的政治社會運作原理。伊斯蘭的論理與麥加多神崇拜的邏輯，並非只是單純的信仰問題，而是政治生活的運作規範與權力規屬的大問題。因此穆罕默德的傳教不見容於麥加的富裕商業貴族與統治階層，所以穆罕默德遭受到麥加統治集團的迫害，本質上是屬於政治對立。

六二二年，在麥加的處境日益艱辛的穆罕默德受邀帶領數百名信徒遷往麥加北北西三百公里處的肥沃綠洲——雅里斯卜（Yathrib，後稱麥地那【Medina al-Nabi】，意為先知之城），在伊斯蘭史上稱為「聖遷」（Hijra），是為伊斯蘭曆法之始。（將西元六二二年七月十六日定為伊斯蘭曆法紀元元年元月元日。伊斯蘭曆法一年較太陽曆短十一日，因而西元二〇〇〇年相當於伊斯蘭曆的一四二一年。）

「聖遷」是穆罕默德一生事業的關鍵。除了數百名隨同穆罕默德遷徙的「移住者」（muhajirun）之外，穆罕默德又在雅里斯卜獲得了「援助者」（ansar），使他新創的教團獲得物理上的安全，並且吸引了各地被壓迫者的皈依。而原本在雅里斯卜相互依據血的復仇原理互動，進而陷入無止境鬥爭的三大團體——奧斯（Aws）與卡志拉茲（Khazraj）兩個阿拉伯部族與猶太教共同體—在伊斯蘭信仰與穆罕默德親自調停的雙重作用下，共同締造了日後稱為《麥地那憲章》（Constitution of Medina）的政治協定，以穆斯林連帶取代屢生抗爭的部族連帶，建立起基於共同信仰，全部適用穆罕默德所傳達啟示錄（古蘭經）所揭示的原理與原則，並凝聚出基於宗教共存的安全保障原理，從而建立起史上第一個根據伊斯蘭原理運作的政治共同體。

《麥地那憲章》共四十七條，其政治綱要有四：

伊斯蘭共同體由「移住者」與「援助者」組成。

所有「移住者」視為一個單位，「援助者」則依其部族原理分為八個單位，各自承擔殺人代償金等義務。

信徒間發生糾紛時委由神與穆罕默德調停。

承認猶太教與伊斯蘭共同體的共存，除非猶太教徒作出利敵行為㊴。

在新建立的伊斯蘭共同體中，穆罕默德所扮演的角色有了顯著的變化。在麥加時代，穆罕默德的角色僅限於啟示的傳達者，亦即僅限於宗教面的角色。但在麥地那時代，他在啟示傳達者的角色之外，同時扮演政治領導人、調停人、裁判官與立法官的多重角色，從而在麥地那建立起特殊的神權政治體制，其特徵是穆罕默德本人同時擁有宗教與政治權威，但在他之外，並無任何神職人員，且也沒有神職人員與世俗人員、宗教職務與世俗職務的區別。

在伊斯蘭共同體內，穆斯林成員除須履行宗教義務的天課責任之外，基本上不必負擔政府的稅賦，即實質上享有免稅特權。信徒除了各自經營著日常職業和工作之外，每日須在一定時間內進行禮拜和履行其他宗教義務，必要時則須全體以戰士身份參加戰鬥。換言之，在特殊的神權政治體制之外，同時導入了信徒（穆斯林）皆兵制的原理。與此相對，「啟典之民」不必擔負兵役之責，但自六三一年底以後，漸次形成須繳納人頭稅（jizya）的制度。

伊斯蘭共同體在麥地那的成立，使得伊斯蘭皈依者與阿拉伯半島既存體制的衝突擴大，其衝突不僅是麥加社會的內部問題，亦即並非只威脅到古萊須部族，而是開始直接影響到整個阿拉伯半島的多神教原理。如此，以兩個綠洲都市為據點的兩種宗教與運行原理—既存的多神教與新興的伊斯蘭—之間的對立，旋即演變成將整個半島全部捲入的軍事衝突。在這層意義上，穆罕默德在麥地那的歷史，即可說是對半島戰役的歷史，

伊斯蘭共同體的論理，在政治上具有超越部族連帶的巨大動能。在穆罕默德的指導下，伊

斯蘭信徒日增，教團不僅在麥地那鞏固實力，並且逐步對外擴張；在「聖遷」八年後的六三〇年一月，穆罕默德率領兩萬大軍，以無血入城的方式征服麥加，破壞卡巴神殿的偶像，宣佈奴隸解放。

麥加征服一舉提高了麥地那伊斯蘭政權的威信。翌年（聖遷紀元九年，西元六三〇年四月二十日至六三一年四月八日），穆罕默德對阿拉伯半島各地諸部族派遣使節，並與半島各地的遊牧部族締結盟約（'ahd），給予安全保障（dhimma）的承諾，藉此贏得半島的政治統合。

遊牧諸部族與伊斯蘭共同體合作的最根本原因是經濟利益。在半島複雜的政治經濟情勢中，穆罕默德力圖促進遊牧諸部族與伊斯蘭共同體的利益一致化㊵，他打出的政策原型是結合麥地那綠洲商隊的經濟力量與半島遊牧諸部族的軍事力量，共同拓展東西貿易通商線上的中繼貿易利益。其中漢志地區的遊牧部族甚多皈依伊斯蘭，並對伊斯蘭共同體效忠。如此，截至穆罕默德逝世（六三二年）為止，阿拉伯半島中部廣大區域實現了史上首次政治統一，伊斯蘭共同體（umma）進一步發展成半島上的政治複合體——「賈瑪阿」（jama'a）。

半島政治複合體是由伊斯蘭共同體與半島諸遊牧部族兩種不同性質的政治共同體所構成，可以將其理解為同心圓的二重結構：在其內環為伊斯蘭共同體，外環則為「賈瑪阿」，兩者具有相互軍事援助（nasr）的責任，伊斯蘭共同體的領導人穆罕默德保證諸遊牧部族個人乃至集團所擁有的特定土地、牧地與水場。遊牧諸部族除履行禮拜與天課等宗教義務外，尚須對伊斯蘭共同體繳納佔其收入約十分之一的救貧稅，包括課徵家畜的救貧稅（sadaqa）與課徵農產品的救貧稅（ushr），而繳稅的對象則是穆罕默德派遣至各地的徵稅官㊶。

穆罕默德支配下的阿拉伯半島，儘管社會結構仍維持著部族社會的既存樣態，但新成立的政治統一體已非單純的部族聯合體，而是超越各部族，由單一信仰與單一統治者支配的新政治體。這是阿拉伯諸部族首次的政治團結，伊斯蘭共同體的政治機制，使他們首次有能力挑戰東西兩大巨鄰——拜占庭帝國與東羅馬帝國——並據此改變整個區域的政治與社會生活。

然而，也不應誇大伊斯蘭共同體的統一與團結。在征服麥加之後，伊斯蘭共同體對半島諸遊牧部族的互動，由於安全保障（dhimma）承諾的導入，使其支配關係取代了「無明時代」諸部族間的同盟關係（hilf），成為新的部族統合原理——之前的部族間同盟關係的根本基礎是部族領袖間的合意（ijma），而安全保障的基礎則是神與先知所給予的承諾。在理論上，這是導入新的統合原理來協助伊斯蘭共同體發展成半島政治複合體。

但在此一過程的內面，政治運作的原理是穆罕默德運用半島諸遊牧部族既存的政治勢力，藉此擴大伊斯蘭共同體對半島的支配；因而半島內部複雜的地緣、部族、宗教及階級等分歧與對立仍未消解，部族忠誠與價值與其說是消失，毋寧說是在經過調整後，亦即伊斯蘭化之後，繼續在半島政治複合體中有力地存活下來。具體而言，這表現在半島政治複合體的人員構成要素與分類原理之上：第一類由「移住者」與「援助者」所構成；第二類是古萊須部族諸民；第三類是阿拉伯半島的遊牧民；第四類則是同為一神教的猶太教徒與基督教徒，稱之為「啟典之民」（Ahl al-Kitab）。

在遷徙至麥地那後，維持人數較多的在地「援助者」與人數較少的「移住者」之間的政治平衡，是維繫伊斯蘭共同體存續的必要條件。因而當皈依民眾陸續從麥加與半島其他地區前往麥地那，或是半島部份遊牧民改宗伊斯蘭並移居麥地那時，皆編入「移住者」的行列。麥加征服後，允許居住該地的古萊須部族陸續移居往麥地那，也是基於此一政治平衡的考慮，但卻引起「援助者」集團的不滿，並使麥地那的政治生態複雜化、政治勢力一分為三：即麥加征服前的「移住者」集團、麥地那在地的「援助者」集團與征服後移入麥地那的古萊須部族勢力。

因此，當先知於六三二年去世後，半島的政治複合體立刻陷入分裂與解體危機——「援助者」集團與「移住者」集團的政權之爭，以及阿拉伯半島其他勢力對麥地那的悖離——而導致的分裂危機。

「援助者」集團與「移住者」集團的對立在穆罕默德生前即已存在，但在穆罕默德宗教與政治雙重權威下，並未浮上檯面。穆罕默德逝世後，「援助者」集團的部族長老召集會議，要求繼任人選應由「援助者」集團產生，否則應由「援助者」集團與「移住者」集團各自選出繼任的領袖。為緩和此一繼承危機，「移住者」集團根據部族傳統的長老政治原理，選定穆罕默德的跟隨者兼岳父巴克爾（Abu Bakr al-Siddiq）為繼任人選，說服「援助者」集團讓步。結果是後者基於抑制古萊須部族的政治崛起與解決半島諸遊牧部族悖離的危機而同意妥協㊷。

如此一來，巴克爾繼承穆罕默德的權力，並導入影響深遠的統治原理。根據伊斯蘭的教義，穆罕默德是最後一位傳達真主啟示的先知，穆罕默德的逝世意味著先知時代的徹底終結。當穆罕默德在世時，對伊斯蘭的解釋，都還是以穆罕默德所傳達的啟示為準。巴克爾繼承權力之後，訓令以《古蘭經》與穆罕默德的教誨作為準則，從而導入了不依人治而依《古蘭經》與穆罕默德教誨的政治原理。因此，穆罕默德的繼承人只能稱為「哈里發」（Khalifah Rasul Allah，原意為「神的使徒的代理人／繼承人」，其後衍生為塵世統治者，英文寫作Caliph）。從此，伊斯蘭共同體的歷史進入「正統哈里發時代」㊸：巴克爾（六三二至六三四年）、烏瑪爾（六三四至六四四年）、烏斯曼（六四四至六五六年），以及阿里（六五六至六六一年）。

在解決權力繼承問題後，第一代哈里發巴克爾便開始著手鞏固伊斯蘭共同體的支配，以對外征服的方式來消解麥地那危機與阿拉伯半島的政治危機。在名將哈里德（Khalid ibn al-Walid）的協助下，巴克爾運用伊斯蘭共同體與漢志地區遊牧部族的軍事力量，快速鎮壓了半島各地的「背教」（Ridda）㊹。但巴克爾在位兩年即因內紛而遭暗殺，由「移住者」集團的烏瑪爾（'Umar b.' al-Khattab）根據部族傳統的長老政治原理繼任為第二代哈里發。烏瑪爾在六四四年逝世時並未指定繼承人，僅委任「哈里發遴選委員會」（Shura）的六名長老協商與互選，其中最有力的競爭者是阿里以及穆罕默德的另一名女婿烏斯曼（'Uthman b' Affan）；最終仍根據長老政治原理指定烏斯曼出任第三代哈里發，直到烏斯曼遇刺身亡後才由阿里繼任第四代哈里發。

四位正統哈里發全部都來自於「移住者」集團，顯示「援助者」集團在權力競賽中失勢的現實；更重要的是「移住者」集團的四代哈里發全數與穆罕默德同樣出身於古萊須部族，雖以伊斯蘭原理進行統治，但權力繼承的規則是根據古萊須部族的長老政治原理，顯示「無明時代」深固的部族血緣意識仍然強大。在克服「援助者」集團的分裂危機之後，以巴克爾為始，歷代哈里發都採取了「以外征轉移內鬨」的統治策略——六三三年春，在鎮壓半島「背教」諸勢力後，巴克爾立刻將綏靖軍轉變為遠征軍，派遣哈德遠征伊拉克南部，並派遣蘇富揚（Yazidb. Abi Sufyan）等三名將領率領之隊遠征軍前進敘利亞。這些遠征軍的核心內容是將半島上的遊牧諸部族編入遠征軍而展開對外征服；第二代哈里發烏瑪爾時代，征服敘利亞、伊拉克與埃及；第三代哈里發烏斯曼時代則進一步征服了波斯及利比亞以東的北非。

從六三三年至六五〇年止，短短十餘年間，伊斯蘭共同體即實現了驚人的勢力擴張。在第三代哈里發烏斯曼時代，伊斯蘭共同體所支配的領域已從阿拉伯半島的遊牧地帶擴張至波斯以迄北非利比亞的大片農耕地帶。在大征服的過程中，「援助者」、「移住者」與麥加征服後臣服於伊斯蘭共同體的原麥加古萊須部族利益一致，這些定住民是麥地那政府的上層階級，策劃大征服的戰略家；他們運用遊牧諸部族的軍事破壞力來遂行征服，據此確立他們在支配體制中的支配地位，並獨佔大征服所帶來的利益。

在對外征服的過程中，為了維持對征服地區的統治，以及據此打造更遠程征服的基地，遠征軍採取了建設阿拉伯軍事都市的模式。如伊拉克南部的庫法、埃及的開羅，以及敘利亞的大馬士革，都是遠征軍將既存的都市改為軍事都市（amsar，單數misr），再將阿拉伯半島的遊牧民移入這些軍事要塞而成為遊牧兵團（muqatila）。這些作為遠爭與駐軍主力的遊牧兵團主要來自「背教之民」（Ahl al Ridda），亦即穆罕默德歿後動亂期間偽先知的追隨者，或採取旁觀中立態度的遊牧部族。這些遊牧兵團只要參與對外征服，本身即可獲得鉅額的戰利品（fay），包括現金、武器、貴金屬、牲畜、俘虜等動產與土地不動產。

但儘管對外擴張順利，卻仍舊無法從根本上解決伊斯蘭共同體的內部矛盾，反而引來了新的矛盾——中央的派系衝突及地方強侯的反抗。

第三代哈里發烏斯曼出身自麥加古萊須部族烏瑪雅（Umayyad）家族，這個家族在皈依伊斯蘭之前是穆罕默德在麥加時期所遭遇的最大敵手，並在前兩大哈里發時期累積鉅富與更多的權勢，因此使得烏斯曼的繼位引起麥地那精英層的反彈。為了削減此一反彈，烏斯曼著力於對外擴張，並將戰利品分與麥加與麥地那的豪族，從而在麥加、麥地那等地創造出大地主階級，引起遊牧諸部族的不滿。與此同時，烏斯曼又在其任內放任烏瑪雅家一門控制政府要職，此亦引起「移住者」集團的不滿，也導致了烏瑪雅家在古萊須部族中的政治孤立。在多重的矛盾之下，最終導致烏斯曼在六五六年被來自埃及的遊牧兵團暗殺，而其背後的策劃者則是不滿烏瑪雅家族政權獨佔的古萊須集團。

伊斯蘭共同體快速的對外擴張，也促使地方強侯應運崛起。於是，烏斯曼的被刺成為導火線，成為日後一連串穆斯林叛亂與宗派殺戮的前奏，並為伊斯蘭共同體的內戰拉開序幕。

第四代哈里發—阿里的繼任在一開始便遭到兩股政治勢力的反對：先知妻子阿伊夏（Aishah）在中央糾結的勢力，以及出身烏瑪雅家，坐擁重兵的敘利亞總督穆阿維亞（Muawiya Abi Sufyan）。這兩股勢力都指責阿里未能將殺害烏斯曼的兇手繩之以法，並以此作為討伐阿里的政治理由。在「駱駝之戰」（六五六年）中，阿里的軍隊擊潰了阿伊夏的部隊，這是史上第一個哈里發帶領穆斯林軍隊攻打另一個穆斯林軍隊。其後，阿里為了征伐穆阿維亞，便將首都遷往（今日伊拉克境內的）庫法（Kufa），並派遣重兵攻打敘利亞，爆發了伊斯蘭共同體更大規模的內戰。

這場內戰曠日廢時，卻無明顯勝負。六五九年，無法在軍事上壓制對手的哈里發阿里被迫停戰媾和，讓穆阿維亞不僅持續統治敘利亞，其勢力範圍更擴張至埃及。這齣媾和劇引起阿里的部份支持者不滿；這些不滿者稱為分離派（Kharijites），他們堅實地支持阿里出任哈里發，視不服從哈里發的穆阿維亞為叛徒與「偽善者」（munafiqun，表面上接受伊斯蘭而內心卻不篤行信仰者的不信者），主張「犯大罪者為不信者，理當處死。」的教義，堅決要求應對犯下反伊斯蘭大罪的穆阿維亞發動「聖戰」；他們無法接受阿里與穆阿維亞的妥協，決定暗殺「犯大罪的不信者」—穆阿維亞與「犯大罪的統治者」—阿里㊺。

分離派的登場是伊斯蘭史上的重要轉捩點。這是第一個堅持不妥協立場，並要求平等式政治社會路線的伊斯蘭宗派，亦即主張伊斯蘭共同體的領導權應屬於篤信的穆斯林，領導權的歸屬應根據伊斯蘭的信仰，而非權力政治的考量。在政治思想的意義上來說，分離派是伊斯蘭史上第一個「伊斯蘭主義」的團體。他們要求哈里發不應只能由古萊須部族的成員出任，應該由整個伊斯蘭共同體的共同皈依者選出，並認為應直接遵循真主在《古蘭經》中的啟式，不必透過中間人的詮釋，堅持信仰若無行動即不是真信仰㊻。

六六一年，阿里在首都庫法的清真寺遭到分離派刺殺，結束了正統哈里發時代，而事先聞訊潛逃的穆阿維亞則在耶路撒冷自立為哈里發，並遷都大馬士革，伊斯蘭共同體的歷史自此進入烏瑪雅王朝（Umayyard Caliphate，六六一年至七五〇年）時代。

Ⅳ 伊斯蘭理論的要害

在穆阿維亞自立為哈里發的同時，阿里的長子哈山（Hasssam）也在庫法宣佈繼任為第五代哈里發，但不久即放棄政爭，退隱至麥地那，選擇過單純的信仰生活。哈山逝世（六六九年）後，穆阿維亞指定其子亞濟德（Yazid）為哈里發繼承人，從而打破長老政治的政治權力繼承原理，改行世襲制。六八〇年，亞濟德出任哈里發，而阿里的支持者則另擁阿里之子、哈山之弟胡賽因（Hussayn）。當胡賽因率領追隨者準備從麥地那前往阿里哈里發時代的首都庫法，與該地的一萬八千名支持者會合時，在離庫法僅數十公里處的卡爾巴拉（Karbala）遭到亞濟德所派出的四千名部隊攻擊，胡賽因及其七十二名追隨者全部罹難。

這場悲劇促成了什葉派的成立。什葉（Shi'ah）的原意是黨派（parry），在阿里與穆阿維亞相爭之際，各自稱為「阿里的黨派」（Shi'at Ali）與「穆阿維亞的黨派」，而當阿里逝世，穆阿維亞建立烏瑪雅王朝後，黨派便專指阿里的追隨者。阿里在世時，其黨派尚未形成伊斯蘭教義上的分派；卡爾巴拉悲劇發生時，在庫法的阿里支持者為求自保而不願介入，悲劇後繼續沉默地臣服於穆阿維亞的鎮壓，從而深歎自己的無力、沉默與卑怯。此一慚愧之念，後來便成為什葉派心情的基調，他們以「悔悟者」自稱，並展開新一波的傳教事業，之後的傳教內容也逐漸確立為什葉派的信條。

分離派與什葉派的登場，揭露出宗教之別與宗派之別的差異所在。天啟內容的差異劃定了不同宗教間的界線，如同猶太教、基督教與伊斯蘭教雖同屬一神論，但因天啟內容的差異而發展成三種不同的宗教。與此相對，一種宗教內部的分派（宗派）界線，主要源自於對人類看法的歧異。

在伊斯蘭史上，什葉派的分派根源即來自於圍繞著領導者的認知所引發的爭議。對什葉派而言，阿里是穆罕默德真正的繼承人，是為第一代伊瑪目（Imam）。伊瑪目的原意是「禮拜的導師」，對什葉派則賦與其「先知繼承者」的角色；與哈里發相異，什葉派認為伊瑪目繼承了先知穆罕默德所有的知識以及某種神秘的能力。因此伊瑪目不僅在精神意義上是所有穆斯林的指導者，同時也是伊斯蘭政治共同體應有的領袖。換言之，從什葉派的角度來看，正統哈里發時代唯一的真正領導人（伊瑪目）只有阿里一人。

那麼，阿里逝世後，應由誰來繼承伊瑪目呢？理論上，有三種途徑：其一是阿里與穆罕默德之女法提瑪（Fatimah）所生的長子哈山，其二是次子胡賽因，其三是阿里與其他妻子所生的子孫。在初期，哈山繼承說獲得最多支持，但哈山遠離政爭，遁隱麥地那，其所採取的和平傳教路線無力改變政治現狀，使他的威望漸次降低；於是採取武裝鬥爭路線的胡賽因趁勢崛起。胡賽因雖在事前即意識到極可能因武力不如穆阿維亞而殉道，但仍堅持走向卡爾巴拉悲劇，也使胡賽因的支持者日漸增多。因此，什葉派眼中的伊瑪目繼承人，即從胡賽因一系向下推衍；不過其後仍因伊瑪目的定義與伊瑪目繼承人的決定等爭議，產生進一步的分派㊼。

什葉派興起的社會政治背景是對當權派的反抗。與分離派相同，什葉派的起源也是政治上的黨派之爭，而且儘管在此一鬥爭過程中屈居劣勢，仍不放棄抵抗的精神與立場，且為了正當化此一抵抗精神與立場，更發展出獨特的伊斯蘭理論武裝，因而使政治上的黨派之爭演變成為伊斯蘭的宗派之爭。換言之，什葉派思想本質是反體制的對抗性理論，以及被壓迫者的心靈撫慰及其代言。

作為對抗性理論的什葉派，其中心思想是伊瑪目（Imam）與救世主（Mahdi）㊽。伊瑪目的核心內涵是其不謬性（isma），救世主之說則界定了伊瑪目的任務。在之後什葉派的漫長歷史中，教義的主張與表現形式迭有變化，但基本上都以兩大觀念為基礎，從而凸顯了什葉派政治理論的特色：否定哈里發體制（Caliphate），要求建立伊瑪目體制（Imamate）㊾。哈里發體制僅具有政治權威而無宗教權威，什葉派則主張伊瑪目同時具有宗教權威與政治權威，是唯一正當的統治者。此一政治理論的基礎是否定哈里發繼承穆罕默德的正當性，認為這是邪惡與不義勢力的篡奪，僅承認阿里是穆罕默德唯一的正當繼承人，這個出發點衍生出什葉派政治理論的主要論點：善的勢力（什葉派）必須對抗惡的勢力（反什葉派），鬥爭的途徑包括了殉道與抗議；經由這場善惡的鬥爭，達成正當統治與社會正義的目標，從而實現理想的體制——伊瑪目體制。

在理論意義上，什葉派伊瑪目統治理論的出現，尖銳地凸顯出伊斯蘭論理的核心要害所在。一如前述，在伊斯蘭的核心論理中，並存著兩條根本原理，其一是尊崇領導人原理，其二是信徒平等的同胞原理。尊崇領導人原理的出發點是前述的第一原理，即皈依唯一真神阿拉，並遵從真神使者穆罕默德的領導。而要求信徒平等的出發點，則是以阿拉為超越一切的絕對，全知全能，而其使徒的先知穆罕默德則是人類，因而穆罕默德本人也必須遵從阿拉的旨意㊿，即《古蘭經》所述的原理：「在阿拉看來，你們當中最高貴的，就是你當中最正直的（人）」。領導人原理與信徒平等原理，在領導人深具正當性與領導力時，具有相互補強的功能，而這也正是伊斯蘭威力之所在——平等原理與社會正義原則則使伊斯蘭獨具魅力，而領導人原理則使穆斯林團結，並據此使伊斯蘭共同體展現出巨大的能量。但是當領導人的權力正當性不足，或是領導力闕如時，究竟應以何者為重，卻欠缺明確的規範與實踐所需的平衡，因此產生不同的政治思想流派，如分離派即是平等主義的尖兵，並且認為可以訴諸暴力手段來實現平等的理想。什葉派的崛起，在突顯平等主義之要求的同時，也開創了在壓迫體制中艱苦傳教，堅持理想的範例。

如此，通過分離派的行動與什葉派的對抗性理論，領導人原理與信徒平等原理兩條軸線的重點差異，以及由此而來的現實主義與理想主義，接受權力政治的務實考慮與堅持理念的不屈精神之間的對立，便被尖銳地揭露出來。而追尋伊斯蘭理想的路線之爭（武裝鬥爭抑或和平傳教）也充份地呈現出來㉛。這些理論要害，本質上是伊斯蘭共同體從被圍堵的反抗團體發展成體制所造成的理論落差。無論是在初期的反抗過程，抑或先知晚年與正統哈里發時代的向外征服，伊斯蘭共同體的組織運作原理都帶有濃烈的軍事組織性格，因而領導人原理與武裝鬥爭路線便成主流。但是隨著伊斯蘭共同體的壯實與對外征服的展開，伊斯蘭共同體漸次發展成常規的帝國體制，戰爭組織的性格不得不轉化為政治組織，統治者（領導人）與被統治者之間相互關係的定位——領導人原理與穆斯林平等原理的矛盾，以及武裝鬥爭與和平路線的差距，便漸次尖銳起來。這些理論要害，對伊斯蘭思想與行動的發展產生了深遠的影響，幾乎構成日後所謂前現代的伊斯蘭復興主義、伊斯蘭現代主義與現代伊斯蘭復興主義等所有思想發展的起點。

註譯

①歐洲面積為一千〇一十六萬平方公里。

②三大生態地帶的中間，多少都存在著漸移地帶，其中也有著無法明確劃清分界線的地區。不過大抵而言，三大生態地帶的區分並無太大的爭議。

③松田壽男，アジアの　史（東京：岩波書店，一九九二年），頁二零至三零

④家島彥一，海が創る文明―インド洋海域世界の歷史（東京：朝日新聞社、一九九三年），頁三四

⑤Samir Amin, The Ancient World-Systems versus the Modern Capitalist World-System, Andre Gunder Frank and Barry K. Gills, eds., The World System: Five hundred years or five thousand?(New York: Routledge, 1996), pp.247-277

⑥有關近代「歐洲」與「亞洲」的地理區劃概念體系的形成與意義，請參見本書第四章。

⑦增田四郎，ヨ-ロッパとは何か（東京：岩波書店，一九九四年），頁三八至四四

⑧遊牧民對農耕民的略奪並非出於「生性貪婪」。遊牧型態的經濟生活主要仰賴天候，特別是雨水的豐潤，在糧食的確保上相對較不穩定。每逢乾旱來臨，牧草不足，牲口減少，糧食危機才會爆發，也才會迫使遊牧民對農耕地進行剽掠。關於遊牧民的歷史與生活型態可參見杉山正明著：《大漠：遊牧民的世界史》（台北，廣場出版，二〇一一年。）

⑨關於古埃及的歷史年代，因年代久遠加以資料殘缺不全，目前在學界仍有爭議，有興趣的讀者可參考維基百科網站上的詞條—「古埃及歷史年表」

網址：http://zh.wikipedia.org/wiki/%E5%8F%A4%E5%9F%83%E5%8F%8A%E5%8E%86%E5%8F%B2%E5%B9%B4%E8%A1%A8

⑩Neal Ascherson, Black Sea: The Birthplace of Cilization and Barbarism(London: Vintage, 1996), p.7

⑪增田四郎，前揭書，頁四四至四七。

⑫Quoted from John A. Hall, International Orders(Cambridge: Polity Press,1996),p.6. Original text in

Cornelius Tacitus, The Agriocola and the Germania(Harmondsworth: Penguin,1970).

⑬高谷好一，新世界秩序を求めて—21 世紀への生態史観（東京：中央公論社，一九九九年），頁一九八至一九九。

⑭有關猶太教的介紹可參閱Dan Cohn-sherbok著，傅湘雯譯，《猶太教的世界》（台北：貓頭鷹出版社，一九九九年，目前已絕版）

⑮Akbar S Ahmed, Postmodernism and Islam: Predicament and Promise, (London and New York: Roultedge), 1992, chap.2, "Greek gods and semitic prophets", pp.51-93

⑯なだいなだ，民族という名の宗教—人をまとめる原理・排除する原理（東京：岩波書店，一九九七年），頁八三至八七。

⑰參見楊牧谷主編，《當代神學辭典》（台北，校園書房，一九九七年），上下兩冊，「基督論」、「亞歷山太的區利羅」、「聶斯托留」諸條。

⑱Bernard Lewis著，蔡百銓譯，《阿拉伯人的歷史》（台北，聯經，一九八六年，目前已絕版），頁十七

⑲Tribe一語國內通常譯為部落，但無論就英文語意文化中的tirbe，或是我國漢字語意中的部落，皆帶有部份程度的文化蔑視感，為避免此種偏見，本書一律以部族稱呼。

⑳James A. Bill and Robert Springborg, Politics in the Middle East (New York: Longman, 2000), pp.73-75

㉑中村廣治郎，イスラム教入門（東京：岩波書店，一九九八年），頁二一至二二。

㉒家島彥一，前揭書，頁三六。

㉓家島彥一，前揭書，頁二零；V.P.Maksakovsky, Istoricheskaya Geografiya Mira (Moscow: Ekorpos, 1997), pp. 30_34

㉔西元十九世紀末出土的唐代「大秦景教流行中國碑」，即為此一過程中的產物。

㉕伊斯蘭史上所謂的「無明時代」，包括整個前伊斯蘭時期，但尤其特指此一部族鬥爭時代。

㉖嶋田襄平，「アラビアの統一」，前嶋信次編，西アラビア史（東京：山川出版社，一九七八年），頁八五。

㉗中村廣治郎，前揭書，頁二八；嶋田襄平，前引文，頁一〇一至一〇二。

㉘小杉泰，イスラームとは何か——その宗教・社会・文化（東京，講談社，二〇〇一年），頁十七至二二。

㉙穆罕默德的傳記可參見：Michael Cook著，蔡百銓譯，《穆罕默德》，（台北，聯經，一九八五年，目前已絕版），或可參考Karen Armstrong著，王瓊淑譯，《穆罕默德：先知的傳記》，（台北，先覺，二〇〇一年）、劉佑知著，《穆罕默德傳》，（台北，台灣商務，二〇〇七年）

㉚神的唯一性既是反對當時半島上流行的多神論，同時也反對基督教的三位一體論。

㉛《古蘭經》的漢譯原文是「萬物非主唯有真主，穆罕默德是主欽差。」見「勝利」章第二九節。

㉜沙烏地阿拉伯的國旗即以阿拉伯文將兩大詞句寫入。西元一九九二年以降，阿富汗伊斯蘭共和國國旗亦將兩大詞句寫入。

㉝「穆罕默德傳不是你們中任何男人的父親，而是真主的使者，和眾先知的封印。」（「同盟軍」第四〇節）。

㉞「伊斯蘭」（Islam）一詞的來源來自希伯來文的「和平／平安」（shalom）。「祝你平安」（shalom aleichem）是猶太教的慣用語。傳至阿拉伯而成salaam與「祝你平安」（alaykum salaam）。一般的語言學觀點，是將希伯來語與阿拉伯語視為閃語系（Semitic family of languages），字根的SLM意為和平、順服或皈依。I-A-A-的模式則意指「……行為」，因而salaam意指「順服／皈依的行為」（act of submision）。「伊斯蘭」一詞的原意指「皈依」，側重的是對真主意志的順服與遵從。「穆斯林」（Muslim或Moslem）意指「皈依者」，即「絕對皈依唯一而至高的真主，並遵從其教誨而生活的人。」

㉟小杉泰，前揭書，頁六四至七二。

㊱關於伊斯蘭五功及其互動關係請參見「伊斯蘭之光網站」：潘世傑博士著：「淺談伊斯蘭教「五功」之間的互動關係」網址：http://www.islamhk.com/index.php?action-viewnews-itemid-13324

㊲無論是五功或六信，皆明白寫入《古蘭經》中，如「使者確信主所降示他的經典，信士們也確信那部經典，他們人人都確信真主和它的眾天神（天使），一切經典和眾使者」（「黃牛」第二八五節）。

㊳「你們應當謹守拜功，完納天課。凡你們為自己而行的善，你們將在真主那裡發現其報酬。真主確是明察你們的行為的。」（《古蘭經》「黃牛」第一一〇節）。

㊴小杉泰，前揭書，頁三九至四〇。

㊵《古蘭經》「援助」章對穆罕默德征服麥加有這樣的記載：「當真主的援助和勝利降臨，而你（穆罕默德）看見眾人成群結隊地崇拜真主的宗教時，你應當贊頌你的主超絕萬物，並且向祂求饒，祂確是至宥的」。

㊶嶋田襄平，「イスラム国家の成立」，收錄於岩波講座，世界歷史・八（東京：岩波書店，一九六九年），頁三九至四一。

㊷穆罕默德逝世後，「移住者」集團出現巴克爾與穆罕默德堂弟兼女婿阿里（Ali ibn Abi Talib）之爭。穆罕默德病重時，六十餘歲的巴克爾代為執行領導權，而三十餘歲的阿里則因穆罕默德指派為其洗浴而享有殊榮。穆罕默德逝世後，巴克爾與穆罕默德另一妻哈夫沙（Hafsa）之父烏瑪爾（Ummar ibn Khattab）召開長老會議，而阿里及其支持者則因忙著葬儀事務而無暇與會，於是會議遂根據長老政治的原理，決定權力繼承人為巴克爾。換言之，巴克爾與阿里的權力競爭，本身意涵著世代衝突，而這場衝突最終是由長老政治原理來加以解決。

㊸這四位哈里發領導時代之所以被稱為正統，係因權力繼承者都是篤信伊斯蘭的長老，根據正統的程序，並經由伊斯蘭共同體的承認而就任哈里發。

㊹一般伊斯蘭傳統史家認為穆罕默德逝世後，諸遊牧部族出現重返多神教而有「背教」現象，其實並不正確。遊牧諸部族依據其部族傳統，與穆罕默德訂定契約，穆罕默德逝世後，契約便解除，對遊牧民而言是即為自然的事。當時讓事態更形複雜的是偽先知集團的出現，即在穆罕默德成功之後，半島邊境地帶也出現了一些自稱為先知的模仿者，並建立起類似伊斯蘭的教團國家。第一代哈里發巴克爾派兵討伐的主要對象，即是這些偽先知集團，並據此來樹立威望。

㊺Caesar E. Farah, Islam (Haupauge, NY: Barron' s 1994), pp.71-73

㊻John L. Esposito, Islam and Politics (New York: Syracuse University Press, 3rd edition, 1992), pp.9-10.今日在安曼、東非與阿爾及利亞等地尚存的伊巴德派（Ibadites），即是源自分離派，但其信條已經過該派創史人伊巴德（Abdallah ibn Ibad）的若干修正。

㊼迄今，什葉派仍以十二伊瑪目派、薩伊德派（Zaydis）與伊斯邁爾（Ismailis）三系為最大勢力，目前約占全求穆斯林的一成；其中十二伊瑪目派在什葉派全體人口中約佔八成，但這是西元十六世紀以後的發展所致。

㊽在西元八世紀末期，穆克塔爾（al-Mukhtar）對烏瑪雅王朝的反抗過程中，首次明確地提出救世主（Mahdi）觀念。Mahdi一詞原為「正確導向神的人」，衍伸為彌賽亞的引導人，簡譯為救世主。參見本書第三章的討論。

㊾Esposito, po cit, pp. 13-14.

㊿在基督教方面，則是經由三位一體理論的提出，解決此一棘手問題。

51但是無論是領導人原理或是信徒平等原理都不重視血統的傳承。早期什葉派在其伊瑪目理論中重視穆罕默德／阿里的血統，顯然受到當時波斯王室「高貴血統論」的影響。

第三章

伊斯蘭世界體系

「就死或改宗」的二擇一強迫形象，是西歐基督徒自創的伊斯蘭形象，不是穆斯林所認識的伊斯蘭論理。在穆斯林眼中，將「戰爭之家」轉化為「伊斯蘭之家」其間存在著必然的動盪過渡期，在這段過渡期中，被哈里發征服的異教徒，因為尚未改宗伊斯蘭，不能服從伊斯蘭律法。這些既不改宗，也非奴隸的異教徒，只要願意承擔繳交稅金的義務，生命財產即可受到哈里發政權的保護，並以此身份保有其固有的宗教 法律與生活習慣。換言之，並非只有「古蘭經或劍」的二擇一，而是「古蘭經，或納貢，或劍」的多元選項。

穆罕默德在麥加創立伊斯蘭，在麥地那建立史上最初的伊斯蘭共同體，其後經由正統哈里發時代的對外征服，至烏瑪雅王朝已發展成阿拉伯帝國（六六一年至七五〇年），對內創造出制度化的「阿拉伯人」，以克服「援助者」、「移住者」、古萊須部族等集團分立，對外行宗教寬容。結果不僅在軍事上，而且在意識形態上都對東羅馬帝國構成壓力，因為後者追求絕對宗教權威而進行宗教迫害的事實，使對宗教採寬容政策的伊斯蘭在當時獨具魅力。但是，支配者阿拉伯人與支配者非阿拉伯人間的矛盾，加上帝國擴張所必然促生的地方強侯崛起，終於導致烏瑪雅王朝被阿巴斯王朝（七五〇年至一二五八年）所取代。

為了免於重蹈烏瑪雅王朝阿拉伯帝國的覆轍，阿巴斯王朝對外續行宗教寬容，對內確立穆斯林同胞平等體制，將阿拉伯帝國轉換為伊斯蘭帝國，進而確定起獨特的伊斯蘭世界秩序觀與伊斯蘭世界體系①。儘管阿巴斯王朝在十三世紀為新崛起的蒙古帝國所滅，但伊斯蘭世界秩序觀與伊斯蘭世界體系卻有力地保存下來，並在其後的鄂圖曼土耳其、波斯的薩法維以及印度的蒙兀兒等三大伊斯蘭帝國時代臻於最高峰。伊斯蘭世界體系的力量、內部矛盾與日後興起之西歐國家體系在世界政治論理與實踐上的衝突，構成了近代伊斯蘭思想反省的前提。

I　阿拉伯帝國

穆阿維亞自立哈里發並建立起烏瑪雅王朝，雖因此導致分離派與什葉派分派的插曲，但烏瑪雅王朝的支配卻日趨穩固，不但實施遷都（遷至敘利亞的大馬士革），並再度對外展開活躍的征服活動。其後數十年間，烏瑪雅王朝迅速征服了北非，進軍伊比利半島，並於七三一年滅西哥德王國，儘管在七三二年的決戰中敗北，勢力範圍止於庇里牛斯山脈以南，但仍建立了支配領域遼闊的阿拉伯帝國，版圖東至中亞與阿富汗，西至伊比利半島與北非，比最盛期的羅馬帝國還大；若以單一王朝支配版

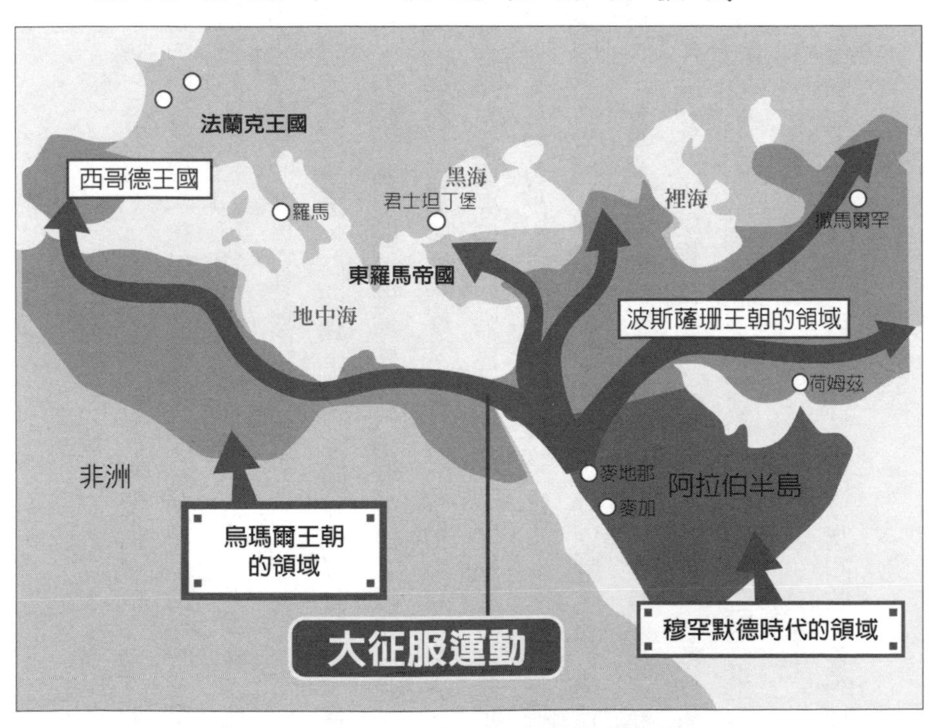

圖五　大征服運動與伊斯蘭帝國的擴大

圖來看，堪稱伊斯蘭史上最大帝國。

烏瑪雅王朝對外征服的主力是遊牧兵團（muqatila），這是延續正統哈里發時代的策略，將阿拉伯半島內留存政治風險性較高的武裝勢力對外輸出，藉以收取穩固內部統治與外部征服效果的一石二鳥之策。對於遊牧兵團來說，參與對外征服，既可獲得鉅額戰利品（fay），並可在征服地區成為統治者，提升自己原本在半島政治居於劣勢的地位，利益與烏瑪雅王朝當局一致。

在對外征服的過程中，為了維持對征服地區的統治，烏瑪雅王朝將征服區域區分為省，進行軍事監控。征服軍並未佔領被征服的城市，而是在被征服的區域中尋找適當的既存城市，或是直接新建，樹立起軍事衛戍城鎮，如伊拉克的巴斯拉（Basra）與庫法，埃及的福斯塔特（Fustat，後來的開羅）等。帝國當局用這些軍事衛戍城鎮對征服區域進行監控，並在下一波征服時作為軍事前進基地。衛戍城鎮的心臟地帶是清真寺，省督通常是出身於軍隊的指揮官（amir），他們通過衛戍城鎮來控制整個省區。在省督之外，帝國當局另派有歲收官（revenue officer）進駐，負責徵稅與監督其他行政工作，而整個帝國的財政收入，便是經由歲收官的工作堆砌起來。至於賦稅系統則相當多樣，包括對穆斯林課徵的天課（zakat）與什一土地稅（ushr），以及對非穆斯林課徵的人頭稅（jizya）與土地稅（kharaj）。財政收入的支出則由帝國當局透過複雜的支付與年金制度進行分發。

被征服區域的民政與宗教行政，則仍委由地方官員負責。穆斯林社會被分為四個主要的社會階級：整個社會的精英來自阿拉伯半島的穆斯林，他們以穆罕默德的同胞名義，協助建立伊斯蘭共同體的功績以及征服者的實質，因此享有壓倒性的支配地位，傲視其它的社會階級。其次為非阿拉伯系的改宗穆斯林（mawali）；理論上，根據伊斯蘭的基本教義，所有穆斯林在阿拉之前一律平等，但在烏瑪雅王朝的實際運作下，他們的地位低於阿拉伯系穆斯林甚多。第三個社會階層是「啟典之民」，他們只要願意定期支付人頭稅與土地稅，即可享有帝國當局的安全保障，成為被保護民（dhimmi），並享有高度自治，包括自己的宗教信仰與崇拜，選擇自己的宗教法律與領袖，並可在遭受侵略時可獲得穆斯林軍隊的保護。最後則是奴隸階級；奴隸制度在阿拉伯半島行之久遠，其主要來源乃是戰爭俘虜——在伊斯蘭登場後，基本上不會將猶太教徒與基督教徒等俘虜當做奴隸②。

如此，經由制度性的安排，「阿拉伯人（穆斯林）」的分類被固定下來，藉以克服正統哈里發時期統治集團因「移住者」、「援助者」、古萊須部族等勢力的分立而產生的政治不安。換言之，這是重新運用阿拉伯半島部族政治的原理，在血緣連帶的基礎上經由制度性的安排，創造出一個以地緣連帶的新型社會集團，以鞏固烏瑪雅王朝的統治。也因此，烏瑪雅王朝被稱為阿拉伯帝國而非伊斯蘭帝國。

阿拉伯帝國的對外征服，除了哈里發與軍事領袖卓越的軍事才能及遊牧兵團特有的戰力等內部因素外，尚有重要的外部因素：即伊斯蘭共同體訴諸的意識形態，在當時的「國際」環境中所具有的特殊吸引力。

在聶斯托留派逃往波斯後，君士坦丁堡的正統派與亞歷山卓的單性論在東羅馬帝國境內展開激烈爭論。當時東羅馬帝國在東方與薩珊王朝下的波斯帝國爭霸，在北方則面臨遊牧民族的攻擊。教會的內鬨動搖了帝國的凝聚力，皇帝赫拉克利烏斯（Heraclius，六一〇至六四一年）為了融合正統派與單性論派以促進帝國意識形態統一，親自提出了妥協方案，一方面承認耶穌基督具有單一意志，從而形成了單意論（montheletism）。但單意論同時遭到正統派與單性論者的拒絕，終以失敗告終。

圍繞著基督教神學理論的爭論，導致東羅馬帝國境內嚴酷的宗教迫害。六四一年赫拉克利烏斯皇帝逝世後，正統派開始逐一掃盪異議份子。六五一年，宗教會議判處單性論者為異端。六八一年，第三次君士坦丁堡宗教會議決議，再判單意論者為異端。當時的異端審判意味著對異端者的完全消滅。一連串的迫害迫使異端者向東遷徙避難。六八四年，東羅馬帝國大力掃蕩境內信仰單意論的基督徒，信徒在主教約翰馬龍（John Maron）的領導下一度擊退帝國軍隊，其後逃入敘利亞至黎巴嫩一線的山岳地帶；今日在黎巴嫩社會構成三大勢力之一的馬龍派基督教徒（Maronite Christian），即是這些遭受基督教會與東羅馬帝國當局迫害的單一論信徒後裔③。

相對於東羅馬帝國的追求絕對宗教權威、一連串宗教分裂及由此而來的宗教迫害，新興的阿拉伯帝國基於伊斯蘭論理，無論是在教義上或政策上都對異教徒採取相對寬大的態度，尤其允許

「啟典之民」在一定的條件之下，享有自己的高度自治，並保存本身特有的宗教與社會生活——「啟典之民」的自治區稱為「宗教共同體」（milla）。儘管這種寬容屬於「不平等的寬容」，本質上仍是征服者對被征服者的支配，但從異教徒的角度來看，允許異教徒高度的自治，比起東羅馬帝國嚴酷的宗教迫害要來得有吸引力。換言之，阿拉伯帝國的對外征服與宗教寬容政策，不僅在軍事上，而且在意識形態上，對東羅馬帝國構成了尖銳的挑戰。

新崛起的阿拉伯帝國，本質是征服王朝，這個新帝國經由阿拉伯遊牧兵團的大征服而成立。在征服區域內貫徹阿拉伯人（異族）支配原則，並在帝國所制之處賦予阿拉伯系穆斯林特權；而整個帝國的目的，除了領土的擴大與收奪的增加之外，再無其他。在征服之後，則以部族聯合的邏輯作為帝國統合的原理，因此在征服之際都盡量避免破壞既存都市與村落共同體，保留既存的自治機夠與徵稅機構，以便最大限量地利用這些機構來遂行其統治。除了都市、宗教，村落共同體及部族代表人之外，一般被征服者與帝國政府並無接觸，帝國政府也完全不干預這些集團的內部事務④。簡言之，這是一種統治的承包制，完全不觸及被征服區域既存的社會經濟結構，當然也沒有動機改變其既存的社會生產方式與生產關係。

與東亞的征服王朝，如征服明帝國而建立起巨大版圖的清帝國相較，阿拉伯帝國的征服區域，除了波斯地區曾擁有本身政治統一的薩珊王朝之外，大都屬於分立的都市・村落共同體，各自依據自己的部族與宗教原理進行統治。當阿拉伯帝國形成後，帝國當局引進薩珊王朝的統治結構，並參考東羅馬帝國的制度安排，打造出世襲哈里發制度的專制王朝。

建立在征服基礎上的專制王朝，雖然短期內實現了快速的擴張，但中長期之後卻因為上述制度安排而面臨慢性危機。當帝國征服告一段落，戰利品來源中斷，帝國財政只能從賦稅承包著手，結果導致治下被統治者承受的壓力增大與地方諸侯權力的崛起；因為帝國當局日益仰賴來自地方諸侯向下苛捐的貢稅上繳，從而在長期上腐蝕著帝國的權力。最初賦稅承包制僅具有文民與非繼承性格，但發展至八世紀初，賦稅承包制的地方諸侯已全面世襲化，並擁有自己的軍隊控制地方。於是在賦稅承包制的影響下，政治權力日漸商業化，不可避免地導致帝國當局對地方諸侯的控制力大降，及諸侯彼此間為了爭奪勢力範圍而引發的衝突。對地方強侯而言，本身權力的擴張意味著篡奪中央的權力，抑或兼併其他的地方諸侯。簡言之，地方強侯日漸軍閥化，並成為帝國發展的重要規律，也在日後的歷史中，尤其是「最後一個伊斯蘭帝國」鄂圖曼土耳其帝國的發展過程中，一再重現。

如此一來，八世紀二〇年代已降，阿拉伯帝國便遭遇著尖銳的雙重矛盾。第一層來自於支配者內部——亦即中央政府與控制地方的強侯，這些強侯扮演著帝國在地方遂行統治的代理人角色，旗下擁有遊牧兵團，後者因進駐軍事要塞都市而漸次定住化，戰利品來源的中斷，使他們的收入來源日益仰賴地方諸侯的權利擴張，利益與地方強侯日趨一致。第二層則來自於支配者與被支配者之間的矛盾。包括阿拉伯系穆斯林與非阿拉伯系改宗穆斯林之間的矛盾。穆斯林與「啟典之民」的矛盾，以及奴隸主與奴隸的矛盾；這些被支配者是帝國經濟（租稅）收奪與強制勞動的最終承擔者，他們背負著整個帝國體制所有的重擔⑤。

這些矛盾最終促成了地方強侯與非阿拉伯系穆斯林的結合，尤其是肥沃月灣地區的強侯阿巴斯家族（the Abbasids）——先知穆罕默德叔父阿巴斯的家系——與肥沃月灣、波斯地區改宗穆斯林（什葉派）的結合。

什葉派由阿拉伯系穆斯林創立，在伊拉克南部的庫法崛起後，其經由和平傳教的方式，展現出反政權的宣傳與組織實力，獲得遭遇差別待遇的大量改宗穆斯林（波斯系、埃及系、伊拉克系、敘利亞系等）的認同，於是皈依者日眾，勢力漸次擴大，尤其以波斯地區為然⑥。六八五至六八七年間，什葉派在阿拉伯半島出身的穆克塔爾（al-Mukhtar）的領導下，組成「懺悔軍」，糾結什葉派信徒與遭受差別待遇的改宗穆斯林，以宗教分派異議的形式表達對體制的不滿，訴諸救世主（mahdi）將至的理論，率軍四千人從庫法出發，對烏瑪雅王朝展開反抗⑦。此一武裝反抗雖遭鎮壓而失敗，但其後反抗並未止息，迫使帝國當局更為依賴地方強侯，烏瑪雅王朝權力基礎日趨動搖。七四七年，肥沃月灣的總督阿布爾・阿巴斯（Abu Abbas）聯合波斯北部呼羅珊省的阿布・穆斯林（Abu Muslim）舉兵。七五〇年，波斯兵團開入大馬士革，推翻烏瑪雅王朝，成立阿巴斯哈里發王朝（Abbasid Caliphate，七五〇年至一二五八年）。

II 伊斯蘭帝國

阿巴斯家族與穆罕默德有血緣關係，而阿布・穆斯林本人則是出身庫法的阿拉伯什葉派穆斯林，母親為波斯女奴隸，其什葉派與半波斯血統的特殊身份，使他足以號召阿拉伯系穆斯林與波斯系等改宗穆斯林。於是阿布爾・阿巴斯結合阿布・穆斯林起兵討伐烏瑪雅王朝，以「為『先知家族』出身的穆斯林而戰並為其復仇」為號召，反映出此一政權爭奪戰的本質是非主流阿拉伯系穆斯林對政權主流派烏瑪雅王朝的鬥爭。因此，奪取政權後，阿巴斯王朝進一步運用「先知家族」血統的印記，將哈里發從「神的使徒的代理人」改稱為「神的代理人」，據此將哈里發職務的絕對君主化乃至神格化⑧。這對日後哈里發的象徵化具有深遠意義。

但是，為了推翻烏瑪雅王朝，阿巴斯家族運用了非阿拉伯系的改宗穆斯林，尤其是什葉派穆斯林的力量，因而在社會階層的分析意義上，阿巴斯王朝的權力基礎是地方強侯與非阿拉伯系被支配者的結盟。如此，新王朝成立後，克服阿拉伯系穆斯林與非阿拉伯系改宗穆斯林之間的結構性矛盾，便成為新王朝確保統治的第一要務。第一步先廢止之前烏瑪雅王朝時代阿拉伯人享有特權的行政制度，確定了穆斯林間的平等。而在社會階級與租稅制度上，則將先前阿拉伯系穆斯林、非阿拉伯系改宗穆斯林、啟典之民與奴隸四級制改為三級制，廢除前兩級的差別待遇，讓阿拉伯系穆斯林地主與改宗穆斯林，及啟典之民的地主一樣，皆須繳納土地稅，而啟典之民則須另繳納人頭稅。此外，也取消了阿拉伯人的特權，最具體的表現是取消阿拉伯戰士年金支付制度；在官僚體系上，阿拉伯人也不再享有特殊待遇，宮廷中大量啟用波斯人等非阿拉伯系出身的官僚與文人學者，力求在制度上與運作上貫徹阿拉伯人與改宗穆斯林間的平等⑨。

這個政治邏輯的變遷，使阿拉伯帝國蛻變成「伊斯蘭帝國」，至少在論理上實現了阿拉伯人與改宗穆斯林之間的平等。此一政治原理的出現，大大助長了伊斯蘭帝國的擴張與伊斯蘭的傳播。此後，在帝國支配期間，若被征服之子民願意皈依伊斯蘭，論理上便可成為伊斯蘭共同體的成員，而與征服者享有平等地位；若不願改宗皈依伊斯蘭，則課以人頭稅和土地稅，並依照其信仰之宗教性質進行分類與差別待遇。而在法律制度上，則力行伊斯蘭法（Shari'ah）的統治。如此，帝國統治原理便徹底伊斯蘭化。

與此同時，為了預防波斯勢力過於壯大，威脅到新王朝的權力，及排除作為「反政權之宗派」的什葉派勢力，新王朝著手強化伊斯蘭法學的體系化，確立以俗稱「正統派」的遜尼派（Sumni）作為國教的統治意識，並整備行政機構以強化專制體制⑩。

新的政策與制度有力地鞏固著伊斯蘭作為帝國政治支配原理的地位，而伊斯蘭帝國當局也以阿拉伯語的「正則語」（Fus-h）作為帝國的行政語文，並吸收古希臘、波斯、印度的語彙與文化，擔負者傳播伊斯蘭文化的旗手。帝國當局的推動，以及正典（《古蘭經》）的存在，使阿拉伯語漸次在帝國境內被廣泛使用，進而成為國際語，促使了伊斯蘭帝國境內諸民的觀念流通⑪。

此外，也因為控制東西方交通孔道的地理優勢，使得伊斯蘭帝國在其後近四百年間，支配範圍內都得以維持著便利的交通與貿易。興盛的貿易與交流，不僅有力地支持著帝國當局的財政，更促使富裕中間階層的出現，而這個主要由貿易商、金融家，手工藝匠人，以及專業知識人所組成的城市富裕住民，也成為伊斯蘭文化發達的主力⑫。

Ⅲ 伊斯蘭世界秩序

伊斯蘭的基本論理是「阿拉是唯一的真神」與「穆罕默德是阿拉的使徒」，第一個原理歸定著神與人類間的垂直關係，而第二個原理則規範著人類之間的水平關係。在這兩大原理的基礎上，所有穆斯林都必須遵奉五功與六信，人類所有行為都應遵從真主的教誨。於是伊斯蘭的「律法」便和源自西歐、並推廣至全球的現代法律有著本質上的差異。對穆斯林而言，伊斯蘭的律法是人生所有規範的總合，伊斯蘭信仰本身即規範人類所有的行為，而對非行的懲罰，並非僅具有現世意義，更具有來世意義。因此在這種世界觀下，並不存在著政教分離的問題，而穆斯林政治認同的基礎，也都必須以伊斯蘭為起點。

最重要的是，這些基本原理不僅規範著穆斯林個人及伊斯蘭共同體成員間的互動，更規範著他們的世界觀。在伊斯蘭共同體成員的互動原理中，並不以血緣、地緣（或近代興起的「民族」概念）做為界定眾民政治屬性的區劃線，而是以《古蘭經》為法律基礎，根據伊斯蘭與非伊斯蘭的宗教線來區劃治下的人民，若用當代的理解方式，可稱為「屬教主義」。對穆斯林而言，生而為人，血緣、地緣或其它的區劃差異，並非關注重點；重點在於是否信仰伊斯蘭，是不是穆斯林。如果是穆斯林，則無論血緣、地緣（或「階級」與「民族」）的背景如何，基本上都與其他的穆斯林平等，同享真主、穆罕默德聖訓與哈里發律法的保護與眷顧。若不是穆斯林，則根據伊斯蘭律法來加以規範。

伊斯蘭法的概念與相關理論，在八世紀即漸次發展，至阿巴斯王朝確定了伊斯蘭帝國的支配論理後，經由帝國當局的力量，積極整合伊斯蘭學者群，於九世紀初形成體系化的理論。在伊斯蘭法所呈現的世界觀中，人類世界分為「伊斯蘭之家」（Dar al-Islam，伊斯蘭世界）與「戰爭之家」（Dar al-Harb，非伊斯蘭世界）。所謂的「伊斯蘭之家」，是指進入穆斯林支配之下，完全接受伊斯蘭法的共同體（United community ruled by the Shari'ah）。與此相對，「戰爭之家」則是不受穆斯林支配，由各式各樣異教徒的政治共同體相互競爭的複數世界⑬。

理論上「伊斯蘭之家」與「戰爭之家」間的動態相互關係及其區劃，僅具暫時性意義，隨著穆斯林方面主觀動能的不斷努力，真主信仰與先知聖訓將不斷傳播，所有的「戰爭之家」最終都將變成「伊斯蘭之家」；即世上所有人最終都將改信伊斯蘭，穆斯林也有責任促使非穆斯林改宗。這個由穆斯林透過主體積極作為，將「戰爭之家」漸次轉變成「伊斯蘭之家」的努力，也就是不斷將世界「伊斯蘭化」的行為，稱之為「神聖的奮鬥」（Jihad）⑭。

為了遂行「神聖的奮鬥」，穆斯林可採用軍事或非軍事手段。基本上，非軍事手段屬非常態，將「神聖的奮鬥」譯為「聖戰」，並將穆斯林描繪成「一手拿古蘭經，一手拿寶劍」以強迫世上所有人接受伊斯蘭信仰的暴力脅迫，其實並不正確。這種印象的建構乃源自於十字軍東征時代，歐洲諸國基於內部動員考量，因而刻意扭曲以強調伊斯蘭的威脅。儘管十字軍的根本目的，與其說是宗教，毋寧說是財富與領土的爭奪。但建構在宗教論理上，過度簡化的威脅意象卻被深刻地保留下來⑮。

事實上，非穆斯林改宗伊斯蘭並非總是因為外部的壓力，有的是因為伊斯蘭本身教義的魅力而自願改宗。如阿拉伯帝國在征服薩珊王朝的波斯時，原本信仰主流拜火教的波斯人改宗伊斯蘭，並非因為阿拉伯征服者的強迫，而是因為伊斯蘭所倡導的平等與正義，遠較波斯社會嚴格的階級分野來得有魅力⑯。

「就死或改宗」的二擇一強迫形象，是西歐基督徒自創的伊斯蘭形象，不是穆斯林所認識的伊斯蘭論理。在穆斯林眼中，將「戰爭之家」轉化為「伊斯蘭之家」其間存在著必然的動盪過渡期，在這段過渡期中，被哈里發征服的異教徒，因為尚未改宗伊斯蘭，不能服從伊斯蘭律法。因而哈里發政府承認這些異教徒可以適用不同的法律，不必接受伊斯蘭律法的強制。

這些受到政權保護的異教徒被稱為「被保護民」（dhimmi），或稱為「誓約之民」（ahl al-dhimma），這些既不改宗，也非奴隸的異教徒，只要願意承擔繳交人頭（Jizya）和土地稅（Kharadj）的義務，生命財產即可受到哈里發政權的保護，並以此身份保有其固有的宗教、法律與生活習慣。換言之，異教徒的選擇並非西歐眼中的「古蘭經或劍」的二擇一，而是「古蘭經、或納貢，或劍」的多元選項⑰。

在異教徒中，尚有宗教別的差異。所謂異教徒，即是居住在「伊斯蘭之家」外的「戰爭之家」的人民，因而稱為「戰爭之家的子民」（Harbi），相當於近代國際法概念中交戰對手國的國民，在這些異教徒之中，一神論的信徒與偶像崇拜者享有不同的待遇，即並非所有異教徒都享有成為被保護民及據此保有其固有宗教、法律與生活習慣的權利，而是被稱之為「啟典之民」（ahl al-kitab）的猶太教徒與基督教徒等與伊斯蘭同屬一神教信徒才可享有這些權利，至於本質上屬於無神論的佛教徒則無此資格。

伊斯蘭世界秩序這種不對等的寬容，較當時基督教世界那種宗教審判式的嚴格排他觀，更具有實現共生共存的可能性，為穆斯林與「被保護民」間的共存奠定了一定的基礎。儘管不對等的關係本身即蘊涵了關係存續的極大侷限性，但在血緣、地緣與宗教複雜的整個廣袤區域中，此一共存關係卻對政治體系的穩定產生了相當大的作用。

在「伊斯蘭之家」與「戰爭之家」的世界觀下，所謂的「國際」關係，是指「伊斯蘭之家」與各種異教徒共同體所組成的「戰爭之家」之間的關係，而政治的基本單位包括著「伊斯蘭之家」這個理念上的統一體，及生活在「戰爭之家」中的各種異教徒集團。前者是宗教共同體，而後者也是以「宗教共同體」（Milla）來加以界定。換言之，無論是在伊斯蘭世界的論理與實踐（制度安排）上，基本政治單位是宗教共同體（其後在鄂圖曼土耳其帝國時代被稱為Millet）。因此，在政治理論上，「伊斯蘭之家」的領導人，不僅是「伊斯蘭之家」境內所有穆斯林的唯一領導人，而且是居住在「戰爭之家」所有穆斯林的唯一領導人，亦即全世界穆斯林共同體（Umma）的領導人。

穆斯林共同體的唯一領導人，在穆罕默德在世時，即為他本人。伊斯蘭教義「最後一位先知」的穆罕默德逝世後，由「先知的代理人」哈里發領導穆斯林共同體。其後的正統哈里發時代與烏瑪雅王朝時代，都是以哈里發作為穆斯林共同體的唯一領袖。烏瑪雅王朝將哈里發職位予以世襲化，並且遭遇什葉派的挑戰，後者僅承認阿里為穆罕默德的唯一正統繼承人，主張伊瑪目制，長期與烏瑪雅王朝政權敵對。但是，直到烏瑪雅王朝末期為止，基本上仍保持著「伊斯蘭之家」的統一性格。

七五〇年，阿巴斯王朝登場，伊斯蘭帝國成立，帝國統治者進一步運用「先知家族」血統的印記，將哈里發職務絕對君主化乃至神格化，徹底完成了哈里發作為伊斯蘭共同體統合象徵的歷史工程。

但是阿巴斯家族以地方強侯身份取得政權，背景是烏瑪雅王朝末期地方諸侯軍閥化的整體趨勢，這個離心趨勢並未因阿巴斯王朝的崛起而停止，反而是激化了地方強侯的獨力傾向。在阿巴斯王朝成立後，由拉赫曼（Abdel Rahman）領導的烏瑪雅家的一個分支，遠走當時屬於伊斯蘭世界西端的伊比利半島，建力起獨立的政權，自稱太守（Amir），史稱後烏瑪雅王朝（七五〇年至一〇三一年）。八世紀以降，帝國邊境諸省漸次半獨立化，分別形成了北非摩洛哥的什葉派伊德里斯（Idrisids）王朝（七八八年至九七四年）、突尼西亞的阿格拉伯（Aflabids）王朝（八〇〇年至九〇九年）、呼羅珊省的塔希爾（Tahirids）王朝（八二〇年至八七二年），以及由波斯軍閥在錫斯坦（Sistan）建立的薩法爾（Safarids）王朝（八六七泥至九〇三年）、在中亞阿姆河與錫爾兩河河間地（Transoxiana）與波斯東部建立的薩滿（Samanids）王朝（八七四年至九九九年）。

各地軍閥各自為王的離心傾向，加速了阿巴斯王朝的權力衰退；帝國當局為了克服這個趨勢，於是便更加仰賴願與中央政府合作的地方軍閥，並從中亞引進以突厥系為主力的「白人」奴隸兵團（mamluk）⑱在穆塔西姆（al-Matasim）哈里發時代（八三三年至八四二年），以中亞「白人」奴隸兵團作為哈里發的禁衛軍，謀求藉由突厥兵團的力量來制衡自立為王的軍閥，尤其是波斯地區與北非的什葉派軍閥。但此政策並未有效遏止離心趨勢，反為日後突厥系遊牧民在伊斯蘭世界的壯大提供了條件。這支來自阿爾泰山脈與天山山脈間的遊牧民，曾於西元前二世紀在蒙股高原建立丁寧（其後為高車），其後在天山山脈北方建立烏孫，後又於五世紀建立悅般，而七世紀在蒙古高原北部、阿爾泰山、天山、鹹海、裡海等亞洲內奧遼闊地代出現的鐵勒，也是此一遊牧民的分支，並因六世紀中葉崛起的突厥（音「突庫」，即Turkut之漢譯）大帝國而聞名。突厥帝國分裂後，歷經同系的回紇、吉爾吉斯等遊牧部族的傾軋，漸次在九至十世紀間將主要放牧地移至中亞，並以中亞為根據地，在阿巴斯王朝時代進入伊斯蘭世界，並憑藉其武力優勢，趁著阿巴斯王朝的勢力衰積，很快在伊斯蘭帝國中擴張勢力，在埃及建立以突厥系軍閥為主的突倫

（Tulunids）王朝（八六八年至九〇五年）與伊賀許（Ikhshidids）王朝（九三五年至九六九年），並在阿富汗西部大城赫拉特（Herat）建立起加斯尼（Ghaznavids）獨立王朝（九六二年至一一四〇年），首度為印度北部的伊斯蘭化打開歷史的道路⑲。

在地方軍閥自立的同時，更出現了直接威脅哈里發權威的挑戰者。九〇九年，什葉派伊斯邁爾分派在北非建立起法提瑪（Fatimdi，九〇九至一一七一年）王朝，全面否定遜尼派阿巴斯王朝的權威，自稱哈里發政權；而為了與阿巴斯王朝及法提瑪王朝這兩個哈里發政權相抗衡，伊比利半島的後烏瑪雅王朝也自稱擁有正統的哈里發權威⑳。「伊斯蘭之家」因政治分裂漸次明確與固定化，形成一分為三的局面。

九六三年，阿巴斯王朝的哈里發任命南部伊拉克總督出任大總督（amir al-umara），獨擅軍權與政務，使得哈里發幾乎徹底喪失世俗權力。九四五年，在波斯區域的什葉派布瓦伊赫（Buwayhid）王朝（九三二年至一〇五五年）揮軍攻入帝國首都巴格達，剝奪哈里發在行政、軍事及財政上等所有世俗權力，使阿巴斯王朝名存實亡，但巴格達的哈里發仍被保留下來，作為號令伊斯蘭世界的政治象徵。一〇三七年，塞流克突厥王朝在波斯與中亞交界的梅爾夫（Merv）建國，不久即兼併波斯，並於一〇五五年由領袖突格利爾（Tughril Beg）率部攻入巴格達，取代布瓦伊赫政權，突格利爾因此獲得阿巴斯王朝哈里發首次授與的「素檀」（Sultan，掌權者）稱號㉑；後更進一步向西發展，征服埃及㉒，並對東羅馬帝國造成威脅，促使拜占庭皇帝向羅馬天主教廷求援，進而引發十字軍東征（一〇九六年至一二九一年），改變了世界史進程㉓。

巴格達的世俗權力從什葉派布瓦伊赫向遜尼派塞流克突厥移轉，多少恢復了哈里發在「伊斯蘭之家」的精神權威，並促進了遜尼派信仰的再興。但哈里發作為精神象徵而無世俗權力的事實已經無可逆轉㉔。

三個哈里發政權的政治分裂現實，以及巴格達哈里發的象徵化，並未全盤推翻「伊斯蘭之家」的統一整體概念。控制著伊斯蘭起源地阿拉伯半島與整個「伊斯蘭之家」精華區域的阿巴斯王朝哈里發，在象徵意義上仍享有正統性。巴格達陷落後，阿巴斯王朝一族逃向埃及，接受瑪姆魯克（Mamuluks，一二五〇年至一五一七年）王朝的庇護，並在開羅自稱哈里發。儘管如此，巴格達與阿巴斯王朝崩潰的現實，終究使哈里發權威所象徵的「伊斯蘭之家」統一性完全喪失。

IV 理念的統一與現實的分裂

阿巴斯王朝的伊斯蘭帝國因蒙古征服而崩潰。這些來自蒙古高原的遊牧征服者，在歐亞大陸建立起史無前例的大帝國，控制範圍包括了今日的北亞、東亞、中亞、俄羅斯南部，以及西亞等區域，創建出規模空前的自由貿易體制，並據此建立起「韃靼和平」（Pax Tatarica）㉕。但是，曠世的蒙古大帝國並未維持太久，即分裂為四大帝國㉖，並在十四、十五世紀走向滅亡，代之而起的是帖木兒帝國（一三六九年至一五〇七年）與鄂圖曼土耳其帝國。

帖木兒帝國在中亞察合台汗國與西亞伊兒汗國的解體過程中崛起，雖以蒙古繼承人為名，但事實上卻是突厥系遊牧民的政權。帖木兒帝國在帖木

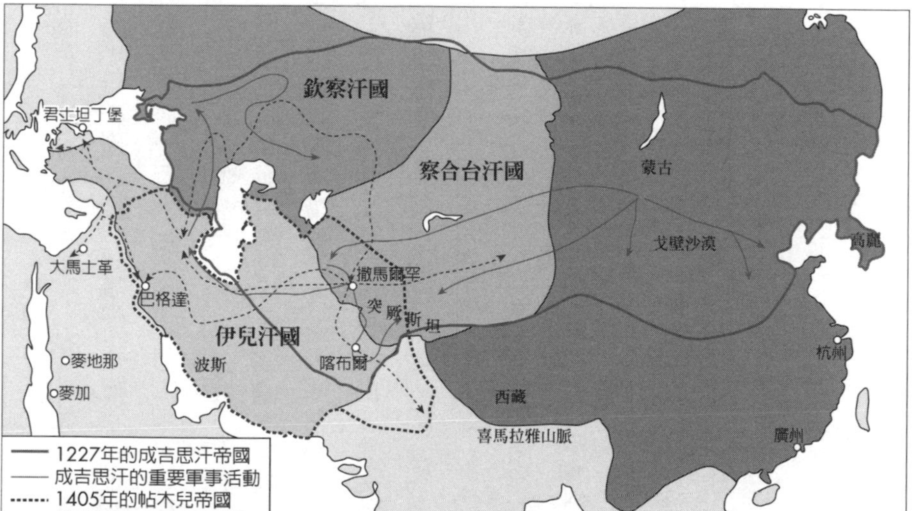

1227年的成吉思汗帝國
成吉思汗的重要軍事活動
1405年的帖木兒帝國
帖木兒的重要軍事活動

圖六　蒙古帝國和帖木兒帝國疆域

兒（Timur或Tamerlane，一三三六至一四〇五年）大帝時代快速擴張，一三六九年佔領察合台汗國舊地，定都撒馬爾罕，並征服花剌子模，一三九三年滅伊兒汗國之後，將波斯全境收為版圖，後又深入欽察汗國境內，動搖欽察汗國的國勢，為俄羅斯諸侯於十五世紀中獨立建國創造了機會；更趁印度內亂侵入德里，但未予佔領。整個帝國的支配範圍約略相當於今日的中亞、伊朗、亞塞拜然與亞美尼亞等地。為了控制東西貿易要衝，帖木兒帝國西向與新崛起的鄂圖曼土耳其帝國爭鋒，並介入了鄂圖曼土耳其帝國與東羅馬帝國的爭霸。但這個快速擴張的帝國，卻在不久後也陷入了地方強侯崛起與帝國分解的衰退模式。並於十五世紀中葉起遭受到周邊遊牧民族的挑戰，結果在其北方的烏茲別克汗國不斷入侵，以及內部權力繼承衝突下，很快便造成帝國的分裂與解體㉗。

帖木兒帝國解體後，中亞漸次由突厥諸遊牧部族所據，形成突厥系烏茲別克部族所建立的夏伊邦（Shq'banids）王朝。而帖木兒帝國的餘部則在帖木兒大帝五世孫——「雄獅」巴布爾（Bâbur Zahir-ud-din Muhammad，一四八三年至一五三〇年）的領導之下，先佔領喀布爾（今阿富汗首都）稱王，並於一五二六年率軍攻入旁遮普，直趨德里，建立起信奉伊斯蘭遜尼派的印度蒙兀兒帝國（一五二六年至一八五八年）——蒙兀兒（Mughal）為波斯語發音的蒙古之意。至於波斯，則有什葉派的地方太守伊斯邁爾（Shah Isamail）崛起，建立起薩法維（Safavids）王朝（一四九九年至一七六三年），奉什葉派為國教。

在小亞細亞，遜尼派的鄂圖曼土耳其帝國於一二九九年崛起，並在十四、十五世紀攻入歐洲，於一三八九年展開著名的柯索沃（Kosovo）會戰，大破巴爾幹諸國同盟軍，並併吞了東南歐的泰瑞斯（Thrace）、馬其頓、塞爾維亞與阿爾巴尼亞等地，使君士坦丁堡陷入孤立狀態，進而在一四五三年擊滅東羅馬帝國。在這段期間內，鄂圖曼土耳其帝國又與波斯薩法維王朝爭霸，且為斷絕薩法維王朝與埃及瑪姆魯克王朝建立在什葉派信仰的同盟關係，又西進兼併埃及。如此，至十六世紀中葉，鄂圖曼土耳其帝國已建立起橫跨歐亞非三大洲的大帝國，除了摩洛哥與波斯之外，中東全域盡入其支配，成為伊斯蘭世界最後的大帝國㉘。

在此一系列分解與重組的過程中，伊斯蘭並未降低其影響力，反而傳播得更為顯著。值得注意的是，伊斯蘭在此一期間的主要傳播模式並非仰賴軍事征服與行政組織的推動，而是仰賴人民的自主力量——穆斯林商人與伊斯蘭神秘主義教團（tariqa）的和平宣教。

不過，在七至八世紀阿拉伯進行大征服的這段期間，被征服的住民對於改宗伊斯蘭並不熱中，而是到八世紀中葉，阿巴斯王朝登場，並在體制上確立穆斯林平等原理之後，被征服諸民才出現顯著的改宗熱潮。與此同時，海陸交通也漸次發達起來。

當時的陸路交通網絡以帝國首都巴格達為中心，東經伊朗高原而連結絲路，南抵阿拉伯半島，向西經埃及－敘利亞線可至北非而達伊比利半島。當時的巴格達（原意為「和平之城」）是世界上最繁榮的都市之一，人口多達一百萬人，約為當時東亞第一大城長安（約五十萬人）人口的一倍，著名的文學作品《一千零一夜》，即為巴格達繁榮時代的產物。

更重要的是環印度洋交通網絡的開拓與整備。這些網絡是由印度洋海域沿岸各據點以複線連結的方式構成。主要的據點在孟加拉海域、印度西部的古加拉特（Gujarat）㉙印度西南部的馬拉巴爾（Malabar）海岸㉚、阿拉伯半島南部的葉門、哈德拉毛特（Hadharmaut）㉛，以及東非海岸。連結這些據點，形成了「波斯灣軸」網絡與「紅海－葉門軸」網絡兩個基本軸。

「波斯灣軸」以今日的伊朗與伊拉克為中心，分別通過「波斯灣－哈德拉毛特－葉門－東非」的南北軸網絡，以及通過「波斯灣－古加拉特－馬拉巴爾－斯里蘭卡」的東西軸網絡。在安息王朝、薩珊王朝等波斯帝國時代，以及阿巴斯王朝巴格達繁榮的時代中，通過「波斯灣軸」而聯繫印度洋海域世界的廣袤網絡，扮演者國際交通與運輸幹道的機能。十世紀以降，由於伊斯蘭帝國的分解，伊斯蘭世界繁榮的中心漸次由巴格達移至開羅，「波斯灣軸」網絡機能的弱化，國際交通重心移往「紅海－葉門軸」網絡之上，意即以埃及和敘利亞為中心，經由紅海－漢志－葉門，可連接古加拉特、馬拉巴爾和斯里蘭卡。

十世紀以降，伴隨著阿巴斯王朝伊斯蘭帝國的實質分解，海陸國際交通網絡出現結構性變遷。在政治軍事上，伊斯蘭世界的重心從肥沃月灣（巴格達）移至法提瑪王朝什葉派政權的埃及（開羅），伊斯蘭世界在現實政治上的四分五裂造成劇烈的經濟與社會結構變動，因而是穆斯林的活動向伊斯蘭世界的外緣地帶擴散，促成了區域間的交流與遠距經貿文化活動的活絡。如此一來，穆斯林的經貿、文化與移民活動，便急速地向印度洋的東部海域延伸，漸次波及東南亞，進而抵達南中國海周邊。當時阿巴斯王朝正因伊拉克南部等政治動亂而面臨經濟停滯，東亞的唐帝國也正陷入帝國晚期的衰退，南部諸港市（包括廣州）因連年戰亂而荒廢，使東來的穆斯林、猶太教徒、拜火教徒、印度喀什米爾系等商旅有機會掌握從印度洋至南中國海的海上運輸與貿易。這些遠距貿易並非採取直接航行的方式，而是依據季風的節氣變動，採取中繼貿易的方式——即各據點間的船舶接運；印度洋因而擁有當時全世界最複雜的海洋交通網絡，成為人類海洋文化最發達的區域㉜。

蒙古帝國興起後，雖然在歐亞大陸上造成穆斯林商旅勢力下降，但穆斯林商旅在印度洋的力量卻未受打擊，相反地，在鄂圖曼土耳其帝國、波斯薩法維王朝與印度蒙兀兒三大伊斯蘭帝國崛起後，穆斯林在印度洋的影響力反而更見鞏固，使印度洋在十世紀至十五世紀間，成為名副其實的「伊斯蘭之海」㉝。

穆斯林在印度洋以迄南中國海的廣闊海域中活躍，並非仰賴軍事力量，而是仰賴伊斯蘭的文化力量，包括根據伊斯蘭法而確立的商業規則與契約文化、金銀雙本位制的確立、穆斯林政府課徵的低廉商業稅、共通的國際語言（阿拉伯語）、網絡據點的發達，以及穆斯林的特有聖地巡禮義務與機制等。

經由商業與移民活動的擴大，在十至十一世紀間，伊斯蘭的傳播力量非但未因阿巴斯王朝的

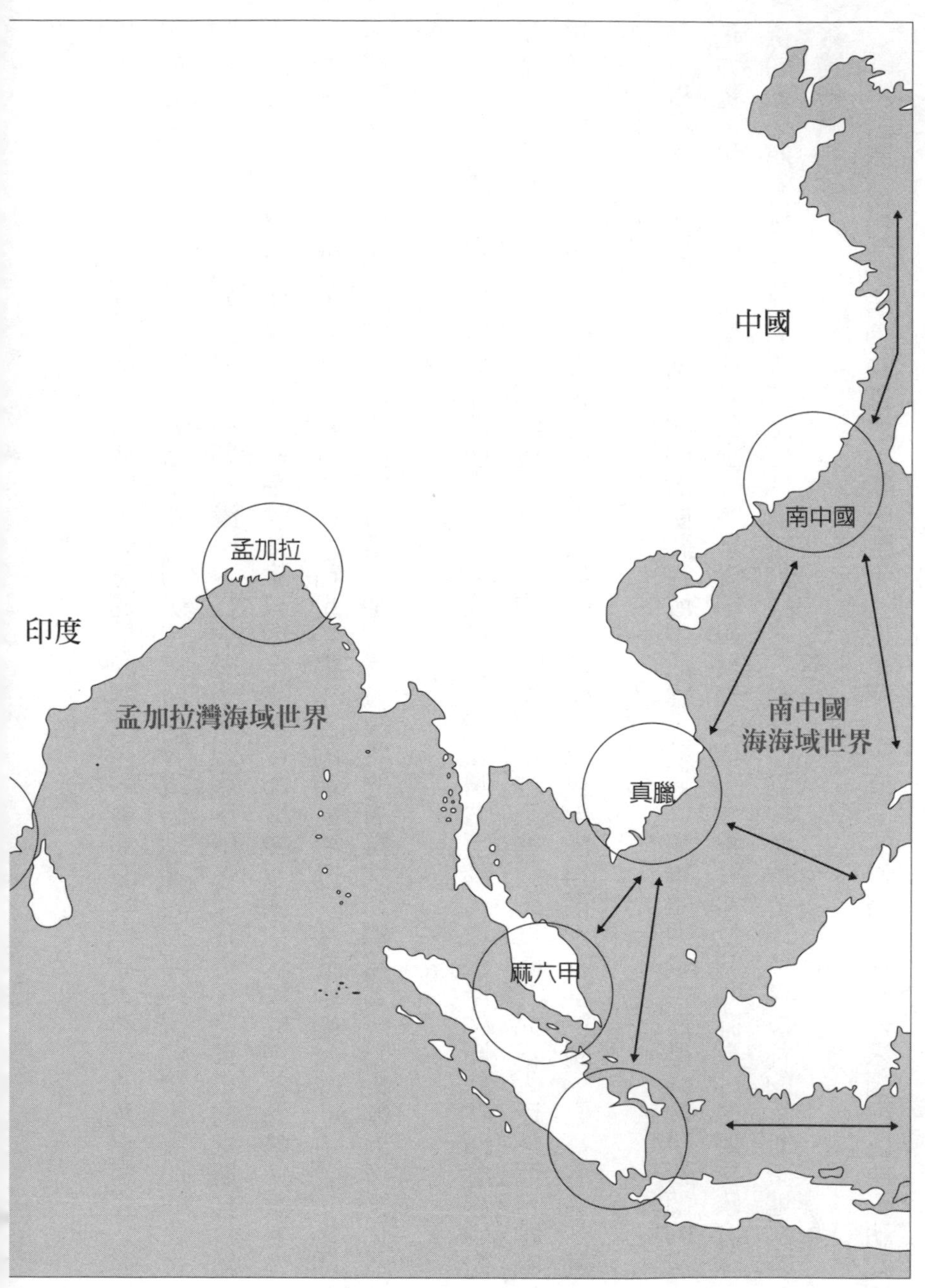

圖七　印度洋海域的網絡結構

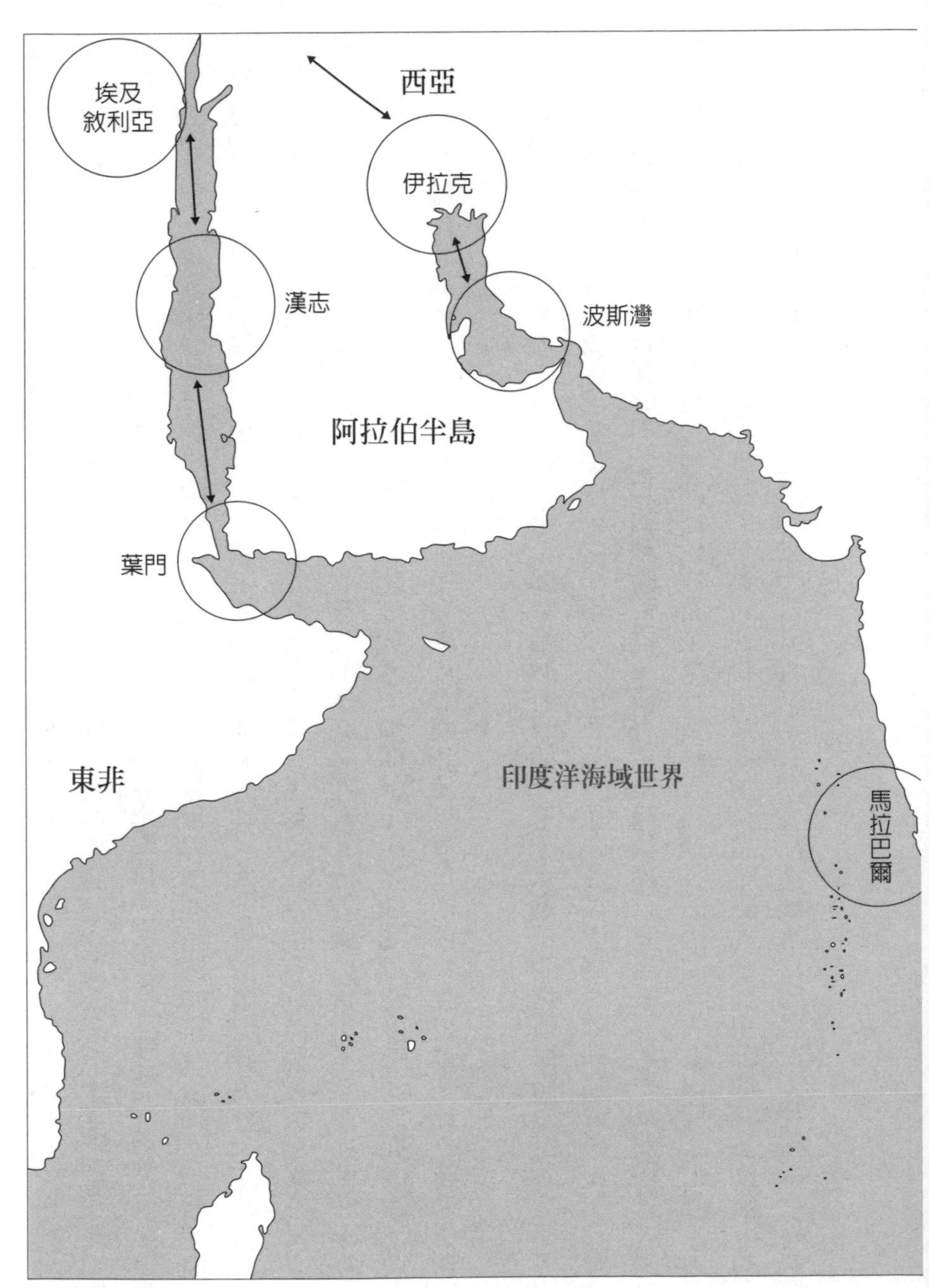
西亞
埃及
敘利亞
伊拉克
漢志
波斯灣
阿拉伯半島
葉門
東非
印度洋海域世界
馬拉巴爾

衰弱與分解而萎縮，反而更形壯大。在此一擴大傳播的過程中，除了穆斯林商旅的角色之外蘇非派[34]（Suffism）教團的貢獻尤其顯著。自創建期以來即無教會組織的伊斯蘭，至十二世紀起便相繼出現許多神秘主義教團，並在十二至十四世紀間設立名為里巴特（ribat）、薩威亞（zawiya）、漢卡（khanqa）等大中小型修道場網絡，並由其成員向異教世界展開活躍的宣教活動[35]。他們抱著殉教的勇氣與決心前往異教地區，以堅定的熱情傳播神的唯一性等伊斯蘭信仰內容，在教義上採取強調神之愛的超越精神，以及對遊牧文化圈和東南亞海洋文化圈固有的薩滿教與精靈崇拜等信仰採取包容的態度，漸次贏得了異教世界諸民的改宗。在蘇非派教團的貢獻下，伊斯蘭在十三至十四世紀之際進入了第二個黃金時代：北高加索、中亞[36]、內陸非洲、印度西海岸與內陸、斯里蘭卡、印度洋諸島，以及東南亞（麻六甲海峽周邊與菲律賓群島南部），皆是在此一時期伊斯蘭化。

在東南亞，伊斯蘭自十三世紀下半葉即開始顯著傳播，至十六世紀西歐殖民勢力侵入之前，印尼、馬來半島與菲律賓南部等住民，已紛紛改宗伊斯蘭，並在其後遭遇西歐列強殖民支配的過程中，以伊斯蘭作為反抗侵略與壓迫的理論武器，使得東南亞諸國雖歷經數百年的歐洲殖民，卻仍能將伊斯蘭保留下來，並使今日的印尼成為全球穆斯林人口最多的國家[37]。在印度次大陸，則通過蒙兀兒帝國的長期支配與制度性的推動，使得伊斯蘭信仰在半島北部與東部成為主流[38]。而在東拜占庭帝國前領地，則是透過鄂圖曼土耳其帝國的長期支配與繼承自阿巴斯王朝的穆斯林、啟典之民、奴隸及相關稅賦等制度性安排，使得匈牙利半島到巴爾幹半島，有許多住民紛紛改宗伊斯蘭㊴。如此，通過伊斯蘭史上第二個黃金時代數百年的傳播與鞏固，伊斯蘭成為當時全球人口信仰最多的世界性宗教㊵，並因此形成了約略於今日全球十二億穆斯林的巨大版圖。

然而，儘管伊斯蘭的傳播呈現輝煌的成就，但在伊斯蘭世界體系的內部，卻始終處於分裂狀態，相關的政治思想與理論建構卻未能對此作出切中要害的回應，致使理念與現實間出現嚴重裂痕。

伊斯蘭世界秩序論的基礎—伊斯蘭法體系，亦即神（阿拉）對人類（穆斯林）應信仰什麼及該如何行為的指示命令之總合，是在阿巴斯王朝奉遜尼派為國教後，由該派的歷代理論家完成。

伊斯蘭法體系的完整化，其中最重要的原因之一是帝國當局的統治政策。為了確立帝國統一的精神支柱，阿巴斯王朝採取積極確立伊斯蘭正統思想的政策，在王朝成立不久後即任命哈那弗派伊斯蘭學者尤蘇夫（Abu Yusuf，七三一年至七九八年）為大仲裁官，將所有烏拉瑪（ulama，伊斯蘭學者，知識人）整編至帝國體制中。一〇五五年率軍進入巴格達，奪取政權並受封為素檀之塞流克突厥君主，為了正當化自己的世俗權力，保留了哈里發作為象徵統合的體制，並首度建立（伊斯蘭）學院（madrassa）來發展遜尼派思想，進一步將帝國對意識形態的管理制度化與精緻化，並據此在政治理論上合理化哈里發統而不治，素檀治而不統的政治現實。

整套伊斯蘭法體系由歷代遜尼派烏拉瑪建構，進而確立。在政治上，阿巴斯王朝奉遜尼派為正統，目的在於尋求在理論上對抗作為反對體制的理論的什葉派伊斯蘭論，因而在理論上特別強調穆斯林的團結，共識（合意）與一體性。在阿巴斯王朝下，遜尼派理論家根據八世紀前半穆爾吉亞派（Murji'a）的理論見解，進一步發展出完整的伊斯蘭法論述，確立了伊斯蘭法的四大法源（Usul al-fiqh），分別是《古蘭經》（神的啟示）、索那（Sunna，習慣．傳承；即神的使徒穆罕默德被傳承下來的言行）、伊吉瑪（ijma，穆斯林的合意），以及奎雅（qiyas，類比型推論，即根據已知推察未知）㊶。

伊斯蘭四大法源之間有其優先順序的排列：《古蘭經》有規定者，從其規定，否則根據穆罕默德的言行——索那；索那亦無規定者，則根據穆斯林的合意；再無，則根據類比推論。其中《古蘭經》的規定最具權威性，但字面涵意的解釋難免產生意見分歧㊷。至於第二法源索那，即神之使徒穆罕默德言行的傳承，除了根據穆罕默德生前的記錄外，其餘皆為穆罕默德的弟子或在清真寺中聽其佈道的穆斯林的輾轉記錄。傳承之鎖鏈既久，真偽就容易引起爭議。於是便將獲得確認為真的文字記錄稱為哈地斯（hadith，意為獲得普遍承認而確立的習慣），不過其內容的可信度高低也難免引起爭議㊸。此外，穆斯林的合意，理念上是指所有穆斯林的合意，但在什葉派等異議派存在的現實中，穆斯林的合意根本不可能。最後類比推論的運作模式亦容易產生分歧。事實上，奎雅雖是根據已知推論未知，和英美法系中判例具有約束力的觀念不同，在伊斯蘭法中，其中一位烏拉雅做成的奎雅，對其他烏拉雅並不構成約束力。換言之，根據索那高於奎雅而僅次於《古蘭經》的優先順序觀，唯一具有約束力的「判例」，僅有先知穆罕默德做成的判定而已。

因此在實際的運用上，無論是《古蘭經》的精確解讀、索那的界定、穆斯林合意的取得，或者是奎雅的得出（類比推論的運用），最終都必須訴諸一定的「專業權威」。在伊斯蘭並無教會與教士組織的背景下，自八世紀初以來，漸次形成一個宗教領袖專業階層——烏拉瑪，便成為關鍵角色㊹。如有關伊吉瑪的取得，實際的運作模式是當新事態出現而現行法難以判斷時，就發函給伊斯蘭世界的卓越法學者（mujtahid）全體，待獲取意見表達的回函，並確認意見一致後，即視為伊吉瑪而取得法源資格。

對整套伊斯蘭法體系基本架構之確立，貢獻最大的伊斯蘭學者，是著有《起源之書》（kitab al-umm）的學者夏非（al-Shafii，七六七至八二〇年）。其後，由哈地斯的收集、考證等伊斯蘭法體系整備工作簍開，以及烏拉雅對上述伊斯蘭四大法源、內容、判定等不同見解，又漸次分為四大學派，分別是：馬里克派（Maliki）、漢巴爾派（Hamnbali）、哈那弗派（Hanafi），以及夏非派（Shafi'i）；而四大派之內又因見解的差異而各有小分派，如崛起於十八世紀，對阿拉伯半島歷史有深遠影響的瓦哈比派，即屬漢巴爾派的一支㊺。

伊斯蘭法體系的整備過程，並非只是單純的理論與規範建構過程，更是一個與統治者相互合作又彼此牽制的政治過程。在王朝統治者推動控制烏拉雅集團與意識形態正統化的過程中，掌握伊斯蘭詮釋權的烏拉雅集團對統治者的政策採取了配合的態度，並在統治者的支持下整備與推廣伊斯蘭法體系。這是作為知識階層的烏拉瑪集團對依靠暴力而奪得政權的統治者所展開的政治策略。在阿巴斯王朝時代，儘管已經革除了烏瑪雅王朝時代阿拉伯系穆斯林獨享特權的弊端，但現實是阿巴斯王朝的哈里發政治力量太弱，伊斯蘭世界實質分裂；且自什葉派布瓦伊赫王朝控制巴格達以來，伊斯蘭帝國實際上已經完全走向軍閥割據。對烏拉雅集團而言，配合統治者的政策變成一種無奈，且有部份原因是他們企圖藉此建立穆斯林社會的完整規範（伊斯蘭法體系），使政治生活與整個社會運行的伊斯蘭性質可以不受世俗政權變遷而保存下來㊻。換言之，在軍閥統治的現實之前，烏拉瑪集團企圖樹立「對（伊斯蘭）原則忠誠比對（統治者）個人重要」的原則，藉以維護伊斯蘭論理、信仰與指導的存續。為此，烏拉雅集團採用的理論武器是在十世紀「封閉了個人詮釋（ijtihad）之門」，宣稱他們根據神的啟示與其他法源所整理（建構）的伊斯蘭法體系已經完備，據此排除統治者更換時經常出現新的立法問題，進而得以制約統治者的立法權。

此舉對於其後的伊斯蘭歷史影響深遠。正如分離派與什葉派源自政治衝突而來的宗教解釋促生其後的教義歧見，烏拉雅集團在十世紀「封閉個人詮釋之門」的舉措，儘管原初也是作為一種護衛伊斯蘭的政治手段，但引發的卻不僅是政治或法學的問題而已。「封閉個人詮釋之門」，使其後的穆斯林只能「遵從先人意見」（taqlid）而變成「守舊者」（muqallid，原意為遵從先人意見之人）。這導致後來在伊斯蘭教義上的重大論爭與新宗派（蘇非派）的成立。

再者，儘管「封閉個人詮釋之門」與「完備」伊斯蘭法體系之舉對作為知識階層的烏拉雅集團有利，但以暴力為統治基礎的統治者也並非毫無獲利。通過阿巴斯王朝以來的系列措施，加速了烏拉雅集團體制化的過程，導致伊斯蘭學者．知識人階層的集體保守化，而其維護保守立場的理論武器，正是伊斯蘭法體系徹底完備與「封閉個人詮釋之門」之舉。儘管部份理論家如泰米雅（Taqi al-Din Ahma Ibn Taymyah，一二六三年至一三二八年）與蘇尤提（Jalal al-Din al-Suyuti，一四四五年至一五〇五年）對於「封閉個人詮釋之門」抱持強烈異議，但整體趨勢是個人詮釋空間被烏拉雅集團所壓制。如此一來，原本用來牽制統治者之立法權的政治策略，便隨著烏拉雅集團集體保守化過程的展開，反而變成維護體制以壓制異議的手段。

烏拉雅集團的體制化和「封閉個人詮釋之門」，讓烏拉雅集團更進一步，成為穆斯林社會中的核心角色。他們不僅是神學家、法學家，而且是教育家，通過清真寺與伊斯蘭學院教育指導一般穆斯林，藉由天課與其他捐贈等物資，經由清真寺與伊斯蘭學院等制度性機構，在穆斯林社會建立起社會救濟網絡，並因此掌握可觀的經濟資源。簡言之，烏拉雅成為社會力的核心轉軸、伊斯蘭學在社會上穩定運作的磐石。

最後，哈里發統而不治，素檀治而不統的現實，在政治理論上留下了嚴重的後遺症，天啟的理想與冷酷的現實之間、信仰與實踐之間，穆罕默德所創的伊斯蘭共同體理想社會與依靠暴力優勢掌握政權的素檀政體間，皆橫亙著巨大而明顯的裂痕。而對於這個裂痕的處理，便構成從十世紀到十八世紀間伊斯蘭政治思想演進史的核心，重要的伊斯蘭（政治）思想家如巴基蘭尼

（al-Baqullani，一〇一三年歿）、瑪瓦爾蒂（al-Mawardi, 一〇五八年歿）、賈薩里（al-Ghazali，一一一一年歿），以及哈爾頓（Ibn Khaldun，一四〇六年歿）等人，都企圖在理論上對這個裂痕作出體系性的論述。

然而，在烏拉雅集團逐漸體制化的過程中，其對伊斯蘭論理的解釋（政治論述）也日趨保守化，日漸傾向於接受並合理化既存的政治現實，進而喪失理想性格。例如，四大法學派之一的漢巴爾派創始人漢巴爾派（Ibn Hanbal，七八〇年至八五五年），在論及「力強而惡德的統治者，與篤信而力弱之統治者，何者為佳？」時，判定是前者為佳。理由是統治者的權力（禦敵與維持社會秩序）使伊斯蘭共同體所有成員受益，因而「力強而惡德」的統治者，其力使穆斯林受惠，其惡德之行，最終將在終末審判時遭受神的懲罰。反之「篤信而力弱」的統治者，則因篤信而使統治者本人受惠，但力弱卻導致所有穆斯林受害㊼。

這些多重因素使烏拉雅集團對伊斯蘭共同體的界定，逐漸形成一種共識。一方面，烏拉雅集團在政治立場與論述日漸保守化，另一方面，烏拉雅集團在穆斯林社會生活又日漸扮演起核心的角色。這種介於統治者與穆斯林兩股力量間的中介位置，使烏拉雅集團在理念上必須保留伊斯蘭共同體的理想，形成一個政治理論上的公約數；即伊斯蘭政府最小限度的要件，不在於統治者的性格，而在於其統治行為必須符合伊斯蘭法。只要統治者願意開誠佈公承認伊斯蘭法是政治與社會生活的規範，並願意擔任伊斯蘭法的保護人，其統治即可獲得接受。而伊斯蘭共同體的統一性也將可以因此被保存下來。如此，伊斯蘭法本身——而非統治者或其政府的宗教承諾或道德屬性，便成為伊斯蘭政治權力正當性的界定標準。換言之，只要統治者不挑戰伊斯蘭法，亦即社會依伊斯蘭價值所規定的內容作為前提，那麼既存的政治現實就可以被接受㊽。

伊斯蘭學者．知識人的體制化與保守化、伊斯蘭政治理論的體制化，以及個人詮釋之門之閉鎖，為個人主義傾向的神秘主義（蘇非派）打開了崛起與興盛的道路。蘇非派對遜尼派伊斯蘭那種非人格的抽象性教義感到不滿，他們採取訴諸直接的、人格的、具體的宗教途徑來接近阿拉，認為伊斯蘭的知識不是遜尼系諸學派理性的、間接的知識（'ilm），而是經由感情與直接體驗「對於神的神秘知識」（ma'rifia），尤其注重對神奉獻無私無欲之愛，藉此達成與神的合一（fana'）。十一世紀下半葉，賈薩里（Abu Hamid Muhammad al-Ghazzali，一〇五八年至一一一一年）奠定了蘇非派的理論架構：愛、與神合一、神秘的知識，構成了蘇非派的基石㊾。

在蘇非派的論理中，阿拉的形象不是「以絕對君主之姿君臨祂的眾僕（信徒）」㊿，而是「至仁至慈的神」(51)。從十二世紀開始，在阿巴斯王朝伊斯蘭帝國的政治分裂與遊牧諸部族軍閥力量登場的過程中，蘇非派的理論與其教團，在伊斯蘭思想界獲得非常大的影響力。其後伊斯蘭信仰的傳播能邁向第二個黃金時代，蘇非派教團與信仰此一宗派的穆斯林商旅功不可沒(52)。

儘管伊斯蘭信仰因蘇非派教團的崛起與活躍在全球各地蓬勃發展，但在伊斯蘭世界體系內部，卻因為分裂的現實與政治理論的停滯而被固定下來。起初，在巴格達被蒙古旭烈兀的大軍攻陷後，中東穆斯林區域既呈現出各種獨立政權並存的景觀，這些獨立政權通稱為「君國」（Dawla），因此伊斯蘭世界的政治現實，便化為各種大大小小「君國」並立且相互競爭的局面。這些「君國」為了合理化其支配的正當性，宣稱他們的統治是為了在其治下各區維護並遵守伊斯蘭法的秩序。但是在伊斯蘭法的理論中，並未將諸「君國」長期並存的狀況、君國間的互動，以及對內的統治規範予以具體化。在鄂圖曼土耳其、波斯的薩法維以及印度的蒙兀兒帝國三大伊斯蘭帝國先後崛起的過程中，這些大大小小的君國便被一一納入新興帝國的統治之中。

新崛起的三大伊斯蘭帝國，與先前的伊斯蘭帝國存有許多重要的差異，最大的差異是阿拉伯系穆斯林地位的轉換，在鄂圖曼土耳其帝國的統治下，阿拉伯半島諸民的地位已從先前的支配者淪為被支配者。連帶地，阿拉伯語在三大帝國內也明顯下降。儘管阿拉伯與因作為先知穆罕默德與記載阿拉啟示（《古蘭經》）的語言而仍受到所有穆斯林的尊敬與學習，但波斯語文與突厥語文也正各自崛起，並成為三大帝國的官方語文——鄂圖曼土耳其以突厥語文作為官方語文，薩法維王朝與蒙兀兒帝國皆以波斯語文作為官方語文；儘管蒙兀兒帝國的王族乃是來自突厥系遊牧民63。這個現實意味著波斯語與突厥語已成為有著帝國武力為後盾的「國語」，而原先作為國際語的阿拉伯語也因此被邊緣化，在政治與經濟生活中的地位直線下降，僅剩下文化生活中的地位仍因《古蘭經》而被保留下來。再者，在宗派上，薩法維王朝也正式奉什葉派為國教，以此作為和西鄰鄂圖曼土耳其與東鄰蒙兀兒帝國的區隔，以凝聚內部團結的意識形態。

三大帝國的並立與分裂的現實因此更為深刻而明顯，伊斯蘭世界體系無論是在政治上或文化的分裂，正漸次被固定下來。

但分裂現實的深刻化與持久化，在伊斯蘭法體系已告完備，及個人詮釋之門閉鎖的限制下，並未激發伊斯蘭統合理念的再反省與理論再建構，新興的三大「火藥帝國」，在理念上都繼承了伊斯蘭帝國的伊斯蘭論理，以資作為帝國支配的正當性泉源與臣民認同的凝聚器。在三大帝國的統治之下，完全確立了伊斯蘭作為政權正當性、政治意識形態、法律基礎的制度與思維習慣，而以烏拉雅集團作為帝國行政人員甄拔的主要來源，並導入宗教行政總長制（鄂圖曼土耳其帝國的Shaykh al-Islam與薩法維王朝／蒙兀兒帝國的Sadr al-saudr），進一步使以烏拉雅集團為核心的宗教制度中央化與科層體系化。在三大伊斯蘭帝國的統治下，烏拉雅集團控制著社會生活中的宗教、法律、教育與社會服務等領域，成為帝國支配制度的主要獲利者，並在政治理論上繼承著伊斯蘭法統治論㊹。

如此一來，儘管新興的鄂圖曼土耳其帝國仍維持著哈里發制（素檀—哈里發制），以資作為伊斯蘭世界（「伊斯蘭之家」）統合的象徵，但「伊斯蘭之家」作為普遍世界的統一性概念與三大伊斯蘭帝國長期分立的事實，卻造成此一概念的嚴重龜裂，暴露出伊斯蘭法理論的嚴重破綻——未能構築起銜接統一理念與分裂事實的新理論。再者，伊斯蘭共同體的理想，和統治者長期腐化傾向與帝國本身（因而是整個穆斯林社會）長期衰退趨勢此一現實之間，也存在著巨大的裂痕。政治現實與理論間的雙重裂痕，為穆斯林間的政治認同埋下了危機的火種，當伊斯蘭三大帝國內部在十七世紀以降邁向明顯的衰退，以及伊斯蘭世界體系在十九世紀與二十世紀初遭遇西歐國家的殖民支配，導致伊斯蘭法統治論與伊斯蘭價值被否定時，伊斯蘭史上最嚴重的危機便被引爆開來。

註譯

①此處所謂的「世界體系」（world system）的體系，指的既非物理體系，亦非生態體系，而是以國家、組織、個人等主體作為夠成要素而形成的社會體系（social system），稱為「世界體系」，系指該體系之上並其他任何一個「上位體系」的特殊社會體系。參見：田中明彥，世界システム，（東京：東京大學出版會，一九九八年），頁十三至十四。

②John L. Esposito, Islam and Politics (New York: Syracuse University Press, 3rd edition, 1992), pp.10-11

③瀨木耿太郎，中東情勢を見る眼，（東京：岩波書店，一九八五年），頁六六至六七。

④嶋田襄平，「イスラム国家の成立」，收錄於岩波講座，世界歷史．八（東京：岩波書店，一九六九年），頁五六。

⑤黑柳恒男，「シーア諸派の思想と運動」，收錄於岩波講座，世界歷史．八（東京：岩波書店，一九六九年），頁一八四至一八六。

⑥Arthur Goldschmidt, Jr.著，蔡百銓譯，《簡明中東歷史》（台北：台灣商務印書館，一九八九年，已絕版），頁八三至八四。

⑦目前居住在黎巴嫩的什葉派即為此一時期攻入東地中海沿岸諸兵團的後裔。

⑧森本公誠，「イスラム国家の展開」，收錄於岩波講座，世界歷史．八（東京：岩波書店，一九六九年），頁八一至八二。

⑨前嶋信次編，西アラビア史（東京：山川出版社，一九七八年），頁一四五至一四六。

⑩遜尼派目前佔全球穆斯林人口九成，與分離派及什葉派等宗派的起源明白可尋，遜尼派的起源並無精確時間，初始也沒有明確的教義，毋寧說是什葉派崛起過程中的對立面，即未參家什葉派等烏瑪雅王朝反體制派的其他穆斯林，衍伸為珍視穆斯林的團結，反對各派因主張差異而訴諸流血的分派鬥爭與宗派對立，篤信《古蘭經》所訓示的「你們的宗教是一個宗教，我是你們獨一的主，所以要（唯獨）敬畏我。但是人們分割了他們的（統一的）宗教成為宗派，每一派人只喜歡他們自己所有的（教條或習俗），那麼，就任他們沉迷在他們的錯誤之中一段時間吧」（「信仰者」章第五二到五四節）。最先表明中立主義的是八世紀初著書立論的巴斯里（al-Hassan al Hasri，六四二年至七二八年）。此一立場後來被發展成不分派的理論，完成此一論述的理論家是活躍在十世紀半至十一世紀的巴基拉尼（al-Baqullani，一〇一三年歿）。「不參加分派而破壞伊斯蘭共同體之團結與統一」的立場，成為遜尼派最核心的定義。參見：嶋田襄平，「イスラームにおける正統と異端」，收錄於岩波講座，世界歷史．八（東京：岩波書店，一九六九年），頁一七〇；小杉泰，イスラームとは何か——その宗教．社會．文化（東京，講談社，二〇〇一年），頁二二六至二二九。

⑪正統哈里發時代將阿拉伯文加以系統化與規格，乃是源自正解古蘭經的需要。因為古蘭經以阿拉伯文書寫。七世紀阿拉伯帝國成立，分為正則語（Fus-h）與通俗語（Anmiya），兩者並存。前者以古蘭經為基礎，至十三世紀完全規範化，主要用來書面寫作，另公開場合亦可言說，是一般理解的阿拉伯世界共同語。後者為各地區域與社會不同階層所使用的地方語言，彼此間有相當差異，主要為波斯灣岸、沙烏地阿拉伯、伊拉克、敘利亞、巴勒斯坦、埃及、馬格列伯（Magreb，原意為「日

落之所在」或「西方」，泛指今日北非突尼西亞、阿爾及利亞、摩洛哥）等語言。參見：嶋田襄平，「イスラム」，イスラム事典（東京：平凡社，一九八七年），頁五；朝日ジャーナル編，世界のことば（東京：朝日新聞社，一九九一年）頁一〇〇至一〇一。

⑫P.J. Vatikiotis, Islam and the State, London and New York Routledge, 1987, pp.20-21

⑬有關伊斯蘭世界秩序的經典著作是 M. Khadduri, War and Peace in the Law of Islam, Baltimore: Johns Hopkins Press, 1955；有關有關伊斯蘭法理論中的世界秩序觀形成過程，可參見 M. Khaddur, "Translator' s Introduction," in do., The Islamic Law of Nations: Shaybani' s Siyar, Baltimore: Johns Hopkins Press, 1966, pp. 19-26

⑭鈴木重，「イスラム国際体系」，收錄於有賀貞、宇野重昭、木戸蓊、山本吉宣與渡邊昭夫合編，國際政治の理論，（東京：東京大學出版社，一九八九年），頁八一至八三。

⑮詳見Brian Beeley, "Global options: Islamic alternatives:, in James Anderson, Chris Brook and Allan Cochrane ed., A Global World? Reordering Political Space, (New York: Oxford University Press), 1995, pp.167-207。

⑯鈴木重，前揭書，頁八三至八四。

⑰伊斯蘭帝國對非穆斯林的歷史歷程可參見：A. S. Tritton, The Caliphs and Their Non-Muslim Subjects, (London: Frank Case), 1970.

⑱白人奴隸兵團（mamluk）指的是來自中亞的突厥人、蒙古人、高加索的切爾克斯人，東歐的斯拉夫人、希臘人與中東的庫德人等白人奴隸兵，以和黑人奴隸兵（abud）區別。

⑲有關突厥遊牧民的早期歷史，參見L.H.Gumiyev, Drevniye Turki (Moscow: Klyshnikov Komarov I K, 1993)；有關突厥帝國的興衰與不同稱號之部族的先後崛起過程，參見：Thomas J Barfield, The Perilous Frontier: Nomadic Empires and China (Cambridge MA and Oxford: Blackwell, 1992), pp.131-160；關突厥遊牧民在伊斯蘭世界的崛起過程，詳見：鈴木重イスラム帝國，イスラム世界

の柔らかい專制，（東京：講談社，一九九二年），頁二五至二六。

⑳Vatikiotis, op cit, p.20; H. A. R. Gibb, Mohammedanism, London and New York: Oxford University Press, 1969, p.7.

㉑「素檀」一詞其實並沒有一致的音譯，古籍上曾出現過「速魯檀」、「鎖魯檀」、「素里檀」、「唆里檀」、「算端」、「層檀」等不同稱謂，但指的都是同一職位。也有一音譯為「蘇丹」。

㉒台灣讀者較熟知之「塞爾柱土耳其帝國」即指此一政權。可參閱：教育部歷史文化學習網：「塞爾柱土耳其興起」，網址：http://culture.edu.tw/history/smenu_photomenu.php?smenuid=2034

㉓但塞流克突厥帝國儘管擴張快速，其政治體制與支配模式仍重蹈伊斯蘭帝國覆轍，不久即因地方強權崛起而陷入分解的命運；在其西部邊陲小亞細亞的鄂圖曼土耳其因此趁勢崛起，進而創造了史上最後一個伊斯蘭大帝國——鄂圖曼土耳其帝國。

㉔護雅夫，「總説」，收錄於岩波講座，世界歷史・八（東京：岩波書店，一九六九年），頁七至八。

㉕此處借用日本學者佐口透的用法。參見：佐口透，「韃靼和平」，收錄於劉俊文編，日本學者研究中國史論著選譯，第九卷，頁四六三至四八六。

㉖即讀者所熟知的四大汗國：窩闊台汗國、察合台汗國、金帳（欽察）汗國與伊兒汗國

㉗間野英二，中央アジアの歴史，（東京：講談社，一九九二年），頁一五六至一八三。

㉘程光裕，西南亞史（香港，友聯出版社，一九六四年），頁一七八至一八二。嶇川徹，イスラームと後繼者たち，收錄於鈴木董編，「パクス・イスラミカの世紀」，（東京：講談社，一九九三年），頁八七至一一二。M. S. Ivnov, ed., Istoriya Irana （Moscow: Izdate' stov Moskovskogo Universiteta, 1977）, pp.17-23

㉙今印度西部一州，瀕林庫曲灣（Kutch）與孟買灣。

㉚馬拉巴爾海岸北從果阿（Goa）至印度半島最南端的科莫林岬（Capa Comorin），長約一千公里。

廣義的馬拉巴爾海岸是指從孟買到科莫林岬間的海岸；狹義則指從果阿至孟買之間約四百公里的海岸。盛產鄉料、椰子、米。十八世紀後半為英國佔領。

㉛哈德拉毛特指南葉門面向阿拉伯海與亞丁灣的區域，為於阿拉伯半島南部，永有半島上相當重要的農耕地帶（Wadi Hadramaut）。曾為英國的保護領，一九六七年與亞丁港一起構成南葉門。

㉜家島彦一，海が創る文明―インド洋海域世界の歴史（東京：朝日新聞社、一九九三年），頁二四至二六。

㉝長沢和俊，海のシルクロード史，（東京：中央公論社、一九八九年），頁八五至一〇八。

㉞作者原文為「伊斯蘭神秘主義」，但一般通稱為蘇非派；現今廣為人知的旋轉舞蹈即是蘇非派的儀式之一，代表人物則為詩人魯米。其基本簡介可參見伊斯蘭之廣網站詞條：「蘇非派」，網址為：http://www.islam.org.hk/index.php?action-viewnews-itemid-4832

㉟A.D.Knysh, "Sufizm," S.M.Prozorova ed., Islam:Istorigraficheskiye ocherki (Moscow: Nauka, 1991), pp.130-131.

㊱有關中亞的伊斯蘭化，參閱間野英二，前揭書，頁一一三至一三四。

㊲詳見中原道子，「東南アジアのイスラム化」，收錄於鈴木董編，「パクス・イスラミカの世紀」，（東京：講談社，一九九三年），頁八七至一一二。

㊳有關伊斯蘭對印度半島的傳播，詳見荒松雄，「ヒンドゥー教とイスラム教」，（東京：岩波書店，一九九七年），第六章「二つの宗教の出：イスラム教の浸透」。

㊴關於東歐基督教世界的伊斯蘭化，參見阪本勉，トルコ民族主義，（東京：講談社，一九九六年），第三章「東方キルスト教世界のトルコ―イスラム化」。

㊵Vatikiotis, ibid, p.23.

㊶嶋田襄平，「イスラムにおける正統と異端」，收錄於岩波講座，世界歷史．八（東京：岩波書店，一九六九年），頁一七五。

㊷因此以阿拉伯文記載而成的古蘭經不能被翻譯，或者翻譯本只能被視為注釋本，不能夠與阿拉伯文正典等量齊觀。

㊸哈地斯有兩大重點，即索那的本文，以及索那被傳承經過的記錄（「傳承之鏈」）。傳承之鏈不夠明確的索那本文，在嚴格意義上不被承認為哈地斯，因而傳承之鏈的歷史考證變得極為重要，傳記史學與考證史學因而極為發達，成為伊斯蘭文化的一大特色。

㊹在伊斯蘭的論理中，神學與法學並未嚴格分化，因而烏拉雅同時具有神學者與法學者的身份。

㊺馬里克派目前主要分佈在北非和西非，漢巴爾派主要分佈在沙烏地阿拉伯；哈那弗派分佈在土耳其、中亞、南亞、中國，敘利亞與埃及，以及夏非派則分佈在東南亞與埃及。

㊻⑮ D.P.Shantepi ed., Illystrirovannaya Istoriya Religiy (Moscow: Fond Mira, 1992), Vol.1, pp.389-391

㊼小杉泰，前揭書，頁二六四。

㊽Esposito, op cit, p.30.

㊾有關蘇非派的起源、理論與教團發展，詳見：中村廣治郎，イスラム教入門（東京：岩波書店，一九九八年），第六章「イスラム教の神秘主義」，以及Fallur Rahman, Islam, 2nd ed. (Chicago and London: University of Chicago Press, 1979), chapter 8-9.

㊿《古蘭經》「牲畜」章第六一節，譯文根據英文版《古蘭經》譯出，與通俗漢譯本略有出入。

51在《古蘭經》共一百一十四篇章中，第九章除外，其他一百一十三章都以「奉至仁至慈的真主之名」作為首句。

52護雅夫，「總說」，收錄於岩波講座，世界歷史．八（東京：岩波書店，一九六九年），頁十三至十七。

㊸在印度蒙兀兒帝國境內，偏好使用波斯語的突厥系統治者，在軍隊指揮著數量龐大的印度士兵，因而需要混用的共通語，此為巴基斯坦官方語烏爾都語（Urdu）的起源。其原型是以西部印度與（首都德里一帶廣泛使用）為文法基礎，但引進了波斯語、阿拉伯語、突厥語，乃至梵文等其他語言的大量單詞，而字母則以阿拉伯字母為典範。參見：岩村忍、近藤治、勝藤猛合著，インドと中近東（東京，河出書房，一九九七年），頁一一四至一一五。

㊹有關鄂圖曼土耳其帝國的支配體制，請參閱：羽田明，「イスラム国家の完成」，收錄於岩波講座，世界歷史．八（東京：岩波書店，一九六九年），頁一二五至一六八。有關蒙兀兒帝國的支配體制，請參閱：荒松雄，前揭書，頁一二〇至一三九，及劉明翰編，世界史，中世紀史（北京：人民出版社，一九九一年），頁二六二至二六三。有關波斯薩法維王朝的支配體制，請參閱：前嶋信次編，西アラビア史（東京：山川出版社，一九七八年），頁二七一至二七八，及劉明翰，前揭書，頁二〇三。

第四章

西歐國家體系的衝擊

在歐洲政治史上，西歐國家體系的成立是一場革命，而且無論是在政治理論上或是實踐上皆然。主權國家理論的崛起，加以當時興起的「絕對主權主義」，取代了中古世紀歐洲的基督教普遍共同體的概念，也創造出了近代特有之政治生活單位——「領土國家」（territorial state）

當今包攝整個地球所有區域的政治秩序，稱為主權國家體系。這個體系最早起源於義大利半島，通過三十年宗教戰爭（一六一八年至一六四八年）與終戰處理的西發里亞條約（WestPhalia Treaty），在法制面確立了基本內涵，其後被稱為近代西歐國家體系（West European States System）。隨著近代西歐諸國的世界性擴張與殖民，此一體系的內部競爭邏輯也進一步發展為向外膨脹運動。後經由法國大革命的衝擊，以及主權國家體系的現實在歐洲完全固定化，該體系基本成員——主權國家——的內涵，也漸次蛻變為民族國家（nation state）。而這個體系在不斷向外膨脹下，演變至二十世紀，已全然包攝整個地球所有區域①。

然而，在近代西歐國家體系向外擴大前，歐亞大陸既已存在著多元的國際體系：東亞有以中華帝國為頂點的華夷秩序，以及涵蓋北非、西亞、南亞與中亞的伊斯蘭世界體系②。因此從政治學的角度來看，近代國際政治的變遷，可視為西歐主權國家體系在近代向外擴張，與其他國際體系逐一解體的過程。其中以西歐國家體系與伊斯蘭世界體系的衝突歷程最為漫長，其產生的後遺症迄今仍深刻影響著世界政治。

I 義大利國家體系

突厥・伊斯蘭勢力在十一世紀末對東羅馬帝國的進逼引發了十字軍東征。連同一〇五四年羅馬教廷與拜占庭教廷間的「東西教會大分裂」——塵世利害衝突為實質，教義與儀禮之爭為形式的相互否認與排斥③，促成了西歐的世界觀轉換：「天主教因此成為中世紀歐洲自別於『異邦』最具普遍性的特點。……中世紀的歐洲一方面相對於異教世界，另一方面相對於拜占庭的希臘人，從而意識到自己的獨到之處」④。連帶地，西歐對世界的看法也產生了重大轉變。至十一世紀為止，基督教會承繼者來自古希臘—羅馬時代的地理觀與來自猶太教（舊約）的歷史（時間）觀。地理觀是指歐、亞、非三大陸及其間以大洋（地中海）和大河（尼羅河）為界的空間圖像——歐非兩大陸以地中海為界，亞非以尼羅河為界。儘管古希臘—中古羅馬以後，西歐人的地理知識持續累積，並透過伊斯蘭文化與世界觀的導入，知悉亞歐之間並無明顯的界河與界山，但「歐洲」的概念仍舊被保留下來，而這主要是因為「歐洲」本身的變化。在東西羅馬教會大分裂後，對天主教會及其受其影響的西歐來說，「歐洲」已非一個自然地理區域的概念，而是一個文化區域（cultural region）的概念。天主教會已不能再宣稱基督教的普世性（universality），而是縮小範圍，重新界定為「基督教區域」（Christendom, 基督教世界）：穆斯林勢力的威壓，進一步強化了易受傷害的「歐洲」遭受敵對勢力包圍的看法，二元對立的世界觀——「基督教歐洲」對穆斯林他者（Muslim Other）所構成的異樣（exotic）世界——漸次確立⑤。

此類二元對立，我等正而他者邪的世界觀，居於自十二世紀以降西歐製的宇宙（cosomgraphy）與世界圖（Mappa Mundi）之上，這一類通稱TO圖的世界圖⑥，標準格式是上帝的最後審判處所在上，其下為一圓圈，圓內為基督教世界與其他區域，前者居住著人類，後者則佈滿各種怪物。作為人類的基督徒被非人的怪物世界所包圍，即構成了基督教（天主教）徒對整個世界的看法⑦。這顯然是一種負面界定自我的手段，即用「他者」的存在來界定自己，儘管並不清楚「他者」的實況為何。

十字軍東征進一步強化了此一世界觀，成為十字軍將自己的殘酷殺戮予以合理化的重要藉口。這些以基督為名的軍團自一〇九六年起，前後發動了七次戰爭。最初目的是光復聖地耶路撒冷，但此一動機即告消失，而為西歐商業力量擴張，在地中海驅逐穆斯林以掌握東西貿易霸權的經濟動機，也漸次轉變為屠殺與劫掠⑧。

趁著塞流克帝國因領袖逝世而陷入政權爭奪的危機，十字軍成功地奪取了耶路撒冷（一〇九九年），之後便在敘利亞、巴勒斯坦等地建立起耶路撒冷王國等地方政權，與其說是為了防禦聖地，毋寧說是為了控制東方貿易的據點。但以敘利亞為中心而展開的間歇泥沼戰，卻阻礙著敘利亞的陸上通路，再加上薩拉丁（Salah al-Din）在埃及殲滅了法提瑪王朝，建立了亞優博

（Ayyubids）王朝（一一六九年至一二五〇年），使埃及成為反十字軍的要塞，導致紅海—地中海的海上通路閉鎖。於是促使為於往南亞與東亞通路交叉點上的粟特（Sogdiana）地方的撒拉馬罕（Samarkand）獲致史無前例的繁榮，在其後成為誘發蒙古部族西進的要因，並使十字軍對位於北方迂迴路線西方起點的東羅馬帝國更有戰略興趣⑨。

十字軍第四次東征（一二〇二年至一二〇四年），天主教宗原定計劃進攻埃及，但受到威尼斯的影響，迴避了和平貿易利益甚大的埃及，轉而攻陷當時為基督教世界中心都市的君士坦丁堡；指揮官們非但瓜分征服所得土地，推選其中一人為皇帝，建立拉丁帝國（一二〇四年至一二六一年），一度造成東羅馬帝國歷史中斷，重要的港口與島嶼皆併入威尼斯，加速了北義大利諸港市（威尼斯、熱那亞等）取代東羅馬帝國的進程，義大利諸港市一躍成為歐洲在地中海貿易的核心力量。

義大利半島商業力量的崛起，改變了歐洲的經濟動脈。自羅馬帝國以來，歐洲的經貿動脈始終以萊茵河—多瑙河—線為主軸，其南端是作為東西貿易焦點的拜占庭（君士坦丁堡），北端則是位於萊茵河下游的法蘭德爾（Fladre）地方，因而使得東羅馬帝國在中古世紀歐洲的政治、軍事、經濟、文化等領域皆扮演要角，而法蘭德爾則長期擁有西歐世界的中心地位。阿拉伯帝國崛起後，烏瑪雅王朝於六六九年佔領西西里島，據此制霸西地中海，穆斯林商船經西西里島與突尼西亞，連結伊比利半島，以此作為向西歐傳播文化的跳板。而在東地中海，敘利亞、埃及、塞普路斯、羅德斯、克里特島等，也漸次落入穆斯林之手。制海權的喪失，使拜占庭帝國更加仰賴黑海貿易，而萊茵河—多瑙河主幹線的副線—亞德里亞海航路也更形重要，促使威尼斯（四五二年建設，九九七年成為公國）的地位抬頭⑩。

十字軍改變了此一形勢。儘管東羅馬帝國在十字軍劫掠不久後再興，但帝國在東西交通與歐洲溝通網絡上的地位已漸次為北義大利諸港市所奪⑪。此後，在地中海沿岸新崛起的商業港市便成為貨物商品的中繼交易站，來自北海與波羅的海區域的商品，為了和地中海區域的商品進行交易，便在歐洲中央萊茵河地方中繼交換，從而在歐洲中原，特別是萊茵河流域，興起許多商業都市。德意志區域的商業都市日益發展，首先起自北海和波羅的海方面，以盧比克為中心，成立漢薩聯盟（Hansa Bund，一一六一年），其後又延伸至歐洲中原，以致形成萊茵聯盟（Rhein Bund，為了萊茵河和平所結成的都市武裝同盟，一二五四年），自此萊茵河—多瑙河—線漸趨沒落，而從北義大利港市越過阿爾卑斯山脈以迄萊茵河的商路，則躍昇為歐洲經貌貿與文化交流的新主軸⑫。

蒙古帝國的崛起更加速了此一情勢。在塞流克帝國因內鬨解體，地方強侯各自獨立後，花剌子模（一〇七七年至一二三一年）王朝在中亞崛起，以撒馬爾罕為中心，依靠著興盛的東西貿易而逐漸繁榮，其商團甚至遠征蒙古高原，其後卻因處死成吉思汗派遣的通商使節團，引發蒙古軍團如怒濤般地西征（一二一九年起），也促成了史上版圖最大的帝國成立。

廣袤的蒙古帝國將連結歐亞大陸的主要陸路與海路皆納入帝國的控制，使迄今為止並未緊密連結的「海陸」圓環自此形成統一的交通網路，並首次促成了歐亞非的歷史運動，因而被視為「世界史」成立的起點[13]，也深刻地改變了伊斯蘭世界與歐洲的政治、經濟與文化的面貌。一方面，蒙古於一二五八年攻入巴格達，導致哈里發政權崩潰，各地方政權相繼起伏，創立了以波斯全土，小亞細亞為中心，西至地中海濱，東至印度西

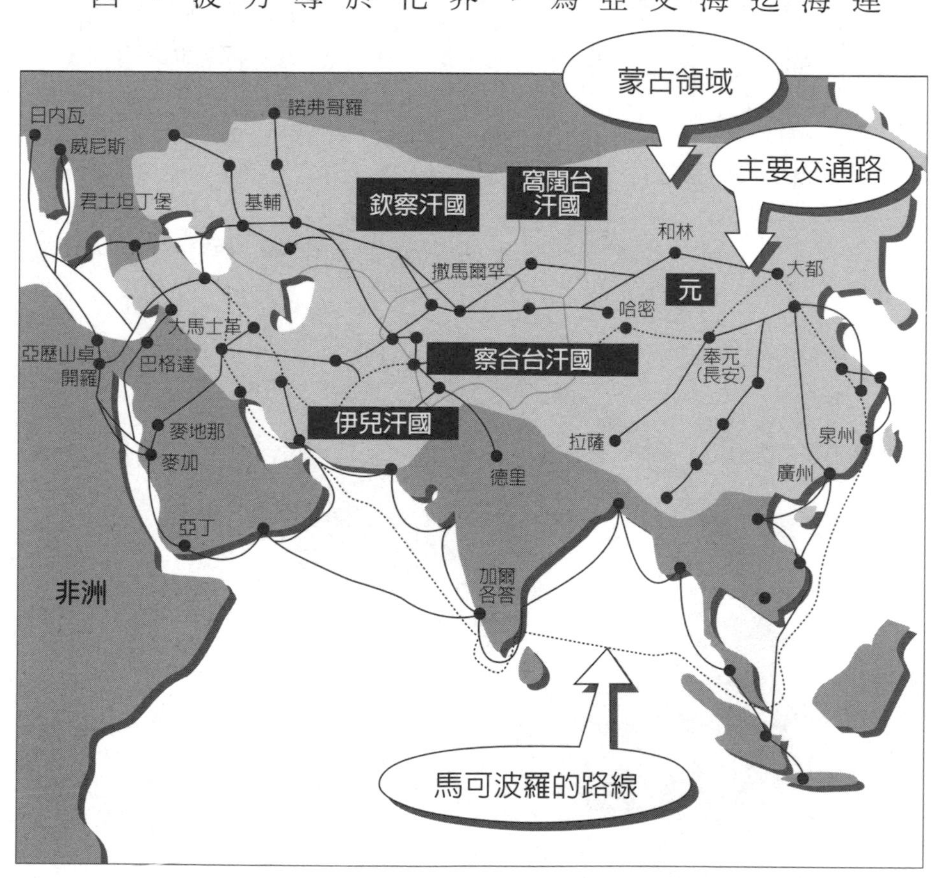

圖八　蒙古帝國治下的海陸交通網絡

北部的伊兒汗國（一二五八年至一三九三年），哈里發西走埃及，接受該地瑪姆魯克王朝素檀的庇護，阿巴斯王朝名實俱亡。另一方面，原本信奉薩滿教的蒙古統治者，在帝國建立後採行宗教寬容政策，平等對待穆斯林與基督徒，消解宗教對力，並與基督教諸國締結友好關係，與羅馬天主教皇、英王、法王互派使臣，藉以夾擊以埃及瑪姆魯克王朝為中心的伊斯蘭勢力。如此，蒙古帝國的崛起，阿巴斯王朝伊斯蘭帝國的崩潰，以及蒙古帝國拉攏基督教世界以制衡伊斯蘭勢力的政策，打破了穆斯林對東方貿易的商業獨佔，使歐洲基都教諸邦得以參與對亞洲的貿易。

義大利諸港市國際貿易的發達與財富積累，加以吸收伊斯蘭的豐富文化，以

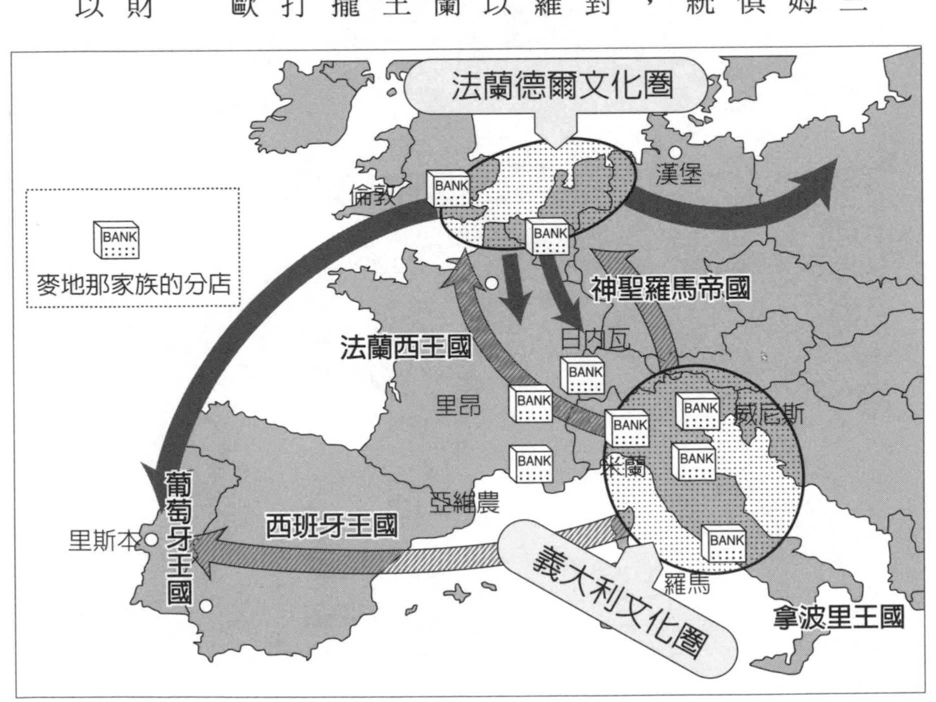

圖九　文藝復興的兩個中心與傳播

及阿拉伯文轉譯的古希臘經典，促成了義大利的文藝復興，並經由北上萊因河流域通往向西歐的交通網絡，將伊斯蘭文明、古希臘哲學，以及義大利文藝復興的新思想迅速傳播至西歐。激化著天主教會與世俗文化的矛盾：伊斯蘭世界向歐洲擴張及其所傳入的文化，打破了教會的文化壟斷權，並為歐洲世俗文化的發展闢開了道路。

此外，義大利的文藝復興還更進一步打開了基督教的世界觀與政治觀。基督教神學體系創建了壯大的宇宙觀與井然有序的身份秩序，「太初有道，道無所不在，神即是道」，上帝是世界的中心，祂創造了自然，人類是自然的一部份，人與自然不可分割。在此一神學─政治體系的大廈中，人類並無全知的能力，但具有理解上帝創造的壯大宇宙像與身份秩序的能力，此一能力即為（中世紀的）「理性」；理解秩序，服從秩序而活，此種行為亦謂之「理性」。但是義大利文藝復興的過程中，人類的自信獲得提升，以人類為中心的世界觀開始形成，人類應掌握並開創自己命運的思想迅速傳播。以人為世界中心的世界─政治觀開始形成，正挑戰著以神為世界中心的基督教會世界觀⑭。

除了世界觀之外，基督教會的世俗權力也開始受到明顯的挑戰。以義大利諸港市與萊茵聯盟為象徵的商業繁榮，使歐洲經濟活動的重點由農業過渡到商業，進而推動著「商業革命」，而以封建主義莊園制度為基礎的中古世紀歐洲也漸次崩壞，近世國家乃至市民生活開始成長；至十五世紀，即產生歐洲第一個中央集權國家──法蘭西；從而為教權與王權之爭準備了條件。再者，商業都市發達與商品流通，則使羅馬教皇的壟斷權（papal monopoly）成為政治鬥爭的焦點。羅馬教皇對治下教民收獻納金等稅，自然是想永久將歐洲固定在封建經濟制度之下以永固其支配。於是，走向商業化都市的德意志，最先起來反抗羅馬教皇的支配權，以反舊教運動形式爭取經濟自由，形成基督教的異端運動與正統派之爭。異端運動具有下層民眾革命運動的體質，對此，恩格斯曾指出：「一般針對封建制度發出的一切攻擊，首先必然就是對教會的攻擊，而一切革命的社會政治理論，大體上必然是神學異端。為了要觸犯當時的社會體制，就必須先從制度身上剝去那層神聖的外衣。」[15]

這場以經濟動機為本質，外觀上表現為宗教衝突的政治鬥爭，日後演變成馬丁路德的宗教改革（一五一七年），激起天主教廷的反宗教改革運動，並使歐洲的宗教改革態勢複雜化[16]。

歐洲商業革命帶動著歐洲對外貿易的興盛，歐洲列強積極謀求對外發展，但蒙古帝國的分裂、解體與鄂圖曼土耳其帝國的快速崛起，使穆斯林再度控制者東地中海及東方貿易。貿易所得的關稅，連同征服而來的土地稅與人頭稅，構成了鄂圖曼土耳其帝國財政的主要來源。為了壟斷貿易所得，鄂圖曼土耳其帝國當局採行禁止歐洲人通行尼羅河以東的政策。一四五三年，鄂圖曼土耳其帝國攻滅東羅馬帝國，導致義大利喪失東方貿易的商業根據地，更對義大利的東方貿易帶來打擊。此後，義大利商人只好向埃及穆斯林商人購買亞洲商品（特別是香料），再轉賣至歐洲各國。

東羅馬帝國為鄂圖曼土耳其帝國所滅一事，再度衝擊著「基督教世界」的世界觀。天主教皇庇烏斯二世（Pope Pius II，一四五八年至一四六四年在位）轉而創造出「基督教共和體」（Respublica christina）的概念來強化西歐基督徒的自我認同，並在歷史上首次採用特殊的形容詞「歐洲的」（European）來區別「基督教世界」與非基督教世界⑰。換言之，這是繼承先前的二元對立世界觀——「基督教歐洲」對「異樣世界」——並開始將重點轉移至強調「歐洲的」特殊性。

信奉伊斯蘭的鄂圖曼土耳其帝國不僅成為「歐洲／基督教世界」界定自我認同所不可或缺的「他者」，而且在實現上阻礙著西歐向地中海的擴散。為了打破此局勢，西歐諸國開始尋求其他路徑，對控制東西貿易通路的伊斯蘭勢力展開「大夾箝運動」。

一方面，面向地中海的歐洲列強開始謀求向大西洋發展。日內瓦商人曾嘗試沿著非洲西海岸南下以達印度，但未能成功。其後在伊比利半島上成功排擊穆斯林勢力（失地收復運動，一四九二年）的葡萄牙與西班牙，則開始經由大西洋來尋求通往東方的新航路，開啟了所謂「地理大發現」時代。一四九二年，哥倫布的船團抵達美洲；六年後，達伽瑪開啟了由非洲好望角前往印度半島的新航路。如此，在著手殖民征服美洲的同時，西歐的勢力也開始由印度半島沿岸延伸至印尼與馬來半島。

另一方面，位於萊茵河下游的法蘭德爾，在歐洲商業通路主軸改變與商業革命的過程

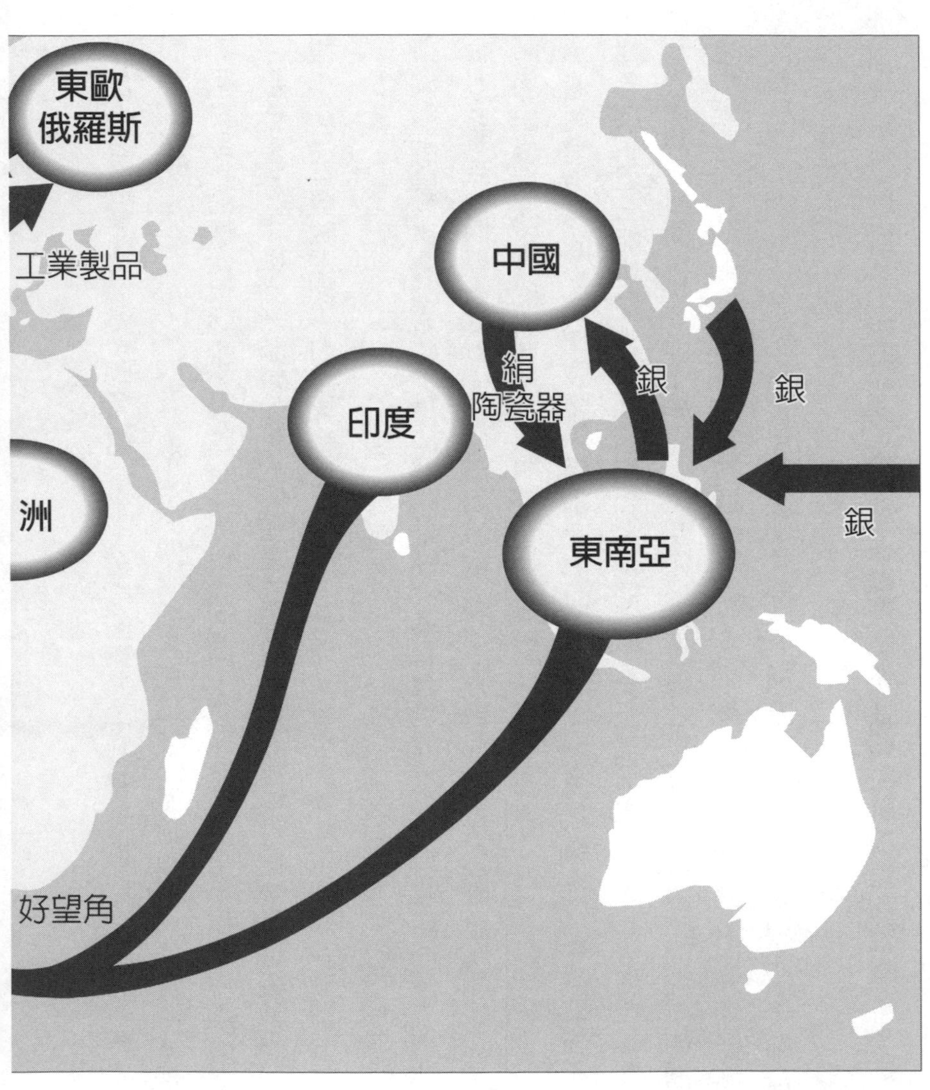

圖十　16世紀後半世界與歐洲的貿易路線

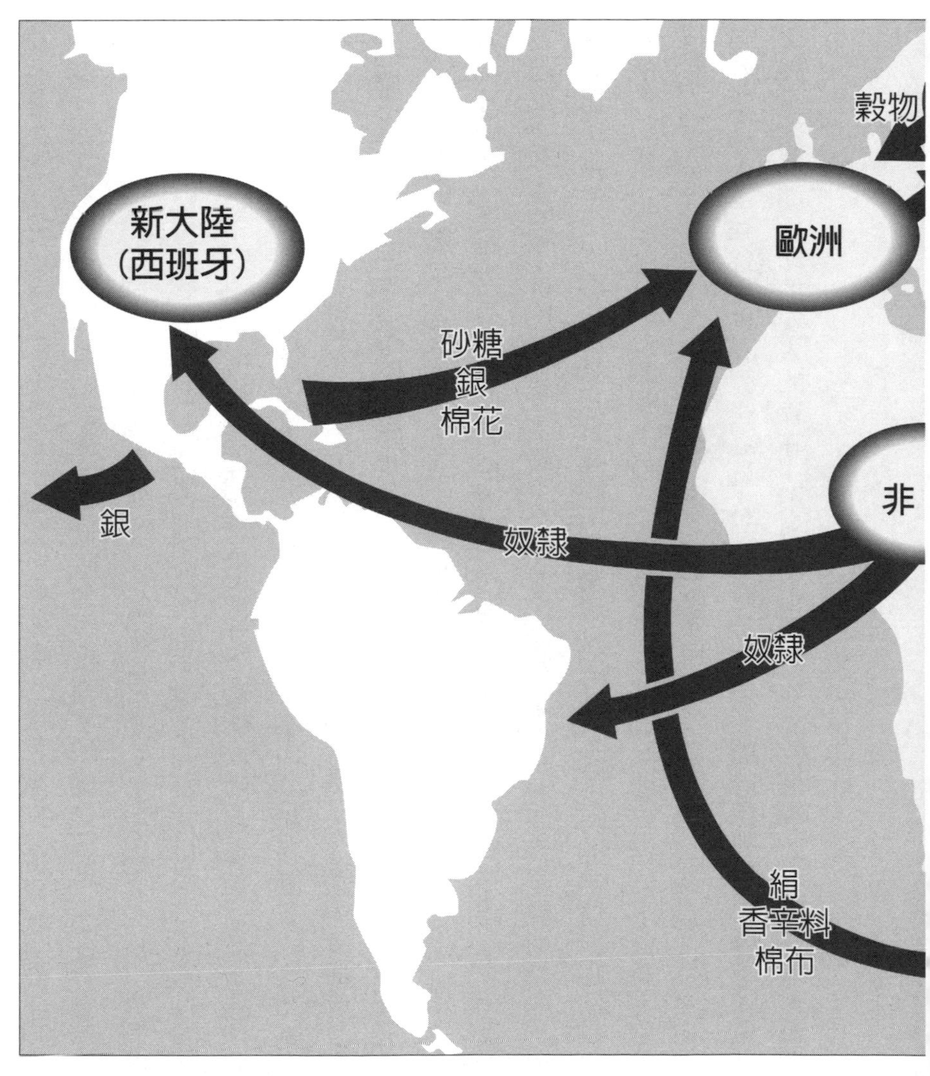

穀物
新大陸
(西班牙)
歐洲
砂糖
銀
棉花
非
銀
奴隸
奴隸
絹
香辛料
棉布

中，成為西歐世界的經貿中心。為爭奪對此一區域的控制權，英格蘭與法蘭西爆發了百年戰爭（一三三七年至一四五三年），戰勝的法蘭西自此崛起，促進了法蘭德爾地方毛織物產業的勃興。而戰敗且孤懸一隅的英格蘭，則在美洲航路，大西洋航向的東方貿易競賽，以及控制西歐經貿要地的競爭中都處於落後狀態，因此英選擇與俄羅斯聯手，謀求通過昔日蒙古帝國打開的「草原之路」—西伯利亞—來打通對東方的貿易通路，直接協助了俄羅斯的西伯利亞征服與權力崛起⑱。於是，世界交通史的新軸線開始浮出，美洲、西歐、印度、東亞的航路漸次成為主軸，不僅因此促成歐洲列強間所謂的「霸權的興衰」⑲，更在伊斯蘭商旅的基礎上，進一步促成了亞洲諸港市的發達，而其反面則是亞洲內奧的邊緣化⑳。如此一來，有史一來一直扮演著亞洲歷史動能核心的亞洲內陸部，便漸次弱化、後進化，乃至秘境化。

地理大發現打破了印度洋作為「伊斯蘭之海」的局面，並加速歐洲的世界觀革命。以哥白尼太陽中心說為起點，教會的宇宙像已遭受了嚴重打擊並快速崩壞，而地理大發現則更進一步證實地球乃一自轉球體主張——「既然地球日日運轉，那麼天堂與地獄就不可能坐落於它們長久以來被認為理所當然的位置；在理性的心靈裡，對天堂與地獄是否存在的懷疑漸增。沒有地獄的撒旦既不可能，沒有天堂的上帝，至少是中世紀的上帝，也就不可信。」㉑。

於是，基督教（天主教會）世界觀與羅馬教廷在政治意識形態的詮釋權也開始連帶瓦解。首先是「新大陸」（美洲）印地安人的存在，引發基督徒對《舊約聖經》「創世紀」有關人類起源的質疑，其次是東南亞諸國的「發現」及歷史的認識，再度衝擊基督教建立在《聖經》記述的歷史理論。歐亞非以外存在著許多區域的地理認識更造成TO圖垂直式（veritcal）宇宙誌（Cosomography）——上帝與最後審判處所在上，基督教世界在中，其他怪物世界在下——的崩潰；取而代之的是地理誌（Geography）、地方誌（Chorography）與繪圖學（Cartography），於是以文藝復興時代重新被發現的托勒密（Ptolemy，九〇至一六八年）模型為基礎並加以改良，新的地理誌逐漸發展出一套「世界為一體」（the world-as-a-world）的水平式（horizontal）新思考架構㉒。

在這套新思考架構中，地球被視為具有一個整體性（wholeness），有其明確界線，是一個恆常存在的星球；地球上各域間的聯繫是水平式的連帶，而非《舊約聖經》「創世紀」所陳述的那種垂直式的相互關係。看待世界的方式因而不再是上帝之眼向下俯視綜覽，而是作為觀察者的人類和被觀察者對象的外部物理世界之間的相互關係。外部物理世界開始被物化，理解世界的有效性，也不再需要來自基督教神學理論的嚴謹推論，而是來自於觀察者的「直接觀察」（direct observation）。用當代術語來說，即知識論立場上的實證主義（empiricism）與研究方法上的「田野調查」就此登場。眼中所見、感官所及，即代表著世界的真實。在此世界觀下，上帝之眼被觀察者的肉眼所取代，觀察者本人取代了上帝的位置，他們站在空無的位置上觀察世界（a view from no where），亦即從地球之外的位置來觀察地球。荷蘭地理學家麥卡托（Gerhardus Kremer Mercator，一五一二年至一五九四年）在一五八三年初製，一五六九年完成的世界地圖，即是採取這種站在地球之外觀察世界地理的立場，並因此影響其後數個世紀（乃至今日），掩飾著觀察者當然必須站在地球上某一個角度來觀察地球與世界地理，以及觀察者並非上帝，他的觀察必然帶有選擇性等事實㉓。

然而意味深長的是，一體性的世界地理觀並未帶來人類具有共同（一體）命運的見解，相反地，「歐洲基督教世界」對「怪物的世界」的二元對立觀卻被繼承下來，只是漸次將「怪物的世界」轉換為滿佈金銀財寶的未知並待冒險與征服的世界。如此「二元地理觀」（binary geography）的見解便漸次被固定化，在此地理觀下，未知的、「非歐洲的」世界（各區域），成為「歐洲」進行探險與征服之所在。「歐洲」成為主詞，「非歐洲」是受詞，聯繫兩者的動詞則是探險、「客觀」觀察與征服。因此，地理誌（Geography）的製作本身已非單純的事物描述，甚至可能可以說是一套權力計劃要來得更為妥切。換言之，繪圖學的功能是將在地球上的空間（以及居住其上的人類），轉移為「歐洲的」支配；地理與其被理解為名詞（geography），毋寧解釋為動詞（geo-graphing）㉔。

但這套世界觀並未切合現實的世界，因為，事實上，被視為一體的「歐洲基督教世界」本身正遭受著更深刻的分裂，而非統一。

西歐的世界觀與世界交通史激變的同時，義大利諸港市商業權力的擴大也促成義大利半島諸港市政治權力的崛起。面對著中世紀以來神聖羅馬帝國皇帝與羅馬天主教皇的權力式微，義大利半島的政治舊體制已經徹底崩壞，形小而局部的地方政治權力體不斷互鬥的局面，並在相戶兼併中形成半島五強：即那不勒斯王國、羅馬教皇轄地、佛羅倫斯共和國、米蘭公國，以及威尼斯共和國。這五強皆竭盡全力想消滅對手，但卻始終無法達成，結果在長期的互動中，發展出藉由相互間持續的權力平衡來確保本國生存的權力運用邏輯，從而構成權力平衡為生存原理的地域性「國際」關係體系，建立起「義大利國家體系」（Italian states-system）㉕。

義大利半島的政治衝突旋即將歐洲其他列強捲入。十五世紀末，覬覦義大利財富與商業權力的法蘭西國王查爾斯八世（Charles Ⅷ）因要求繼承那不勒斯王位未果而舉兵入侵義大利，此舉立即引起歐洲其它列強警戒，擔心義大利半島的權力平衡被破壞後，將影響起歐洲列強間的權利消長。此一憂慮促使西班牙國王、英王與神聖羅馬帝國皇帝派兵參戰，史稱第一次義大利戰爭（一四九四年至一五一六年）。經由此一戰爭，「義大利國家體系」的運作邏輯開始擴散至西、南、中歐洲，其後，第二次義大利戰爭（一五一九年至一五五九年），並進而發展成歐洲列強間複雜的宗教戰爭。法蘭西國王法蘭西斯一世（Fraçois Ⅰ，一五一五年至一五四七年在位）為了阻撓西班牙國王卡爾五世（Karl Ⅴ，一五一六年至一五一九年在位）控制神聖羅馬帝國，進而在歐洲稱霸而破壞權力平衡，於是開始導入鄂圖曼土耳其帝國的勢力。

鄂圖曼土耳其帝國在一四五三年攻陷君士坦丁堡，並滅亡東羅馬帝國後，便持續擴張，至十六世紀初便已建立起橫跨歐亞非三大洲的超級帝國，並因此捲入歐洲政治。當時鄂圖曼土耳其帝國在歐洲的主要對手是哈布斯堡王朝與威尼斯共和國，在亞洲則為波斯，而和這三個強權之間的鬥爭，也成為鄂圖曼土耳其帝國在十六至十七世紀期間對外關係的主軸。與波斯薩法維王朝的對抗，主要是圍繞在肥沃月灣與外高加索地區的控制權；與威尼斯的對抗，主要目標則是在中部地中海的控制權；而與哈布斯堡王朝的對抗，則是因為在當時的歐洲列強中，以控制中東歐的哈布斯堡王朝實力最為堅強——其東的波蘭國勢已衰，俄羅斯帝國則尚未崛起——因此成為鄂圖曼土耳其帝國謀求控制多瑙河流域此一經貿通道的主要障礙。此外，在當時的歐洲政治局勢中，哈布斯堡王朝同時也是法蘭西王權在歐陸擴張勢力的障礙。

一五二五年，法王法蘭西斯一世在巴維亞（Pavia）戰敗被俘，開始向鄂圖曼土耳其帝國求援。當時鄂圖曼土耳其帝國素檀蘇里曼一世（Suleyman I，一五〇二年至一五六六年）同意出兵，一路向歐洲擴張，至一五二九年終於兵圍維也納（神聖羅馬帝國首都）城下，後因波斯薩法維王朝侵入（今日的）庫德坦（Kurdistan）與伊拉克，才迫使蘇里曼一世轉移焦點。對亞洲的關切，使鄂圖曼土耳其帝國宰相伊布拉辛（Ibrahim Parsha）反對素檀與法蘭西締結同盟約，這與法蘭西的目標——將鄂圖曼土耳其帝國的精力從亞洲轉移到歐洲，以便牽制其歐洲主敵哈布斯堡王朝——相左，於是便命令法蘭西使節介入鄂圖曼土耳其帝國的宮廷鬥爭。結果反對法蘭西締結同盟的伊布拉辛被處決，新任宰相則說服蘇里曼一世與法蘭西締結同盟，此一事件亦成為歐洲列強介入鄂圖曼土耳其帝國宮廷權鬥的濫觴㉖。一五三六年二月十九日，鄂圖曼土耳其帝國與法蘭西締結貝爾格勒條約，雙方協議法蘭西自西，鄂圖曼土耳其帝國自南，共同夾擊中歐的哈布斯堡王朝。再者，作為蘇里曼一世對法蘭西的恩賜，鄂圖曼土耳其帝國同意給予法國治外法權等特許規章（Capitulations）㉗，並導入護照制度。

這紙協約具有世界史意義。此約之前，穆斯林與基督徒早有商業往來，且在習慣上，鄂圖曼土耳其帝國已根據伊斯蘭的宗教寬容與宗教共同體（millet）自治原理給予基督徒治外法權的特權，這紙土法間的同盟協約，則附帶使法蘭西獲得了此一特權。據此，法蘭西人在鄂圖曼土耳其帝國境內所有港市都有經商、居留、旅行與信仰自由，定居此一伊斯蘭帝國境內的法蘭西臣民不僅享有法蘭西領事根據法蘭西法律裁判的權利（領事裁判權），且在鄂圖曼土耳其帝國境內旅遊經商時，也可享有素檀政府發的特許證而通行無阻，並受到地方官員的保護。這個特許證即是近代護照（passport）的起源㉘。更重要的是，治外法權制度的成立本來是伊斯蘭帝國對基督徒的寬大表現，其後隨著鄂圖曼土耳其帝國與歐洲基督教列強的權力消長，漸漸演變成為歐洲列強侵略非基督教世界的武器，也成為十九世紀非歐洲諸邦遭受不平等條約待遇的根源㉙。

法蘭西與鄂圖曼土耳其帝國的貝爾格勒條約，是一紙基督教政治共同體與非基督教政治共同體所締結的政治與軍事同盟，表明法蘭西對外政策中的「國家理性」的發露，意味著其政治行動脫離羅馬天主教皇的宗教制約。再者，鄂圖曼土耳其帝國與法蘭西的同盟，直接從外部向哈布斯堡王朝施加軍事壓力，終於迫使腹背受敵的哈布斯堡王朝查爾斯五世（Charles V，一五一九年至一五五八年在位）不得不對內部的新興異議勢力——新教徒與商業都市集團——採取妥協策略，成為新教徒得以在歐洲存活的中要原因之一㉚。

更重要的是，透過第二次義大利戰爭，權力平衡與合縱連横的運作在歐洲列強間獲得確立，並成為歐洲列強的互動原理。在這場戰爭中，法蘭西引進鄂圖曼土耳其帝國的勢力，清楚地呈現出凡是企圖在歐洲稱霸的強權，都是向歐洲以外擴張，並由非歐洲地區吸取物質能量。相對地，反對霸權力而力圖恢復歐洲權力平衡的強權，也學會從歐洲以外的世界吸取物質能量來使本國更為強大。因此在歐洲列強的互動中，每當出現某一強權或是強權集團試圖稱霸，以及每當對這種企圖反覆進行抵抗以力求恢復權力平衡時，結果都是導致歐洲列強總體對非歐洲的擴張。簡言之，歐洲列強間的競爭，內涵著歐洲列強總體對外擴張的機制。

另外，經由「火藥帝國」鄂圖曼土耳其的崛起與捲入歐洲政治，也促使歐洲列強普遍警覺到導入新型火砲的重要性。幾乎所有的歐洲統治者都認為，為了維持政權的生存，必須傾全力以火砲和其他武器來裝備軍隊，歐洲軍事革命於焉展開㉛。遂行此一軍事革命所需的軍費問題，則在歐洲列強內部體制歧異頗巨的背景下，衍伸出歐洲諸國不同政治體制的發展，並成為近代歐洲政治同步邁向民主與專制的總根源。軍事革命也同步助長了歐洲的戰爭頻率，並促進歐洲國際政治變遷㉜，加以前述歐洲列強內部競爭具有向外膨脹的運作邏輯，為日後西歐國家體系的形成與歐洲列強的全球殖民侵略具備了條件。

II 西歐國家體系的成立

第二次義大利戰爭的終戰和約，建立起「支配者之宗教得在其轄治領土範圍內實施」的原則，成為日後領邦教會制的（各國國教制）的先聲。但是這紙爭戰和約並未徹底解決歐洲列強間環繞著宗教主張與其外衣下的世俗利益與權利的衝突；而這個衝突的火種成為日後三十年宗教戰爭（一六一八年至一六四八年）的遠因。

三十年宗教戰爭結束後，歐洲列強在一六四八年簽署西發里亞條約，此約的目的是終戰處理，確立「干涉主權國家之內政乃違反國際法之行為」的準則，藉以防止列強因為宗教問題而介入他國內政，進而引爆戰爭。此一原則確立的結果是創造日後被稱為「西歐國家體系」的新國際秩序。

在歐洲政治史上，西歐國家體系的成立是一場革命，且無論是在政治理論上或是在實踐上皆然。所謂的國家體系指的是國家（state）相互關係的總合，整個體系是由許多大小不一的國家的橫向關係所構成。其成立與運作乃建立在國家主權（sovereignty）的概念、國際法原理，以及權力平衡政策等三個礎石之上㉝。在這個體系中的基本單位是主權國家（sovereign state），這些主權國家間的互動原理，形式上由國際法規範㉞，實質上則以權力平衡政策作為體系成員彼此互動的最核心考慮及外交活動中心。在此一體系中，沒有凌駕於其它國家之上的一個強大中心，至少就法律形式上是如此，即法律上各個主權國家皆平等。

主權國家體系的特色是：這是個由主權國家組成的體系，而非由人民所構成。主權國家的國家（stato）原型是起自於義大利國家體系，後經由馬基維利的理論化，指涉及統治者及其統治機關的組成，而其統治對象是特定領土（territory）——不動產，並基於對於特定領域的支配，進而支配居住在該領土上的人民。國家對於此一領土及領土之上人民的總體支配，對內享有最高屬性，對外具有排他性，即所謂：「對內最高，對外獨立」原則。以一統治者對其統治機構對於特定領土及其上之人民享有排他的、絕對的、永續的權力，在法蘭西理論家布丹（Jean Bodin，一五三〇至一五九六年）於一五七六年出版的《國家論六卷》（Les six livrex de la republique）予以理論化之後，便漸次被接受後而稱為主權（sovereignty）。

主權國家理論的崛起，打破了歐洲政治史的大傳統，並帶來了革命性的影響。在古希臘並立城邦（poli）時代，是根據「屬人主義」來定義世界秩序，以語言區分希臘人（Hellenes）與異邦人（barbaroi，延伸為蠻族），並在希臘人之間分成二百餘個諸邦——自由民共同體，但不包括自由民所居住的土地。當時的人常用人民稱呼的複數來表示政治共同體，如稱波斯為波斯的政治共同體諸民（oi Persai），雅典城邦為雅典諸民（oi Anthenaioi），埃及的政治共同體則為埃及諸民（oi Aigyptoi）等㉟。直到被馬其頓帝國征服後，希臘諸邦的獨立權利遭到剝奪，政治上的獨立意義消失，城邦成為單純的城市。羅馬崛起時，最初用civitas稱呼政治共同體，與古希臘的polis一樣，意為自由民團體，指完全享有自由民權利的羅馬公民（civis Romanus）所組織的團體，即仍採屬人主義。但在羅馬對外擴張，對被征服區域之近鄰共同體權勢人物賦予羅馬自由民的權利，擁有自由民權利者便未必居住在羅馬，於是用res publica取代civitas，泛指整個大帝國的自由民團體，整組政治秩序的運作原理仍是屬人主義㊱。此一傳統後來被大遷徙而來並侵入羅馬帝國的日耳曼諸部族所繼承，從古羅馬史家塔西陀（Cornelius Tactius，約五五至一二〇年）在其著作中以civitas稱呼日耳曼諸部族的政治單位㊲來看，即表明此一屬人主義的繼承。

根據屬人主義，日耳曼諸民在中世紀所建立的政治秩序，是以封建制度為基礎的分權式多元世界。封建制度下，社會的一切權力都以土地所有權為基礎，尤其是統治權，支配的論理是以土地的支配權界定人與人的關係，也就是因為支配土地，所以支配土地上的住民。因此，封建制度下雖存在著農奴制，但農奴制也是附著在土地制度上，土地支配者不得買賣農民奴隸。更重要的是，儘管土地支配的論理與法律制度已在封建制度下成形，並因此出現用來表現支配之土的領土（Land, terre, terra）概念，但在政治理論上卻仍未將土地支配的概念納入。理念上，中古世紀歐洲維持著承繼自羅馬帝國遺產的普遍統一性，並由廣佈教會組織的天主教會所擔保，據此在理念上維持著基督教共同體（corpus christianum），並進一步在東羅馬帝國滅亡後發展成「歐洲／基督教共同體」。但在政治生活的現實上，仍以分立的civitas作為基本單位。換言之，在基督教共同體的理念下，和伊斯蘭一樣，是以人與人的關係來界定政治共同體，從而形成理念上的屬人主義，與實際運作上的屬地主義等二元差距。

伴隨著封建制度的長期施行，支配土地從而支配領土之上住民的原理，漸次在歐洲獲得鞏固，而新的王國（fegnum）概念也跟著在現實的政治生活中登場，指涉著世俗統治者與被統治者共同組成的政治單位。簡言之，無論是古希臘的城邦、中古世紀歐洲在理念上的基督教共同體，抑或是現實上封建諸侯分立的civitas，都是包含政治單為全體成員的整合型概念，意味著包含統治者與被治者雙方的政治社會或政治共同體（community）。在理念上，統治者與被治者皆順服一個普世的法律秩序（universal legal order），此一法律秩序的權威基處來自通過教會中介的上帝律法，而上帝的律法則超越特定的地理範圍與政治單位（至少在「基督教歐洲」境內）。

政治單位的界定也極為多樣，存在著各式各樣的政治共同體：小王國、公國（principalities）、公爵領地（duchied），以及其他自治體（享有免稅特權與豁免權的教會、修道院、獨立城市、行會、大學、莊園等），這些政治單位內的住民不但忠誠重疊，法律與政治支配也相互混雜㊳。事實上，在十五世紀末，歐洲約有五百個多少享受獨立的政治單位㊴；在這些共同體內，組織的內部（「國內」）與外部範圍並無明顯區劃，「公共領土」（"public territories"）與「私有地產」（"private estates"）之間也無明確的劃分。分歧與零散的封建統治系統，經由法律、宗教與社會傳統與制度來維持其理念上的團結與一致性㊵。儘管領地的概念與運作使土地支配呈現分散狀態，但並無主權國家那種排他的所有權概念㊶。

但是「國家」（State）的興起打破了這個大傳統，在歐洲基督教共同體理念與封建諸侯並立的政治現實上，宗教改革的勃興打破了擔保著理念上基督教共同體之普遍性的天主教廷權威。絕對主義君王的興起，著手壓制領域內的多元要素，從而確立了國家概念的實體。

國家的新概念源自於義大利「lo stato」，本意指權勢、擁有權勢的人，或是權力機構㊷。State的成立，使「政治」的內容出現根本性轉換，「政治」的意義也因此而改變。在此之前，所謂的政治問題乃是指在被賦予的秩序中，如何維持此一秩序的再生產問題，因而政治問題乃是與共同體成員全體相關的問題，政治的內容也是政治共同體全員所構成。隨著國家概念及其實體的成立，割裂了統治者與被統治者的臍帶，再通過馬基維利（Niccolò Machiavelli，一四六九年至一五二七年）劃時代的理論開拓，政治問題於是變成單純權力支配問題。馬基維利稱政治問題為國家（stato）的問題，並視國家的問題為支配需要創建的支配機關或裝置等相關問題，因而被支配者並未被視為此一stato（state，Staat，Etat）的構成員，政治不再是人類共同生活的問題，而是如何運用／耍弄權力等技術與手段問題㊸，這套理論——《君主論》——也為絕對主義的進程打開了思想上的道路。

因此國家這個新概念出現不久後，便與當時正興起的絕對主義王權以及與之相伴而生的新創概念——「主權」——相結合。於是，絕對王政與主權的概念取代了中古世紀歐洲的基督教普遍共同體概念，創造出作為近代（modern）特有之政治生活單位的「領土國家」（territorial state，或領域國家）。在這個轉變過程中，主權國家重新界定了私有財產權的概念，其核心內涵為排他性，即排除其他人／組織／國家擁有該主權國家所支配之領土內的所有權，無論是土地、資本、抑或勞動力。再者，公私範圍的區分概念也被制度化，父權支配在作為私領域之核心的家庭內獲得強化（如財產繼承的男性專利權）㊹，而國家的公權力則用來強化與正當化排除外部（國際）干預與控制內部（國內）的各種社會關係㊺。所有權據此被理解為是可以自由保有的權利，不必對他人或神負責㊻。隨著絕對主義君主的統治日趨強固與主權概念的興起，主權國家的領土不可分割、領土屬於國王或女王的概念漸次被固定下來。在這層意義上，「國家」成為「王室的不動產」，而課稅的意義只不過是將國王的財產從某地移往某地㊼。

主權國家的崛起與歐洲的軍事革命和商業革命密不可分。自十五世紀起在歐洲發生的軍事革命、火器的進步，尤其大砲的發明，使城垛喪失防衛功能，商業都市戰略喪失意義，因而在防衛思想上必須講求京畿之外的前方防衛（forward defense），於是防衛力所及的極限處，便構成國境線的概念㊽。而在邊界之內，統治者運用官僚制度（前身為管理王室財產的私人機關）來管理作為王室不動產的整個領域，並運用制度化暴力的常備軍（當時是陸軍）奪取與保衛不動產／領域，並搭配著領域國家單位的政治意識形態——國教——來統合被統治的人民。簡言之，主權是一種軍事力量的排他性所有權，在絕對主義王政時代，這個所有權屬於國王，法王路易十四的名言「朕即國家」（L'Etat C'est moi）即為此意。

統治者與統治機關的國家（政府）、國家支配對象乃是特定領域及居住其上的人民，皆是成為主權國家的必要條件；但尚需有其他主權國家的承認，方才可稱之。主權本身並非只是單一國家事務，而是一種國與國之間的安排，單方面宣佈擁有主權國家地位，並不能順利成為主權國家，而是必須獲得其他主權國家，尤其是西歐國家體系內主要強權的承認㊾。主權只能存在於相互承認彼此的諸國中，這些國家彼此承認對方在體系中存在的正當性與合法性，並據此承認對手國在其特定領土內享有不容外部干涉的權利。在給予承認，特別是給予體系新成員承認的過程中，體系的既有成員享有優勢，因此西歐主權國家體系的運作尚蘊涵著承認政治（the politics of recognition），是否給予承認成為一種權力，而獲得承認則是主權做為一種國際能力的前提。當自我認定與外部承認不一致時，極易產生所謂的認同政治（the politics of identity）。

因此西歐主權國家體系是一個接受不同不動產（領域）之複數主權（政治權力）的存在，承認彼此對領域及其上人民之支配與管理不動產模型的體系㊿。這顯然是一組建立在「屬地主義」原則上的新世界秩序觀，而建立在此一世界政治觀的西歐主權國家體系，是諸主權國家間橫向並列關係的總和，是離心的橫向秩序51；位於此一體系中的主權國家，本身就是最上位的政治單位，其上再無其他的上位體系。52要在這個體系中生存，首先必須取得「參賽資格」——主權國家地位；如被某一主權國家或帝國所支配的各種次級單位（如宗教共同體）以獨立的方式取得主權國家的地位。取得主權國家的地位之後，還必須不斷提升本國的權力，並操縱權力平衡原理來確保本國的生存、安全與發展。為此，必須對內進行積極的人力物力培養與動員，對外擴張領土與治下人口，包括對鄰近諸國的擴張和在歐洲之外尋求擴張；在主權國家的邏輯下，不論是在歐洲經由繼承或戰爭兼併，抑或在歐洲以外的地區運用暴力征服與掠奪的新領土，都只意味著王室領地的增加。於是，主權國家體系的出現，便成為歐洲對外殖民擴張的必備工具53。

簡言之，西歐主權國家體系的運作邏輯具有三重性：體系成員間的承認政治與認同政治，體系內部的結構性競爭，以及體系對外部不斷膨脹動力。這組運作邏輯產生的結果是在歐洲內部加深列強的對立、分裂與重組，對外則使西歐國家體系不斷從西歐膨脹開來54。一六四八年，西歐國家體系成員僅有簽署西發里亞條約的一批西歐基督教國家，一七二一年將俄羅斯帝國納入，一七八三年再將美國納入。此一擴張過程中，西歐主權國家體系與東亞華夷秩序觀那種強調上下等級向心秩序的體系相互對立。這種對立，隨著西歐主權國家體系對外擴張而不可避免，且第一個接觸到的，本身擁有完整世界政治秩續觀的國際體系，正是在歐洲的權力鬥爭中被法蘭西引以為外援，以鄂圖曼土耳其帝國為核心，以及另存在波斯薩法維王朝與印度蒙兀兒兩大帝國的伊斯蘭世界體系。

然而，西歐主權國家體系的出現與確立也造成論理上的新難題。主權國家體系的論理是在宗教戰爭的血泊中誕生。宗教戰爭撕裂了歐洲基督徒間的共同體連帶感，而主權國家體系的論理又進一步承認此一撕裂。如此一來，歐洲便無法再藉由宗教（基督教）連帶感來偽裝彼此的共同性。更何況歐洲主權國家體系的結構性軍事競爭壓力，非但造成戰爭的制度化，更加深各國的對立與基督徒連帶感的喪失；而各國的絕對主義君主為了強化治下人民的政權認同，也鼓勵這種連帶感的斷絕（國教及為顯例）。「歐洲」「基督教共同體」已隨著主權國家體系而被摧毀，既不存在著文化意義上的「歐洲」，也沒有共同性可言。若用更尖銳的方式來表現，即不是伊斯蘭世界體系在西歐的出現等地理歐洲之外的力量，而是來自地理歐洲之內的絕對主義君主制主權國家體系，自行摧毀了「歐洲」與「基督教共同體」。

此一摧毀連帶導致地理大發現時代以來的「二元地理」觀的崩潰，亦即「歐洲的／非歐洲的」、「基督教的／非基督教的」二元世界地理觀的崩潰。一旦二元地理觀崩潰，西歐主權國家在世界各地的征服、掠奪與支配也將喪失其「論理」的基礎。如此看來，主權國家體系的崛起從一開始就為其外部征服與支配帶來了意識形態的危機。這一場意識形態的危機，最終則是經由「文明」（civilization）概念的導入與相關論理的建構來克服。

「文明」的概念源自於西歐絕對主義體制內部不同社會團體的緊張與對立。伴隨著法蘭西王權在十五世紀末、十六世紀的壯大，一五〇〇年至一五二五年間開始出現「慇勤」（civilite）的概念，用來指稱法蘭西宮廷圈統治集團的風尚，以有別於宮廷之外之社會大眾的「粗魯不文」（barbarism）。其後，英格蘭與德語區也開始出現類似的概念（civility, Zivilitat），並在語意上扮演著同樣的功能55。

隨著絕對主義王權的擴張與開明專制的政策導入，「慇勤教養」變成動詞，並且創造出新的動詞「文明開化」（civilize）與分詞「被教化」（civilized）這兩個新概念，在十六、十七世紀開始被使用，意指一種關於思想、技術、道德和社會進步的世俗理想56。換言之，文明開化就是啟蒙（enlighten）——以漢字文化圈讀者熟悉的字眼來說，就是王化概念——政治力量促使社會各階層向王室宮廷圈的支配集團學習、看齊與同化。

這些概念成為名詞型「文明」（civilization）概念的前身。一七六六年，「文明」一詞正式出現在法蘭西的出版品中57，藉以取代「宮廷化」（courtoisie）與「慇勤教養」等概念，並很快地向西歐諸國傳播開來。如此，「文明」一詞既帶有名詞的範疇意義，僅用來區別宮廷風尚與民間的「粗魯不文」；又帶有動詞的行動意義，用來指涉一個帶有目標的行動過程（文明開化）58。此一用語的轉變，亦即從帶有強烈宮廷性格的「宮廷風」和「慇勤」轉為未在字面上明白表示宮廷風格的「文明」，其社會學背景是法蘭西部份布爾喬亞富豪憑藉著財富打入宮廷並競相模仿其風格，使得宮廷風尚不再只是宮廷貴族階層的專利，因而改以涵蓋曾面較廣的「文明」來替代。

相較於法蘭西部份資產階級得以進入宮廷參與政治決策過程，德語區的都市資產階級卻仍被排除在宮廷之外，於是他們發展出「文化」（kultur）的概念來和「文明」相抗衡，以「文化」歌頌百姓的誠懇與正直，藉以拒斥「文明」所代表的宮廷的矯揉造作和虛偽詐欺59。

作為一個新創的概念，「文明」預設著一些明示與暗示的前提，藉以區隔「文明」的成員與非成員，並規範成員之間與非成員之間的互動⑥⓪。

在主權國家體系自行摧毀了文化意義上的「歐洲」與「基督教共同體」後，基督教的論理陷入了史無前例的危機。不僅建立在《舊約聖經》的地理觀－宇宙誌已被揚棄而代之以地理誌和繪圖學，連《聖經》的歷史觀，建立在「樂園─失樂園─終末（救贖）」的「普遍史」（universal history，即萬有史）也遭到一連串的衝擊，最終在十八世紀下半葉被法、德的啟蒙主義「世界史」（world history）所取代⑥①。值得注意的是，新的「世界史」概念保留了《聖經》所提示的進步史觀，並漸次發展成古代─中世─近代（modern）的歷史發展圖式⑥②。這個圖式加進了「啟蒙」與「文明／文明開化」的內涵，遊牧民入侵的「中世」（medium aevum，原意為「中間的時代」）被描繪成黑暗時代，而「近代」則被描繪成文明開化與理性發展的進步時代⑥③。

此外，這套「世界史」的進步史觀（時間觀念）尚與「文明」概念相互結合而被空間化／地理化。「文明」指涉著一個地理區域，即在文明（cifilized）的宮廷裡，享受著慇勤風尚（civilite）的絕對主義君主的領土——主權國家體系所構成的歐洲。如此，至十八世紀末，新的「歐洲文明」（European civilization）的概念與論理被創造出來⑥④，由「文明的歐洲」取代了「基督教的歐洲」，而歐洲之所以「文明」，是因為有絕對君主宮廷風尚，以及這些君主（及其支配下的主權國家體系）之間的一套遊戲規則——「國際法」。由於西歐國家體系是在歐洲基督教列強宗教戰爭的血泊中產生，君主主權國家間彼此的共識是正義（在基督教，其最終的基礎是上帝）與（世俗）權力的分離，因而西歐國家體系的國際法原理，預設著體系成員對宗教、政治及其關聯性，也就是世界政治秩序觀的基本立場——不得以神的神聖名義干預主權國家的運作，唯一的神聖來自王室，包括王室財產繼承的父系繼承權，以及王室所有權（領土）的不容（平民）侵犯。

作為一種人為的地理區劃，古希臘人最早使用「亞洲」一詞，原意指太陽稱東方（the East, Orient），當時主要是指古波斯帝國。十八世紀以來，伴隨著西歐諸國的全球殖民擴張，以及與此相應的地理學發展，建構出「歐洲文明」與（「落後」）非歐洲地區的地理線，因而歐洲與亞洲的「界線」也逐漸被固定化；以烏拉爾山、烏拉爾河、高加索山作為歐洲與亞洲分隔的想像界線，自此成為人們區劃歐亞兩洲的公式。

如此，至十八世紀末，西歐國家體系發展出「文明歐洲」的概念來取代已被其摧毀的基督教共同體的連帶感，並據此將地理大發現時代以來的「二元地理」觀保留下來，形成「文明的歐洲」與「不文明的非歐洲」對立的論述，並促使以非歐洲地區「文明開化」來合理化其對外的征服與殖民。「文明」成為歐洲國家體系的新認同，「文明歐洲」則成為他們對外進行殖民侵略與征服略奪的新理論武器。相對於「歐洲．文明」，歐洲國家體系以外的其他區域，就成為「文明未開」，仍處於「中世」的「野蠻．落後」地區㊅。

隨著歐洲主權國家體系的向外擴張及殖民，世界地理便帶有時間動態流程的歷史過程，即

「不文明的非歐洲」漸次接受「文明的歐洲」之各種國際法規範。進一步，為了對這種「歐洲．文明開化」與「非歐洲．文明未開」的二元觀進行理論上的詮釋，一套以類比法／比較法為基礎的「社會科學」論述便被開拓出來。這套比較研究的論述具有下列三個階段性的特殊技法：第一是將非歐洲區域的某些性質予以本質化（essentialize），即確認非歐洲地區的各個社會內的某一性質，並將此一性質描繪成該社會之核心特質，如以種姓制度代表印度，以黑手黨代表義大利等。接下來便是異國化（exoticize），即將焦點放在「歐洲」與「非歐洲」的某些特殊的差異點上，以此作為進行比較的標準。這個技法聯繫著第三種技法——將比較予以全體化（totalize），也就是將考查特殊差異的比較結果當成歐洲／非歐洲的本質性差異，將差異絕對化㊅。

儘管在方法論上，建立「從特殊到特殊」此一方法基礎上的類比／比較法，其邏輯效力不若「從普遍到特殊」的演繹法或「從特殊到普遍」的歸納法，尤其通過本質化、異國化、全體化等三次「將特稱命題宣告為全稱命題」的程序後，邏輯效力更低，偏見效力更大，但以比較研究為基礎的各種論述卻開始支配著歐洲國家體系（及後來的美國與俄羅斯）諸國知識人對非歐洲地區的研究與判斷。這套論述以韋伯（Max Weber）著名的宗教社會比較研究最具代表性，但並非只有韋伯——迄今，這套方法仍深刻影響著歐美日俄學界，及其他「非歐美」的知識人。簡言之，當西歐國家體系根據其特有的運作邏輯與原理，使體系的整體力量逐漸增強並且不斷對外膨脹，憑藉著優勢的軍事力量以及國際法遊戲規則中核的「文明」理論武裝，漸次與其它的世界體系直接接觸，並在世界觀上直接對立。地理上的近接性，使歐洲國家體系的論理首先衝突到伊斯蘭世界。由於文明概念的導入，使這場衝擊並非只是要求「非歐洲」的土地與人民在肉體上被征服與支配，更要求其精神與思想也必須向來自西歐的征服者看齊與效法(67)。這就預設著遭受歐洲國家體系諸國殖民的各地區人民，必將經歷一場人類史上罕見的、帶有全球規模的「認同危機」。

III 伊斯蘭帝國的衰退

十五世紀，鄂圖曼土耳其帝國處於權力上升階段，十六世紀時，國勢便達頂峰。除了伊朗和阿拉伯半島的內奧部份外，版圖幾乎涵蓋了今天整個中東，包含了地中海的北非部份、巴爾幹半島大部份、希臘、土耳其、克里米亞半島、喬治亞與亞美尼亞，其兵力甚至抵達維也納城郊，因而對於鄂圖曼土耳其帝國來說，當時「歐洲」的地理定義是從大西洋濱東至維也納。

但在一五七一年希臘附近雷龐多灣（Bay of Lepanto）海戰中，鄂圖曼土耳其帝國二百六十艘艦艇組成的艦隊，九成遭到威尼斯、西班牙、熱那亞與教皇國組成的二百零八艘聯合艦隊擊潰，致使穆斯林漸次喪失了地中海權。與此同時，因「地理大發現」與葡萄牙、荷蘭、法國、英國在十六、十七世紀先後前進印度洋經營東方貿易，在海岸地帶設置殖民地，徹底打破穆斯林對印度洋的貿易壟斷，使鄂圖曼土耳其帝國的財富與權力遭到腐蝕。十七世紀，鄂圖曼土耳其帝國漸次喪失對歐洲的軍事優勢，一六八三年，鄂圖曼土耳其帝國以二十萬大軍侵入匈牙利平原，圍攻維也納，引爆長達十餘年的奧地利戰爭（一六八三年至一六九九年），敗北後在一六九九年簽署卡爾洛維茲（Carlowitz）條約，結束了鄂圖曼土耳其帝國對哈布斯堡王朝近兩百年的軍事壓迫。此份條約的簽定，連同一七一八年的巴薩洛維茲（Passarowitz）條約，「明白表現與確認」鄂圖曼土耳其帝國在歐洲勢力的退潮68。此後雙方關係逆轉，鄂圖曼土耳其帝國從攻勢轉為守勢。

鄂圖曼土耳其帝國對歐洲國家體系列強的勢力逆轉，截至十八世紀中葉為止，主要源自帝國本身的衰弱——帝國的支配邏輯蘊釀著中長期慢性衰退與分解的結構性趨力。鄂圖曼土耳其帝國成立的基礎是軍事征服，透過征服擴張而發展成控制著東西海陸交通中樞與貿易通道的巨型帝國。整個帝國的財政基礎來自於對農業剩餘的汲取與都市定住民納貢的剝削型式。帝國當局對農民的稅課，以及對都市生產及貿易的直接掌控，構成了帝國財政的根本來源。整個納貢體制的支配方式，使帝國當局與被支配者欠缺改善農業或手工業生產的動機。由於帝國支配與財政的最終基礎仰賴於巨大的軍事組織，亦即半永久化的軍事征服，因而在結構上，整個帝國就像是一部「掠奪機器」69。這部機器的運作機制構成了帝國早期擴張的力量根源，但同時也成為帝國中晚期衰退的主要來源。

對外征服與由此而來的外部積累構成了帝國財政的主要來源，而且是維持整個帝國軍事與行政活力的動能所在。當外部征服遭遇到阻礙（向北遭遇歐洲列強，向東遭遇波斯）時，帝國財政來源就只能往賦稅承包著手（如本書第三章第一節後半所述），結果導致農民承受的壓力大增及地方諸侯權力的崛起。最初，賦稅承包制僅具有文民與非繼承性格，但發展至十七世紀末，賦稅承包的地方已經全面世襲化，並且擁有了自己的軍隊來控制地方，但因為帝國當局日益仰賴來自地方諸侯向下苛捐雜稅後的貢稅上繳，這個制度也在長期上腐蝕了帝國當局的權力。當政治權力日益商業化，不可避免地導致帝國當局對地方諸侯的控制力大降，以及地方強侯彼此間為了爭奪勢力範圍而來的衝突。對地方強侯來說，擴張本身的權力，便意味著必須要挑戰與篡奪中央的權力，並且伺機兼併其他的地方諸侯。十九世紀末的穆罕默德·阿里（Muhammad Ali）在埃及的崛起即是一例⑰。

簡言之，鄂圖曼土耳其帝國在帝國征服後整個支配體系的自然趨勢，「總是退化成為寄生型的賦稅承包」⑱。不僅鄂圖曼土耳其帝國如此，其他兩個伊斯蘭帝國——波斯薩法維王朝、印度蒙兀兒帝國，全都陷入了此一模式，導致三大伊斯蘭帝國在十八世紀時即遭受明顯的體制危機。

蒙兀兒帝國在阿克巴大帝（一五五六年至一六〇五年在位）時代國勢臻於高峰，不僅完全確立帝國的支配體制，領土亦擴張至德干高原，建立印度自孔雀王朝阿育王以來的大一統帝國。其後三代，即賈罕基爾（Jahangir，一六〇五年至一六二七年在位）、夏賈汗（Shahjahau, 一六二八年至一六五七年在位）與奧蘭列博（Auranzeb，一六五八年至一七〇七年在位）時代，蒙兀兒帝國維持著相對安定，領土並擴展至印度半島南端，但其衰退崩解之勢已漸出現。

與其他伊斯蘭帝國相同，蒙兀兒帝國的基礎亦建立在農業剩餘的汲取與都市定住民的納貢。小農耕種是整個帝國農業的壓倒性生產方式，但帝國並未直接統治個別的農民，而是以村為單位進行課稅。個別農民隸屬於村，村之上為郡、縣、州等。地稅由村長負責徵集，再層層上繳⑲。由於理論上整個帝國的土地皆屬皇帝的私產，因而作為實質地主的村郡縣州長官在法理上並非土地的所有人，而是皇帝的代理人，僅負責徵稅、與監督、鎮壓人民。除地稅外，尚有通行稅、住宅稅、放牧稅等各種名目的苛捐雜稅。

在阿克巴大帝時代，平均地稅率為農民收成的三分之一，但在一個世紀後的奧蘭列博時代則已躍升至五成之高，遲繳稅額的農民必須遭受鞭笞，甚至被迫販賣妻子償稅。帝國的行政與軍事組織的運作造成了地稅的增長，更增加了農民負擔。蒙兀兒帝國皇帝同時握有最高的行政與軍事權力，是帝國的最高權力者，並且也是中心的立法者與實際上的法律泉源。在皇帝之下的所有軍人與行政人員，則根據等級位階制度編制名錄，並據此受領帝國的俸祿。整個帝國劃分為十五至二十一個州（數目歷代稍異），初期皆由軍隊司令官擔任州行政長官，郡縣級的行政長官乃至行政官員亦多來自於軍隊，軍事統治的性格極為顯著。軍隊依照作戰功能分為五大類別，但在管理上，僅禁衛軍直屬於皇帝，其他則歸地方大小武將管轄，平時維持地方統治，戰時出兵協助皇帝鎮壓叛亂或對外的征服行動。因此地方行政長官與軍隊司令身份重疊，擁有自己的軍隊並負責徵稅等行政管理業務，並仰賴中央給予的俸祿與暫時委託的領地稅收來維持其軍事與行政組織，結果，為了爭取更多財源與擴張自己的權力，地方行政長官經常擴增位階制登錄官員與兵額員數，中長期後便造成中央政府財政不足與遲發俸祿，於是只好不斷增稅，因此加重了農民的負擔⑬。

這個擬似軍事封建主義的體制安排不僅造成中央財政的破綻，更因不斷加重農民與都市住民的稅課而造成經濟疲敝，並且激化農民的逃亡與叛逃。在十七世紀下半葉，農民武裝反抗事件即不斷發生，但全數被地方武將率領的兵團所鎮壓。由於地方武將與其下屬士兵有扶養恩俸關係，因此在政治上形成強固的恩扈主從關係，於是當中央權威漸因其財政能力破綻而失勢，農民反抗又使武將的鎮壓角色更形重要，武將的地方割據趨勢便難以避免；至此，蒙兀兒帝國的分解趨勢，已在這個伊斯蘭帝國的內部結構中醞釀成熟。

首先對帝國統治予以重擊的是馬拉提部族。由於奧蘭列博時代更改阿克巴大帝以來的宗教寬容與融合路線，改行嚴守伊斯蘭遜尼派立場的政策，下令破壞大多數印度教寺院，導入禁止印度教徒騎乘阿拉伯馬差別待遇，並且對印度教徒課徵人頭稅，急劇深化了印度教徒對帝國的敵對心，使印度教徒的馬拉提部族活動與勢力範圍急速擴大。

馬拉提部族居住在德干高原西半部，由於地理特性使然，德干高原在印度史上一直享有明顯的獨立性，馬拉提部族所居住的西半部，其地理特性更為顯著；山脈沿著南北海岸繞行，其間橫亙著起伏的丘陵地形，地緣戰略上易守難攻，但耕地貧脊，一定的人口成長即構成對外擴張的壓力。十七世紀中期，馬拉提部族便開始向周邊區域展開掠奪活動，支配領域漸次擴大，引起蒙兀兒帝國當局警戒並派兵遠征，但馬拉提部族聯軍一遇戰局不利便退入丘陵與山丘地帶，避免大軍對決，改行游擊戰，伺機從後方奇襲遠征軍，並切斷其輜重補給線，使帝國當局的遠征大軍無法發揮擅長的平原決戰優勢，鎮壓行動遲遲難收顯效。

一七〇七年奧蘭列博逝世，由於皇位的繼承缺乏慣例與制度行安排，再度引發諸子爭位而導致內戰，馬拉提部族則趁此時繼續擴張勢力；另一方面，由印度教派發生的改革教派——錫克教徒也趁勢在德里的西北部崛起，並在旁遮普建立獨立政權。其後，穆罕默德夏（Muhammad Shah，一七一九年至一七四八年在位）繼位，派遣總督前往德干高原鎮壓馬拉提部族，但總督卻趁機在海德拉巴德自立尼薩姆（Nizam）政權，接著孟加拉、烏督、恆河流域以北等地也紛紛自立，蒙兀兒帝國的分解命運已難挽回，因而為了法國，以及更重要的大英帝國，在十八世紀從海洋向印度半島擴張殖民預備了條件。但真正給蒙兀兒帝國致命的一擊的，卻是阿富汗的崛起。

定都於赫拉特的帖木兒王朝於一五〇六年結束後，構成今日阿富汗領土的廣大地區便成為三個新興帝國互相爭奪之地：突厥系烏茲別克部族在中亞的夏伊邦帝國、波斯薩法維王朝，以及印度蒙兀兒帝國。

於是，此一區域成為四戰之地。夏伊邦與蒙兀兒爭奪巴達赫襄（Badakhshan）與北部地區，並於薩法維爭奪赫拉特的控制權，蒙兀兒則與薩法維爭奪以坎達哈（Kandahar）為中心的南部區域。薩法維王朝以什葉派伊斯蘭為國教，藉以與西鄰強敵鄂圖曼土耳其帝國及東鄰對手夏伊邦這兩個遜尼派王朝區別，藉以鞏固內部團結⑭。因此，夏伊邦與薩法維兩個帝國對阿富汗土地與人民的所有權與統治權之爭，便同時帶有宗派衝突的色彩。儘管雙方衝突以世俗的權力與財富為標的，部族差異也是部份原因，但兩者皆以伊斯蘭宗派來合理化其鬥爭。隨著鬥爭的長期持續，什葉與遜尼兩大宗派的宗教情感，便被極端地政治化⑮。

三大帝國的爭戰使得赫拉特與坎達哈等大城及其鄰近地區均遭受鬥嚴重的破壞，尤其當支配權易手時，蹂躪更形劇烈。其結果便是造成阿富汗區域成為三大帝國的征戰前疆，導致經濟、社會與文化的嚴重衰退，都市中心與商業階層嚴重蕭條，多數伊斯蘭學院與烏拉瑪喪失其獲贈的地產，大量的當地學者、藝術家與詩人前往蒙兀兒帝國宮廷、布哈拉與撒馬爾罕等文化中心避難與另謀出路。

除了戰亂之外，地理大發現及其後續的發展，則更進一步使地處亞洲內奧的阿富汗更形孤立。這個區域的財富與文化發展長期以來都是仰賴著絲路的貿易與文化交流，當海路取代陸上絲路成為歐亞大陸溝通的主要動脈時，阿富汗在世界政治經濟場域上的重要性便急劇下滑，經濟與文化亦告衰退⑯。

延宕不絕的征服與領土分割，使不同地區住民的文化與社會差異更形顯著，人口移動更顯頻繁，並導致部族間權力互動關係變質。在夏伊邦王朝統治下的阿富汗北部，突厥系的烏茲別克部族變成統治集團，其他如原住民的塔吉克部族、哈札拉（Hazara）部族等，不僅被迫臣服，且經常遭到強制遷徙與改宗。帝國征服與由此而來的統治，主要是採納貢形式的掠奪，但並未改變阿富汗境內各部族的生產方式、社會關係與部族內的權力結構⑰。在此一背景下的強制遷徙與改宗，並未帶來各部族的融合，反而更加深了阿富汗境內各地區與部族間信仰上的斷層帶，日後這些被征服的原住部族對外來征服者展開反抗時，宗派斷層線更經常成為外部強權與內部政治領袖為達其世俗目的而操縱的工具。

更重要的影響是這些帝國的競爭與支配政策，深刻地影響著普希圖的部落主義，並意外地促成普希圖部族的權力崛起。十六世紀末至十八世紀下半葉，蒙兀兒帝國基本上控制著興都庫什山以南與以東的普希圖部族居住區，薩法維王朝則控制著阿富汗西部地區。在兩大帝國的對峙之下，普希圖部族採行著不同的支配政策。蒙兀兒帝國根據生態經濟與地緣差異，以分而治之的統治策略，將治下阿富汗住民分為三類，以類似印度半島種姓制度模式進行統治。第一類是受到蒙兀兒帝國最優渥待遇的普希圖人，稱為付稅（qalang）普希圖，他們主要居住在蘇里曼山以東肥沃山谷與平原經營農耕生活。第二類是山居（nang）普希圖，他們的經濟條件較差，在行政管理上受到帝國當局的差別待遇，地位不如付稅普希圖。第三類是非普希圖的其他部族，被帝國當局定位為社會結構最底層，在權力關係上隸屬付稅普希圖。此一統治策略導致付稅普希圖在擬似種姓制度的階層式社會結構中，能夠維持並強化其支配地位，並以帝國政府代理人身份在實質上支配著隸屬非普希圖部族之民。相對地，居住在生態與經濟上較為邊陲的山區普希圖，則經常對蒙兀兒帝國的統治展開武裝反抗，結果導致普希圖的部落與部族意識獲得強化，十六世紀中晚期與十七世紀，強調普希圖意識的詩與文學作品大量湧現，納稅普希圖與山區普希圖的差別也因此獲得更多描述㊸。

至於薩法維王朝波斯帝國所控制的阿富汗西部地區，則與蒙兀兒帝國所採行的統治政策明顯有別；其中最大的差異乃是在宗教政策。相對蒙兀兒帝國在宗教立場上的寬容政策，薩法維王朝則是強制以遜尼派為主流的普希圖改宗什葉派，並監制乃至於處死不服從的遜尼派烏拉瑪。和蒙兀兒帝國一樣，薩法維帝國在其征服區採行封建式行政管理制度，但嚴酷的宗教鎮壓卻引發更多、更頻繁且劇烈的反抗，致使薩法維王朝治下的阿富汗西部地區，軍事統治性格更為強烈，帝國當局甚至在赫拉特與坎達哈常駐一萬兩千名部隊⑲。

為了填補動用大量部隊統治阿富汗所造成的兵力空缺，薩法維王朝一方面動員並組織普希圖的軍事力量，將這些軍隊用於維持帝國本部的戍衛與鎮壓任務之上，另一方面又因警戒到普希圖軍事力量壯大後可能產生的風險與潛在威脅，於是強制普希圖部族遷徙至偏遠地區進行屯墾，並且採行分而治之的統治策略，運用宗教（伊斯蘭宗派）與世俗（部族與區域）差異來製造競爭與衝突，藉此防範阿富汗的被統治者整合力量共同反抗薩法維王朝的統治。這種為維持帝國的分化統治手法，最著名的例子就是操縱阿布達利系（Abdalis）普希圖與吉賽爾系（Ghilzais）普希圖之間長期存在的部族對立⑳。這些支配政策對普希圖的部族主義、阿富汗日後歷史、薩法維王朝本身，以及整個區域的情勢變化都產生極為深遠的影響。

長達兩個世紀的帝國支配，對普希圖以血緣／部族象徵原理所組織的社會、經濟與政治結構產生了深刻的影響，確立了普希圖在阿富汗的支配性地位。無論是普希圖社群抑或非普希圖社群，血緣連帶與部族認同都是用來動員家族經濟和社會生產的重要力量。在薩法維王朝與蒙兀兒帝國的間接支配之下，部族共同體被當成帝國當局遂行統治的行政單位，因而強化了普希圖社群中以血緣與部族連帶為構成原理的社會經濟與政治結構。這些部族間的階級排序激化著彼此的緊張關係，甚至演變成為公開衝突，並因此促成部族間變動不居的合縱連橫㉛。在衝突中，個別部族的勝負興衰取決於人口的多寡、領袖有無管理能力、聯盟政策（尤其是和外部帝國之聯盟）的成功與否、支持或挑戰帝國的軍事成敗，以及資源（戰利品、帝國的酬金與土地）的分配是否能夠促進內部團結而非激化對立。

在薩法維王朝與蒙兀兒帝國的支配政策影響下，大量的遊牧民——尤其是阿布達利系普希圖部族——便逐漸定住在某一區域，並在都會區域建構起貴族統治，累積財富並向外拓展商業，為普希圖的政治崛起鋪平了歷史道路。更重要的是，薩法維王朝動員普希圖軍事力量的政策，使得普希圖在歷史上首次建立起超越小部族的大規模軍事組織，原本分立的諸部族因此漸次轉型成為聯盟型的部族聯軍㉜。如此，在兩大伊斯蘭帝國的支配之下，普希圖部族在阿富汗支配地位的確立、部族意識的抬頭，以及普希圖軍事力量的規模化與組織化，使普希圖在日後薩法維王朝與蒙兀兒帝國走向征服王朝與納貢帝國所必然出現的衰退時，逐漸嶄露頭角，最終逆寫了帝國當局與普希圖諸部族間的相互權力關係。

一七〇九年，被薩法維王朝任命為吉爾賽系普希圖部族最高領袖（ra'is）的米爾瓦伊斯（Haji Mirwais Hotaki），利用薩法維王朝實施強制改宗政策所激起的民憤，在坎達哈實現獨立，其子馬赫穆德（Mir Mahmud）並於一七二二年率普希圖兵團攻入薩法維王朝首都伊斯法罕（Isfahan），薩法維王朝滅亡。之後，王朝的邊境駐軍司令納迪爾（Nadir Shah，一七三六年至一七四七年在位）率領波斯兵團回擊伊斯法罕，驅逐普希圖軍團，於一七三六年在波斯建立阿夫夏（Afshar）王朝，並於一七三八年領兵東征，在阿布達利系普希圖騎兵隊的協助之下，擊潰吉爾賽系普希圖部族聯軍，下坎達哈，並於一七三九年重建波斯帝國對整個阿富汗西部的支配，之後繼續揮軍前進，擊敗駐在開伯爾隘口的蒙兀兒守備軍，奪取白夏瓦（Pershawar），攻掠旁遮普、克拉合爾（Lahore），至卡爾莫爾（Karmal）與蒙兀兒大軍決戰，初嘗敗績，遂轉進邦尼巴（Pantipat），佔領德里、劫掠蒙兀兒帝國皇宮，盡括皇宮寶藏（包括孔雀王朝皇冠）後班師回波斯，於是印度河西岸之地盡為波斯所有，蒙兀兒帝國自此喪失對阿富汗南部的支配[83]。

但納迪爾本人在一七四七年遭到其侍衛長暗殺，阿夫夏王朝終結，波斯再呈紛亂，普希圖部族趁機再求獨立，於同年十月在坎達哈附近的紅獅村（Sir Sorh）舉行部族大公會（Loyal Jirga）[84]商議選出新的領導人，團結各部族以爭取獨立，結果由納迪爾昔日部將，阿布達利系普希圖騎兵隊司令官，年僅二十五歲的阿布達利系薩多賽（Saddozai）氏族領袖阿赫瑪德汗（Ahmad Khan Adbali）出線為王（一七四七年至一七七三年在位），並獲得「杜蘭尼」（Durani，「珍珠中的珍珠」）封號，建立杜蘭尼王朝，從此鞏固了阿富汗獨立的地位，是為近代阿富汗獨立國家之「父」（Ahmad Shah Baba）。

阿赫瑪德汗曾率領阿布達利系普希圖兵團協助納迪爾征服吉爾賽系普希圖，而他在吉爾賽系普希圖兵團與烏茲別克部族兵團的支持下，經由部落大公會獲得政權正當性的事實，說明了這個新興政權的本質，是以長期存在著深刻矛盾與宿怨的諸部族所組成的同盟體，要維繫此同盟體於不墜，鞏固新的獨立政權就必須在不撼動各部族既存權力結構的前提之下，尋找繼續維持各部族願意在單一政權下合作的利益黏結劑與意識形態。

於是，這些考慮便具現為杜蘭尼王朝的統治架構與政策。阿赫瑪德汗政權統治架構的原型，乃承襲自他最熟悉的波斯帝國經驗。其宮廷、官職階層、軍隊組織，以及王位等，完全模仿納迪爾在波斯的阿夫夏王朝，並對阿富汗諸地方採行了間接統治，避免因為直接統治破壞阿富汗諸部侯的既存權力結構而引起反彈與分裂，畢竟新王朝的最終權力基礎是建立在土地所有權與由此而來的支配之上。新政權承認阿富汗境內諸部族領袖的土地所有權與部族支配，而這些部族領袖則擔負有派兵服役的義務。如以一來，作為諸部族共主的阿赫瑪德汗政權便無法通過內部積累來增強自己與中央政府的權力，於是他採行了通過外部積累來強化本身權力的策略。

首先，阿赫瑪德汗運用了他的騎兵團掠取喀布爾與白夏瓦呈奉給波斯帝國當局的貢賦，稱之為「神的贈品」（Atayayi hazrati yazdan），並將這些戰利品分予各部族，以資組建宮廷與強化諸侯的向心力。這個初步實驗奏效後，阿赫瑪德汗便開始展開有系統的對外征服與劫掠。但他征服的方向並未指向北方，而是指向南方與東方，以印度為目標。阿赫瑪德汗並未像過去的外來帝國統治當局一樣，對阿富汗西部課以重稅，而是徵召西部的部族派兵協助他的印度征服，之後將征服所得的戰利品分配給各部族，藉此維持各部族的忠誠與政體安定。對各部族的領袖來說，接受阿赫瑪德汗的領導，率兵參與他的對外征服並獲取豐富的戰利品，不僅是一項有利可圖的事業，更可以藉由這些戰利品來擴大自己的實力與強化自己在本身部族內的地位。

於是，蒙兀兒帝國統治下的印度，便成為新興阿富汗杜蘭尼王朝劫掠的對象。在一七四八至一七五六年間，阿赫瑪德汗四次率領由諸部族所組建的騎兵大軍（lashkar）入侵印度進行劫掠的戰利所得高佔阿富汗政府財政收入的四分之三，其中掠自旁遮普與喀什米爾的戰利品最多[85]。至一七七三年六月，阿赫瑪德汗逝世為止，阿赫瑪德汗建立了一個版圖西至呼羅珊，東至喀什米爾與旁遮普，南抵印度洋濱，北達阿姆河的遼闊帝國，並通過了條約與聯姻政策等途徑，確保了這些地區的間接統治。

阿赫瑪德汗以印度為目標的征服，使納迪爾死後陷入混亂的波斯獲得了喘息的機會。一七五〇年，卡里姆汗（Karim Khan）出面收拾亂局，建立起桑德（Zand）王朝（一七五〇年至一七九四年），但實力有限，難以統治波斯，僅以攝政王（Vakil）自稱，旋即遭遇地方強侯阿加穆罕默德汗（Aga Mohammed Khan）的挑戰，後者於一七七六年在德黑蘭自立為王，並與伊斯法罕當局展開了近二十年的對峙，至一七九四年終於統一波斯，以德黑蘭為國都，開啟了卡賈爾（Kajar）王朝（一七九四年至一九二五年），但歷經整個十八世紀近百年的紛亂後，新王朝的國力已大為衰弱，南北許多地區的地方武將實質上都維持著自治或半自治狀態，新王朝早已鞭長莫及。

阿富汗的快速崛起，不僅啟動了波斯的王朝更替、動亂與衰退，更對印度的歷史產生了深遠的影響。

Ⅳ 伊斯蘭復興運動

支配印度次大陸的蒙兀兒帝國，國勢在十六世紀時達到高峰，十七世紀起漸趨下坡，而歐洲列強也在此時開始向印度進行殖民侵略。一六〇〇年，英國成立東印度公司，著手在印度擴張殖民勢力，但僅侷限在印度洋沿岸地區。不過，整個十七世紀，蒙兀兒帝國的衰退主因並不在外部，而是發生在內部。

作為這個納貢帝國支配制度總壓力承受者的農民，在帝國中衰而壓力增強的過程中展開武力反抗，引來當局的血腥鎮壓，而龐大官僚機構與鎮壓所需的沉重軍事支出也造成帝國財政日益惡化，於是增課賦說，結果激發了更激烈的農民反抗，形成惡性循環。十八世紀前半葉，波斯的納迪爾劫掠新德里，更使蒙兀兒帝國的威望盡失。

蒙兀兒帝國的勢力衰退，在印度次大陸激起穆斯林的危機感，伊斯蘭復興運動應運而生，其中最有影響力的是德里的夏・瓦里・烏拉赫（Shah Wali Ulah，一七〇二年至一七六二年）及其門徒。夏・瓦里・烏拉赫生於德里，父親是知名的蘇非派學者。面對蒙兀兒帝國的衰弱，占人口多數的印度教徒與錫克教徒㊱在帝國境內挑戰人口相對少數的穆斯林，以及穆斯林之間的烏拉瑪與蘇菲（sufi，神秘家）的對峙等困境。夏・瓦里・烏拉赫在三十歲左右前往麥加和麥地那巡禮遊學，受到當時在阿拉伯半島興起的瓦哈比（Wahhabi）運動影響，認為伊斯蘭的宗教改革是復興蒙兀兒帝國國勢不可或缺的前提，於是返回印度後便立即展開伊斯蘭宗教改革的宣導與教育工作，批判當時社會體制的腐化與穆斯林的道德淪喪，攻擊盲目的模仿（taqlid），呼籲改革穆斯林的社會習慣，經由伊斯蘭信仰的淨化與真切的實踐來實現伊斯蘭的復興。

相較於同時代在阿拉伯半島展開的瓦哈比派伊斯蘭復興運動那種嚴格的淨化立場，夏・瓦里・烏拉赫的立場顯然溫和許多，認為宗派與信仰的差異只是語意問題，相信通過糾正就可以矯正信仰與實踐的偏差。這種強調伊斯蘭進行再詮釋來進行改革，尋求改革而非鎮壓不同宗派（如蘇非派）的理念，使夏・瓦里・烏拉赫在印度穆斯林間獲得甚高的尊敬與影響力，因此成為印度伊斯蘭復興運動的代表人物。[87]

然而，夏・瓦里・烏拉赫的宣導事業並未能阻擋印度次大陸政局的持續惡化。在波斯納迪爾劫掠蒙兀兒帝國並屠殺兩萬名新德里住民後，德干高原西北部的馬拉提部族趁勢崛起，建立部族大同盟，以反對異教徒穆斯林統治印度教徒為名，對蒙兀兒帝國展開軍事鬥爭。一七六一年，馬拉提人與賈特人（Jat）組成的非穆斯林聯軍進攻德里，激發穆斯林的危機感；夏・瓦里・烏拉赫號召穆斯林展開保衛伊斯蘭的聖戰，而之前攻掠印度西北部的阿富汗阿赫瑪德汗也宣佈響應聖戰，派兵馳援，大敗馬拉提與賈特聯軍[88]。

這段插曲於是便成為十字軍東征之後，穆斯林世界首次的武裝伊斯蘭——聖戰。夏・瓦里・

烏拉赫號召聖戰，是因為遭到反伊斯蘭聯軍武力攻擊而自然產生的防禦回應，屬於平民穆斯林自發的護衛行動。與此相較，阿赫瑪德汗響應聖戰的出兵舉動，就並非單純的護衛伊斯蘭行動，而是政治謀略多於宗教熱情。

作為遜尼派穆斯林，阿赫瑪德汗最著名的事蹟就是將先知穆罕默德的聖袍（Kairqai Mubarak）從阿富汗東北部的巴達赫襄（Badakhshan）省攜回首都坎達哈，及在麥加建立一處華麗的清真寺與慈善站，供阿富汗人前往聖地巡禮時朝拜與休憩之用。他仍不斷派兵侵略同樣信仰伊斯蘭的蒙兀兒帝國，並且連番劫掠旁遮普與喀什米爾等地的穆斯林。這顯示出阿赫瑪德汗遵奉伊斯蘭並派兵響應聖戰的真正目的，是為了運用伊斯蘭來作為內部政治統合的工具。如果說，對外征服與掠奪戰利品是讓阿赫瑪德汗贏得各部族的支持與合作，以確保其統合的世俗基礎，那麼伊斯蘭就構成了新興阿富汗政治意識型態的支柱，藉以超越乃至打破阿富汗境內狹隘的部族主義。於是在部族、語言、宗派、地源、階級等多重斷層線割裂阿富汗的狀態下，伊斯蘭便成為唯一可能實現政治統合的黏合劑。

如此，近代武裝型聖戰在印度次大陸的誕生，從一開始便具有雙重意義，既可以是穆斯林的自衛行動，也可能變成外國政府當局用以實現內政議程的手段；而且這個模式也在其後的歷史中一再出現。

無論阿赫瑪德汗利用伊斯蘭與聖戰來實現其穩固阿富汗的統治策略是否成功，這一段阿富汗對印度數度劫掠與介入印度內戰的歷程，確實加深了整個印度次大陸的政治羸弱，也為英國殖民者的印度征服鋪平了道路。對此，卡爾馬克斯在十九世紀這樣評論到：「蒙兀兒的無限權力被自己的總督打倒，總督們的權力被馬拉提人打倒，馬拉提人的權力被阿富汗人打倒；而在大家這樣混戰的時候，不列顛人闖了進來，把所有人都征服了。」⑧⑨

在加速蒙兀兒帝國與波斯衰弱的過程中，新崛起的阿富汗也未能持續太久的榮景。一如其他創建遊牧帝國的君王一樣，阿赫瑪德汗建立了新都坎達哈，但卻未因此使這個新首都擁有獨立的經濟基礎。新帝國已建立，但既有的社會結構卻原封不動，建立在此一基礎上，遊牧帝國典型的貢賦制度被建立起來，在阿富汗西部更是如此。由於實施間接統治，及社會結構被全然保留下來，使得阿赫瑪德汗帝國的性格，與其說是一個中央集權王國，還不如說是普希圖與非普希圖人諸部族共同組成的部族聯合體——汗國（Khanate）。這正是獨立的阿富汗之所以能夠快速崛起並建立起帝國的主因，但也是因為這個原因，使得這個新獨立的帝國內涵著結構性的衰弱因素：每當英主型領袖死亡，即易陷入權力繼承危機，並因權力爭奪而引發諸部族的大分裂與血鬥，使得整個政權迅速走向衰弱的連鎖危機。

如此，至十八世紀末，鄂圖曼土耳其、波斯薩法維與印度蒙兀兒三大伊斯蘭帝國，其統治區域內部已經全面遭受系統性危機，並面對著來自歐洲國家體系列強日趨嚴酷的外部壓力。內憂與外患雙重因素，在十八世紀末激發了鄂圖曼土耳其帝國境內穆斯林的伊斯蘭思想復興運動，以及非穆斯林的文化自覺運動⑨⓪。

此時伊斯蘭三大帝國所面臨的同步危機，對「伊斯蘭之家」的穆斯林提出了反省與改造的課題。整個十八世紀，全球穆斯林的反省與追詰，儘管因各區域的背景差異而有不同的特色，卻有著共同的復興與改革模式，即認為穆斯林社會出了差錯，病根在於穆斯林背棄了伊斯蘭的正道，悖離正道的原因是因為對伊斯蘭的認識、理解與信仰有偏差，因而伊斯蘭必須重生與再建構；當穆斯林對伊斯蘭有正確的見解，有正信方能有正踐，有正踐方能有真正的伊斯蘭復興，才能克服危機。

藥方來自診斷，穆斯林必須回歸「伊斯蘭」，即正確地理解伊斯蘭，必須要排除那些導致扭曲認識與理解的成份。由於伊斯蘭來自於阿拉的啟示與先知穆罕默德的傳信，因而扭曲或「雜質」必先來自於先知逝世後的歷史過程。如此，此一伊斯蘭復興的思潮認為，在整部歷史進過程中，穆斯林遭到僵化教條的盲目遮蔽與異質（非伊斯蘭）成份所污染，於是將任務界定為排除異質與盲從，而蘇非派是他們排擊的首要對象。因為這個宗派最明顯反映出伊斯蘭復興主義者認為的具有腐蝕性效果的混合主義（syncretism），儘管正是這種混合主義使得蘇非派能夠成為十一世紀以來向全球傳播伊斯蘭的最大功臣。此外，伊斯蘭復興運動者還認為，阿巴斯王朝以來烏拉瑪集團禁止個人詮釋之舉，正是導致盲從而有損伊斯蘭的原因⑨①。

於是掃除穆斯林社會內部的盲從教條與異質，而非排擊或適應西歐國家體系列強的外部壓力，成為十八世紀伊斯蘭復興主義的共同特徵，並以起自阿拉伯半島的瓦哈比運動為代表。

瓦哈比（Muhammad ibn'Abd al-Wahhab，一七〇三年至一七九二年），出身於內志烏雅那鎮（al-'Uyainah）的伊斯蘭家庭，先在麥地那接受伊斯蘭教育，其後遊歷巴斯拉（Basra）、巴格達、庫德斯坦（Kurdistan）、哈瑪汗（Hamadhan）、薩法維王朝帝都伊斯法罕，以及什葉派重鎮庫姆（Qumm），鑽研亞里斯多德逍遙學派（Peripateticism）哲學與神秘主義，一度以蘇非派為人所知，但不久後即轉向遜尼派四大法學派中最嚴格的漢巴爾學派，以泰米亞（Ibn Taymiya）的思想繼承人自居，歸鄉後著述《唯一神論》（Kitab al-Tawhid, Unitarianism），要求回歸早期伊斯蘭，認為哲學思想與神秘主義是對伊斯蘭的歪曲與逸脫，強調神的單一性與神的預定，否定一切認為可能與多神教相接相容的思想，因而在故鄉遭到迫害，於一七四四年夏逃往內志迪利亞鎮（al-Diriyah）；該地統治者紹德（Muhammad ibn Saud）接受其信仰主張，雙方訂定盟約，發動聖戰，在宗教熱情與軍事力量的結合下，瓦哈比運動迅速展開，立場與早期的分離派類似，視抵抗的穆斯林為非信者，排擠蘇非派所尊重的聖像，聖墓與聖樹，漸次統合內志，收服麥加與麥地那，積極展開偶像破壞行動，並於一八〇二年急襲什葉派聖地卡爾巴拉，搗毀當地的胡賽因聖廟，震撼當地穆斯林，之後鄂圖曼土耳其帝國調派埃及總督阿里率領軍前往討伐，擊潰瓦哈比王國（一八一八年），運動暫止㊾。

瓦哈比運動為面對伊斯蘭危機卻苦無出路的全球穆斯林指引了一條道路。明確的方向感，信仰上的堅定立場，以及實踐上的力量，構成瓦哈比運動的魅力所在。在參加過麥加巡禮的穆斯林返國傳播之下，瓦哈比運動在全球穆斯林引起廣泛影響，促發伊斯蘭改革運動如奔流般蓬勃發展，在印度推行伊斯蘭復興運動的夏・瓦里・烏拉赫即為顯例。

但這個運動之強，也正是其弱之所在。瓦哈比運動的本質是伊斯蘭復古主義，旨在排除伊斯蘭的「內敵」而非抵禦非伊斯蘭的外敵，主要的目的是在針對伊斯蘭世界內部衰退的危機，而非因應西歐國家體系的衝擊，為此，瓦哈比運動訴諸伊斯蘭的淨化，主張理想型的伊斯蘭社會是早期的伊斯蘭共同體，即先知穆罕默德在麥地那時期所建立的伊斯蘭共同體，並認為此一「回歸伊斯蘭」的課題，既是個人事務，也是社群的公共事務。此一論理提供了一套宗教／政治意識形態，將宗教淨化運動與政治擴張運動結合，促成了紹德家族的政治勢力在阿拉伯半島崛起，以及瓦哈比派的伊斯蘭信仰在半島的傳播。

只是，瓦哈比運動並未促成穆斯林的團結，反而其政治上的部族屬性與宗教上的嚴厲立場，深化了鄂圖曼土耳其帝國本身與穆斯林之間的分裂。埃及總督阿里的登場，打開了帝國內部軍閥割據的風潮，瓦哈比派在卡爾巴拉搗毀胡賽因聖廟的舉動，激化了什葉派的反彈，致使什葉派穆斯林迄今仍對瓦哈比運動及此一系的穆斯林抱持著極為負面的印象。儘管瓦哈比運動在理念上追求伊斯蘭思想純化與促進穆斯林團結的目標，但其結果卻是宗派間更深的憎惡與穆斯林的分裂。

被稱為前現代伊斯蘭復興主義的代表，瓦哈比運動揭露了信仰與實踐間的協調與優先順序的差異。瓦哈比運動以正信作為第一優先，信仰指導實踐，要求信仰與實踐間的一致性，而嚴格的信仰立場造就了極不寬容的實踐，導致穆斯林間更深刻的分裂，更不利於因應伊斯蘭世界內部衰退與歐洲國家體系外部壓迫的雙重危機。

更重要的是，在歐洲國家體系與伊斯蘭世界體系的互動過程中，讓歐洲國家體系本身有了質的變化，而挾帶著工業革命的優勢與民族國家的新論理，使歐洲列強對伊斯蘭世界的壓力出現了質的差異。在「歐洲的文明」此一論理的基礎上，一個以「民族」（nation，國民或國民全體）切割全球所有人類的新原理將橫掃十九世紀的世界，一個以歐洲列強主導的工業革命型世界資本主義體系，將徹底瓦解伊斯蘭世界的社會經濟結構，這對伊斯蘭的論理與穆斯林的生活基礎帶來了雙重的毀滅性危機。瓦哈比運動為首的伊斯蘭復古主義，顯然不僅在實踐上無法有效因應十九世紀的新環境，且在理論上也未對此做出處理。

無論伊斯蘭復古主義的主觀認識為何，其客觀現實是穆斯林社會必須在實踐上因應歐洲國家體系更嚴酷的衝擊。主觀認識和客觀現實間的落差不斷擴大，最終迫使主觀認識作出調整以追趕客觀現實，漸次，實踐的迫切課題反過來追詰著信仰，要求對信仰進行有彈性的再詮釋，藉以適應新環境的挑戰。於是，伊斯蘭改革運動應運而生，並預告了其後被稱為伊斯蘭現代主義（Islamic Modernism）的思潮與運動將在歐洲列強帝國主義高峰的十九世紀崛起的必然，但他們遭遇課題的困難度，無論從任何一個角度來看，在伊斯蘭史上都屬空前。

註譯

①主權國家數目在歷史過程中的變化便足以説明此趨勢。在一八七〇年，全球共有十五個主權國家，一九三〇年增加為三十五個，一九四五年增為五十四個，一九六〇年增為一〇七個，一九八〇年為一百六十五個，一九九五年增加至一百九十個；二〇一一年根據「聯合國會員國」之會員數統計資料顯示為一百九十三個會員國（意即有一百九十三個主權國家，二〇一一年「南蘇丹」宣告獨立，並加入聯合國）。參見：1945-60, from Michael Wallace and J. David Singer, "Intergovernmental Organization in the Global System, 1815-1964: A Quantitative Description", International Organization, Vol.24 (Spring 1970), p.22; 1965-195, from United Nations' estimates.；有關國家體系的世界性擴張過程，參閱：Hedley Bull and Adam Watson, eds., The Expansion of International Society, (Oxford; Clarendon Press, 1984)，「聯合國會員國」之會員數統計資料請參閱：http://www.un.org/zh/members/growth.shtml

②另有部份日本學者主張應將「日本型華夷秩序」視為另一獨特體系。參見初瀨龍平：「国際政治思想：日本の視座」，收錄於有賀貞、宇野重昭、木戶蓊、山本吉宣與渡邊昭夫合編，國際政治の理論，（東京：東京大學出版社，一九八九年），頁一三二至一四六。

③William Walker著，謝受靈譯，《基督教會史》，（香港，基督教輔僑出版社，一九五九年），頁二四四至二四六。

④C. Delmass著，吳錫德譯，《歐洲文明》，（台北，遠流出版，一九八九年，已絕版），頁十。

⑤John Agnew, Geopolitics: revisioning world politics (London and New York: Routledge, 1998), p.89.

⑥TO圖的T指土地（terra），O指大洋（Okeanos），即前述亞非歐三洲與一洋一河的地理像，再加上舊約創世紀所敘述的歷史／時間觀而形成整體構圖。

⑦岡崎勝世，「聖書vs.世界史」，（東京：講談社，一九九六年），頁七八至八四。

⑧十字軍東征共七次，第一次（一〇九六年至一〇九九年）攻陷耶路撒冷，屠城（屠殺穆斯林與猶太教徒）。第二次（一一四七年至一一四九年）與第三次（一一八九年至一一九二年）失敗。第四次（一二〇二年至一二〇四年）攻陷君士坦丁堡，第五次（一二二八年至一二二九年）曾短暫控至耶路撒冷，第六次（一二四八年至一二五四年）與第七次（一二七〇年）皆失敗。十字軍東征的特色是這些以基督為名的軍團將以宗教信仰的光環合理化暴虐屠殺的行為。

十字軍東征加速了教皇權的衰退、王權的伸展及商業城市的發達。

⑨島田正郎，「アジア史」，（東京：啟文社，一九八三年），頁二三二。

⑩威尼斯為首的義大利諸港市的崛起過程，可參見一套饒富趣味的史述：鹽野七生著，彭士晃譯，《海都物語》，（台北：三民書局，二〇〇一年）。

⑪十二世紀起，義大利諸港市漸漸扮演著歐洲商業革命與國際貿易中心的新角色。至十四世紀末，義大利商人的足跡已遍佈英格蘭、俄羅斯南部、北非、波斯、伊拉克、印度與東亞；其對東方貿易最大的據點是君士坦丁堡，主要的交易商品是東亞的絹與陶瓷器，印度半島的香料、棉布與寶石，中歐的皮毛，西歐的金銀飾品、毛織物與酒，以及義大利半島本身的絹織物與玻璃。

⑫松田壽男，「アジアの歴史」，（東京：岩波書店，一九九二年），頁一九二至一九八。

⑬岡田英弘，「世界史の誕生」，（東京：筑摩書店，一九九二年）。

⑭Andre Gunder Frank and Barry K. Gills, “the 5,000-year World System: An interdisciplinary introduction” , Andre Gunder Frank and Barry K. Gills, eds., The World System: Five hundred year of five thousand? (London and New York: Routledge, 1996), p.23

⑮恩格斯，「德國農民戰爭」，馬克斯恩格斯全集第七卷（北京：人民出版社，一九七二年）頁四〇一。

⑯在歐洲權力崛起的法蘭西與西班牙皆想控制與利用教皇制。兩國都允許在其領土內出受贖罪券（Indulgence, 作者原文為「免罪符」一詞，台灣讀者較熟知的仍為「贖罪券」，故修改之。）以獲鉅金。十六世紀兩國在義大利半島的鬥爭，大部份的起因即是對於教皇廳的控制。但奧地利的哈布斯堡王朝（Habsburgs）也積極謀求掌控教皇廳，藉以維持其在各小公國所構成的神聖羅馬帝國之霸權。如此局勢下，歐洲對羅馬教皇制度興起反抗的，並非只有西法奧等大國，而是比較弱小的國家如德意志的小公國、斯堪地那維亞各國，以及蘇格蘭。英格蘭則介於大國與弱小國之間。但若將羅馬教皇組織當作一個宗教偽裝的殖民帝國來看，則英國也是被教會榨取的殖民地。因此歷代英王與貴族諸侯皆對教皇的壟斷權非常反感，而有所謂的教權與政權之爭。

德意志的宗教改革不能成功，主因是德意志過於弱小卻與歐洲列強比鄰，因此被各國出兵干涉鎮壓。英國能夠宗教改革成功，則是因為孤懸海上，地理上有利。宗教改革成功的英國遂確立了君主專政體制，如此，宗教改革一方面有擺脫教皇支配，摧毀中世紀封建制度的功能；另一方面，從國際上航海權的爭奪戰爭來看，這也是英國在海上想要擺脫西班牙支配的一個鬥爭。因為西王菲力普一直充當羅馬舊教的爪牙，支配世界的波濤，直到英國興起發展海上事業，進而取代其海上霸權為止。參見：許介鱗，《英國史綱》，（台北：三民書局，二〇〇八年改），頁七八至八一，八八。

⑰Agnew, op cit, p.21.

⑱M. K. Lybavsky, Obzor istorii russkoy kolonizatiss s drevneyshikh vremeni do xx veka (Moscow: Moscow Universty Press, 1996), pp.433-438.

⑲Paul Kennedy著，彭士晃譯，《霸權興衰史：1500 至 2000 年的經濟變遷與軍事衝突》，（台北：五南，二〇〇九年改版）；G. Modelski, Long Cycles of World Politics (London: Macmillan,1987)

⑳ 広松涉，近代世界を剝ぐ，（東京：岩波書店，一九九三年），頁五五至五八。

㉑W. Manchester, A World Lit Only by Fire; The Medieval Mind and the Renaissance, Portrait of an Age (Boston: Little & Brown, 1992), p.289.

㉒Agnew, op cit, p.17.

㉓織田武雄，地図の歴史，（東京：講談社，一九七四年），頁一五九至一六一。

㉔Gearoid O. Tuathail, Critical Geopolitics: The Politics of Writing Space (Minneapolis: University of Minnesota Press, 1996), pp.16

㉕詳見Adam Watson, The Evolution of International Society (London and New York: Routledge, 1992) Chap. 14, "The Renaissance in Italy."

㉖Thomas Naff, "The Ottoman Empire and The European States Systems", in Hedley Bull and Adam Watson eds., The Expansion of International Society (Oxford: Clarendon Press, 1985), p.146.

㉗Capitulation一詞源於capitala一字，原義為條約之各章。

㉘法蘭西與歐洲列強視此為同盟協定（treaty of alliance），但蘇里曼一世僅視此為素檀單方面給予的約定（ahdname），一如鄂圖曼土耳其帝國單方面給於法蘭一治外法權一樣，站在伊斯蘭法的角度，穆斯林與異教徒締結正式的軍事同盟並不被允許，因而蘇里曼一世僅將此一約定視為對抗哈布斯堡的暫時性政策，他本人也並位在此約定上簽字。首次給予法蘭西治外法權的是謝里姆二世（Selim 二），時為一五六九年。參見：Naff, op cit, pp.147-148

㉙同樣特權，鄂圖曼土耳其帝國在一五七九年給英國，一六一三年給荷蘭，以後還給歐洲其他國家，直至二十世紀初。此約為非雙邊性的不平等條約，在十九世紀下半葉土耳其民族主義興起後，治外法權條約所具有的殖民地主義性格成為被批判的對象。但締結此類條約之際，由於世界觀與管理制度的差異，導致鄂圖曼土耳其帝國並未察覺其中的不平等關係。

㉚詳見：S.A. Fisher-Galati, Ottoman Imperialism and German Protestant, 1521-1555(Cambridge, Mass: Harvard University, 1959)

㉛Brian M. Downing, The Military Revolution and Political Change: Origins of Democracy and Autocracy in Early Modern Europe (Princeton, NJ. :Princeton University Press, 1992).

㉜Robert Gilpin, War and Change in World Politics (New York: Cambridge Press, 1981).

㉝Frederick L. Schuman, International Politics: The Western State System and the World community （New York: McGraw-Hill, 1958）,p.66

㉞國際法原理的體系性基礎由荷蘭學者格勞秀斯（Hugo Grotius）所創立，他在三十年戰爭方酣的一六二五年出版「戰爭與和平法」（De Jure Belli et Pacis），奠定了近代國際法的基礎。

㉟薩孟武，《政治學》，（台北：三民書局，二〇〇六年改版），頁六。

㊱薩孟武，前揭書，頁七。

㊲Cornelius Tactius著，王以鑄、崔妙因譯，《編年史》，（台北：台灣商務印書館，一九九八年）。

㊳Joseph A. Camilleri & Jim Falk, End of Sovereignty?: The Politics of a Shrinking and Fragmenting World (New York: Vermont:1992), p.12

㊴Garrett Mattingly，Renaissance Diplomacy， London: Jonathan Cape, 1955; R.Strayer and D.c, Munro, The Middle Age (NY: Appleton-Century-Crofts, 1959).

㊵Perry Anderson, Lineages of the Absolutist State (London: New Left Books, 1974),pp.37-38

㊶John Gereard Ruggie, “Community and Transformation in the World Polity: Toward a Neo-Realist Synthesis: World Politics, 35,(2), Jan. 1983, P.275.

㊷義大利地區在羅馬帝國滅王後便分作許多小邦，各邦制度均不相同，因而舊有的各種概念無以總稱義大利半島的各種政治共同體。而和civitas相近的citta（城市）概念，又不能表是威尼斯、佛羅倫斯、熱那亞、比薩等各個政治共同體的性質，遂發明lo stato一語以總稱一切政治共同體，馬基維利在《君王論》中所稱「一切國家都是共和國或君主國」（” Tutti gli slati……sono o republiche principaty”）顯示，在十六世紀初，stato一語在義大利半島已很流行，後來又傳入英、法、德等地，在法蘭西，布丹於其《國家論》中是用republique表示國家，但同時又以estat以表示特定的國家型態，如estat aristocratique（貴族國）、estat populaire（共和國）等。其後羅稜（Charles Loyeau，一五六六年至一六二七年）在領土主權論（Traite des Seigneuries, 1608）之中和馬基維利使用的stato一樣，用estat以表示一切政治共同體。在英格蘭，莎士比亞（William Shakespeare，一五六四年到一六一六年）於《哈姆雷特》劇中已有” Something is rotten in the state of Denmark” 之語，即英格蘭最遲已於十六世紀末開始使用state的概念來指稱政治共同體。在德意志地區則是在十七世紀初用” staus reipublicae” 表示國家的一切型態，而對於特定的國家型態則用Staat，如Hofstaat（宮廷國家）、kriegsstaat（軍隊國家）、Kammerstaat（皇室國家）等，直到十八世紀初，staat一語才漸次普及使用，並於十八世紀末確定用來指稱國家。參見：薩孟武，前揭書，頁七至八。

㊸為了精煉支配的手段，馬基維利遂提出其著名的「獅子、狐狸、劍」的命題，並確信唯有暴力才是有效的支配手段。參見Niccolò Machiavelli著，閻克文譯，《君主論》，（台北：台灣商務印書館，一九九八年）。

㊹Camilleri & Falk, op cit, p19.

㊺John Gerard Ruggie, op cit, pp.275-6

㊻⑮ Andrew Vincent, Theories of the Stat. (Oxford: Basil Blackwell, 1987). P62

㊼Vincent, op cit, p.64.

㊽Peter J. Taylor, Political Geography: World-Economy, Nation-Stae and Locallity (New York: John Wiley & Sons,m 1989), pp.140-141

㊾Immanuel Wallerstein, The Politics of The World-Economy (Cambridge: Cambridge University Press, 1984) p.175.

㊿James Mayall, Nationalism and International Society, (Cambridge: Cambridge University Press, 1990) pp.19-20.

51在國際關係的研究上，經常會出現將主權國家體系概念套用到其它不同時空的經驗之上，如將古代東亞大陸戰國時代的競爭視為一個多元的國家體系（multi-state system）。但是非洲與大洋洲部族共同體之間的互動與衝突，中華帝國早期春秋戰國時代各自不同政治單位的互動，及其中晚期皇帝與地主間的關係……都不能夠說是一個主權國家體系。經常陷入領土、貿易與個人敵意之戰爭的希臘各諸邦，其內部的運行邏輯也非主權國家體系邏輯。古波斯、埃及、羅馬等帝國的霸權原理，也與主權國家體系形式上平等的原理不符。中世紀日耳曼諸邦的政治共同體運行邏輯也非主權國家體系邏輯。西歐主權國家體系是一種特殊時空下的產物。

52A James, “Sovereignty: ground rule or gibberish?” Review of International studies, Oct. 1984, p.2.

53Camilleri & Falk, op cit, p.14.

54有關西歐國家體系漸次膨脹為全球規模之國家體系的歷史過程，參見：Adam Watson,” European International Society and its Expansion”, in Hedley Bull and Adam Watson, eds., The Expansion of International Society (Oxford: Clarendon Press, 1984), pp.13-32.; Martin van Creveld, The Rise and Decline of the State, (Cambridge, Cambridge University Press, 1999), pp.263-314

55Jonathan Fletcher, Violence and Civilization: An Introduction to The Work of Norbert Elias (Cambridge: Polity Press, 1997), p.7

56Fernand Baraudel, On History, 劉北成譯，《論歷史》，（台北：五南，一九九八年，已絕版）。

57Baraudel,前揭書，頁二九

58Kevin Wilson and Jan van der Dussen, The History of the Idea of Europe (New York and London: Routledge, 1995), p.63

(59)Fletcher, op cit, pp.7-9.

(60)Gerrit W. Gong, "China' s Enty Into International Society", in Hedley Bull and Adam Watson, eds., The Expansion of International Society (Oxford: Clarendon Press, 1984), p.172.

(61)基督教「普遍史」被「世界史」（world history）所取代的詳細歷程，參閱岡崎勝世，前揭書，第四章。

(62)這個圖式由德意志史家蘭客所完全確立，黑格爾並據此申論其「歷史哲學」。

(63)「中世」在國內經常被翻譯為中古世紀，此一譯法並不精確。「中世」的概念原意為「中間的時代」（midium aevum）。這個概念，正如法蘭西史學家布洛克（Marc Bloch）所指出「其來源便來自於中世本身」，即十三世紀以來，基督徒對現實的挫折，促使他們認為基督誕生的古代已經結束，而彌賽亞及救贖的新神國尚未到來，因而人們正處於「中間的時代」，即界於「基督之後與彌賽亞到來」之間的時代。十七世紀末，德意志史家凱勒（Christophe Keller）將「中世」重新定義為「蠻族入侵以迄文藝復興」的時代，開始賦雨「中世」落後與黑暗的性格。這種論束在吉佐（F.P.G.Guizot, 1788-1874）與米修列（Jules Michelet, 1798-1874）時代完全確立，在十九世紀初成為西歐的主流論述。迄今仍影響著台灣的歷史教育。Marc Bloch的原文出自Metier d' Historien (1952), p.91，此處轉引自：飯塚浩二，東洋史と西洋史とのあいだ（東京：岩波書店，一九九一年），頁六至七。

(64)Wilson and Dussen, ibid, p.64

(65)到了十九世紀，將非歐洲，尤其是亞洲地區視為仍處於「中世」的見解，進一步被理論化為「停滯的亞洲」，此觀點並深刻影響歐美知識人，包含提出「亞細亞生產方式」的卡爾馬克斯也都不能避免此陷阱。

(66)Agnew, op cit, p.33

(67)在十五、六世紀時，東亞諸國已與西歐諸國展開互動，但彼此間並不存在著承認政治的制度問題。東亞政治社群與歐洲政治社群的第一個國際條約——尼布楚條約在一六八九年簽字之際，簽約主體的清帝國並非主權國家，而是華夷秩序與朝貢貿易體系中的霸權與規則的維護者；簽約的另一方俄羅斯，儘管已經開始歐化，但也尚未加入歐洲主權國家體系。這兩個體質完全不同的政治實體在簽字時，並未涉及主權國家體系中那種「承認政治」。甚至到一七二七年，清俄簽署「恰克圖條約」時，俄羅斯已成為歐洲主權國家體系的一員，亦未與清帝國之間有「承認政治」的問題。當時俄羅斯的外交官，如巴可夫（Baykov）、米列斯古（Milescu）、果羅文（Golovin）、藍車（Lange）、弗拉基史拉維奇（Vladislavich）等人，儘管強烈意識到雙方的歧異，但認為只是文化與習慣的差異，而非發展程度上的優劣之別。

然而一個世紀過後，以英國馬嘎爾尼為首的歐人陸續向清國叩關時，整個局勢已完全改觀。由於西歐在十八世紀下半葉展開了一場重新定義多元分歧之世界的知識大革命，西歐人開始根據自己的文化、政治、經濟與軍事等標準，要求清帝國及其他東亞各國的國際行為模式應該符合「文明規範」，即歐洲國家體系的國際法規範。「文明規範」蘊涵著線性發展與進化史觀的思維，代表著西歐列強認為西歐站在人類文化發展的最前列，並用西歐的標準界定非西歐世界的體質，合乎西歐標準的便予以承認為有資格作為平等對手的主權國家（如明治維新後的日本），缺乏此一標準的則拒絕承認為平等的對手（如清帝國、東亞諸國，以及明治維新前的日本）「文明」規範成為進行差別待遇與殖民支配的一種策略。

(68)前嶋信次編，西アラビア史（東京：山川出版社，一九七八年），頁一四五至三五九。

(69)E. Jones, The European Miracle, (Cambridge: Cambridge University Press,1981)

(70)C. Wickham, "The Uniqueness of the East" . Journal of Peasant Studies, Vol.12, no.2, 1985, p.181.

(71)Perry Anderson, Lineages of the Absolute State (London: New Left Books, 1974).p.500

(72)Dietmar Rothermund. An Economic History of India: From Pre-colornial Times to 1991 (London and New York: Routledge, 1993), p.1

(73)岩村忍，勝藤猛，近藤治合著，インドと中近東，（東京，河出書房新社，一九九七年），頁一一九至一三六。

(74)今日伊朗以什葉派伊斯蘭為主流即是因此一政策所致。

(75)R.M.Savory, "Safavid Persia," in P.M.Holt, Ann K.S.Lambton, and Bernard Lewis eds., The Cambridge History of Islam Vol.1, (Cambridge‥ Cambridge University Press 1970), pp.399-400; and B.Spuler, "Central Asia from Sixteenth Century to the Russian Conquests," in Holt Lamtbon and Lewis eds., ibid pp.468-494.

(76)Vartan Gregorian, The Emergence of Maodern Afghanistan: Politics of Reform and Modernization, 1880-1946 (Stanford, Calif: Stanford University Press, 1969), pp.19-24

(77)當代阿富汗哈札拉部族的遠祖是蒙古軍團的後裔，自十三世紀蒙古帝國征服阿富汗以來，即定居在阿富汗北中部山區高地。十七世紀初，薩法維皇帝阿巴斯一世派兵征服，強迫其改宗什葉派。參見：M.Hasan Kalar, The Pacification of the Hazaras of Afghanistan, Occasional Paper No.4. New York Afghanistan Council of the Asia Society, 1973, p.2

(78)Gregorian, op cit, p.43, 421.

(79)M. Nazif Shanrani, "State Building and Social Fragmentation in Afghanistan," in Ali Banuazizi and Myron Weiner eds., The State, Religion, and Ethinic Politics: Afghanistan, Iran and Pakistan (New York: Syracuse University Press), 1986, pp.28.

(80)Shanrani, op cit, p28.

(81)在帝國間接支配的重要影響之一是波帕爾賽（Popalzai）氏部族在阿布達利系部普希圖諸部族間的崛起。霍塔克（Hotaki）與赫托（Tokhi）兩個氏族在吉爾賽系普希圖諸部落間獲得支配地位，以及阿布達利系與吉爾賽系內部更細緻的部落間階級排序與分化。參見：Shanrani, op cit, p28-29

(82)Barnett R. Rubin, The Search of Peacd in Afgahanistan: From Buffer State to Failed State (Yale University Press, 1995), p.45.

(83)吳俊才，《印度史》（台北，三民書局，一九八一年），頁一六九。

(84)Jirga（部族會議）是阿富汗諸部族的自治機關，由部族內所有成年男子參加，在會議上享有平等的權利進行討論，再以多數決得方式達成決議。決議一經作成，部族所有成員都必須遵守。一九六四年阿富汗憲法即以Jirga一詞來稱呼國會。

(85)Rubin, op cit, p.46.

(86)Sikhs，為十五世紀時由第一代祖師拿那克（Nanak）創始。以印度教虔信派與蘇非派為共同基礎所產生之宗教，「錫克」在梵文的原意是「門徒」，因該教教徒自稱祖師的門徒。強調人人平等，男人之間互為兄弟，女人之間互為姐妹。奉行嚴格的一神論，及禮拜幾代祖師。全世界大約有兩千三百萬的信徒，多數集中在印度與巴基斯坦。

⑧⑦Caesar E. Farah, Islam (Hauppauge, NY: Barron’ s 1994), pp.237-238

⑧⑧Ahmad Asghar Bilgrami, Afghanistan and British India 1793-1907: A Study in Foreign Relations (New Delhi: Sterling Publishers, 1972), pp.4-10.

⑧⑨馬克斯，「不列顛在印度統治的未來結果」，馬克斯恩格斯選集，第二卷（北京：人民出版社，一九七二年），頁六九。馬拉提的勢力在一七六一年的戰爭中遭到嚴重的挫敗，自此一蹶不振，內部又陷入部族紛爭，在一八〇三年至一八〇五年的英國．馬拉提戰爭（稱為「大馬拉提戰爭」）中被東印度公司所征服。參見：Karl Marx, Notes on Indian History 664-1858 (Moscow: Foreign Language Publishing House, 1947,) pp.108-122.

⑨⓪關於非穆斯林的文化自覺運動，參見：P.F. Sugar and I.J.Lederer eds., Nationalism in Eastern Europea（Seattle: Uniersity of Washington Press, 1969）.

⑨①John L Esposito, op cit, pp.32-34

⑨②瓦哈比主義與紹德家的發展歷程，詳見George Rentz著，「沙烏地阿拉伯的歷史」，收錄於Bernard Lewis著，蔡百銓譯，《阿拉伯人的歷史》（台北：聯經，一九八六年，目前已絕版），頁二七〇至二三六，Farah, op cit, pp.224-227

第五章

原理的轉換

十八世紀末葉，當三大伊斯蘭帝國走向結構性的衰退與崩解的同時，歐洲國家體系也開始出現體質上的變化。英國帶動的工業革命、法國大革命，以及拿破崙戰爭等事件，造成了民族主義風潮，也成為世界史的轉振點。但同期間的印度卻淪為大英帝國的殖民地，鄂圖曼土耳其帝國成為歐洲列強眼中的「東方問題」。當民族主義運動在鄂圖曼土耳其帝國境內引起波瀾，非穆斯林宗教共同體紛紛發起民族獨立運動；世界政治原理的大轉換，促使穆斯林世界在這個時期展開了史無前例的革命與思想動盪。

在鄂圖曼土耳其、波斯薩法維、印度蒙兀兒三大伊斯蘭帝國走向結構性衰退與分解的十八世紀下半葉，歐洲國家體系也出現劇烈的變化：英國帶動的工業革命、法國大革命，以及拿破崙戰爭所帶動的「民族主義」風潮，激發英俄在歐亞大陸的地緣政治角力——「大競賽」，以及維也納體制後推展「文明的政治」，使得十八世紀晚期到十九世紀初期成為世界史的轉捩點。而發生在這段期間內的諸多事件與因素的連結，則在十九世紀初導引出歐洲國家體系與世界其他地區力量的根本性變化，造成印度淪為大英帝國直接支配的殖民地，波斯與阿富汗成為近代史上最先成立的「緩衝國」，鄂圖曼土耳其帝國淪為「歐洲病夫」而成為列強眼中的「東方問題」。世界政治原理的大轉換——民族分割世界的政治觀與歐洲國家體系中的「東方問題」相互作用，通過第一次世界大戰，導致歐洲列強在中東穆斯林世界製造主權國家群，促使穆斯林世界在這個時期展開了史無前例的革命與思想動盪。

I 印度：帝國的心臟

建立在權力平衡原理的歐洲國家體系，在終結三十年宗教戰爭的西發里亞條約中，採用允許德意志新教諸侯領土擴張、舊教諸侯領土縮小來維持兩派均衡的原則。十八世紀初，西班牙王位繼承戰爭（一七〇一年至一七一三年）爆發，英國以「維持歐洲權力平衡」的名義開戰，並在戰後優特雷希特（Utrecht）條約（一七一三年）中公開採行「歐洲平衡」概念，以分割西班牙帝國為代價，實現法國與其他歐洲列強的權力平衡。實質上是承認大國可以為了確保權力平衡而對小國進行共同分割的正當性①。這為歐洲列強在歐洲內部進行小國分割（如俄、奧、普三國於一七七二年、一七九三年與一七九五年三次瓜分波蘭）與歐洲之外進行殖民分割（如第一次世界大戰後鄂圖曼土耳其帝國解體）鋪平了道路，並如實反映出歐洲國家體系的運作日漸具有主要列強聯合分割以支配其他小國的特性。

歐洲國家體系的運作邏輯不僅驅使著主要列強分割弱國，同時也驅使著歐洲國家體系向外膨脹，導致海外殖民地與商業霸權的爭奪頻仍，並因此帶動歐洲列強間的權力消長。十六至十七世紀，英國與法國逐漸壓制西班牙、葡萄牙、荷蘭與哈布斯堡王朝的權力，並在十八世紀上半葉成為歐洲國家體系的主要強權。而這個體系的東方，通過長達二十餘年的「大北方戰爭」（一七〇〇年至一七二一年），俄羅斯於一七二一年加入歐洲國家體系，並在十八世紀下半葉漸次成為歐洲主要強權。

一七五六年至一七六三年的「七年戰爭」，法國戰敗，喪失在加拿大與印度半島的殖民地，戰勝的大英帝國則成為歐洲最大的殖民帝國。為了報復，法國在一七七六年的北美十三州獨立革命中斥資支持美國，使大英帝國喪失在北美洲最重要的殖民地，帝國歷史至此邁入所謂的「第二大英帝國」時代（以別於擁有北美殖民地的「第一大英帝國」時代），將帝國海外殖民支配的重心轉至印度半島。

印度是歐洲對東方貿易的重鎮，印度洋的貿易網路從七世紀至十六世紀，長時間由穆斯林所控制。地理大發現時代，葡萄牙人達伽馬在一四九八年繞過南非頂端的好望角東行，並於同年五月首度抵達加爾各答，十二年後即在果阿（Goa）建立據點，作為拓展對東方（東南亞）貿易中心的中繼基地，其後，荷蘭加入這場競賽，在國王的保護與特許下，於一六〇二年設立東印度公司，積極東進，且順次在印度半島沿岸地帶驅逐葡萄牙勢力。約略於此同時，英國也成立英皇特許的東印度公司（一六〇〇年），著手推展東方貿易。一六一二年在印度半島的蘇拉特（Surat）設置第一座商館，且順次在馬德拉斯（Madras，一六二九年）、孟買（一六六一年），與加爾各達（一六八六年）建立殖民據點，將印度東北、東南與西南的重要港市皆納入控制，並在十七世紀前驅逐了荷蘭在印度的勢力，對手僅有一六六四年成立東印度公司並積極展開東方拓殖的法國。七年戰爭爆發後的一七五六年至一七五七年，英國冒險家克萊武（Robert Clive，一七二五年至一七七四年）帶領孟加拉僱傭兵在普萊西（Plassey）之戰中對法國東印度公司軍隊贏得了決定性勝利，徹底確立英國在孟加拉的優勢並排擠法國在印度的影響力，再由英國政府通過終結七年戰爭的巴黎和約，徹底在印度驅逐法國勢力，以少數英軍為首，徵聘大量當地的印度教傭兵，組成維持該公司在孟加拉支配與印度半島擴張所需的軍隊，使該公司從英皇特許的壟斷貿易公司轉型為遂行殖民統治的政治機構，並據此在兩年後（一七五六年八月十二日）迫使蒙兀兒皇帝承認該公司在孟加拉、比哈爾（Bihar）等廣泛地帶的徵稅權，打開了直接殖民印度的道路，之後分別從西南的孟買、東南的馬德拉斯與東北的孟加拉三路分進，向正陷入內憂外患的蒙兀兒帝國內奧推進②。

在印度的殖民擴張使英國繼續維持著歐洲最大殖民帝國的地位，並且憑藉著在殖民地暴力收奪而得的原始積累，最早展開工業革命③，作為其推動工業資本主義發展模式的基礎④。

工業革命的要點是機械與蒸氣力（蒸氣能源）的登場⑤，第一階段是紡織工業的紡織機出現（一七六四年），第二階段是蒸氣機的發明（一七八四年），並因此為第三階段的生產機械化（一七八九年）設定了條件。於是，人類的經濟生活首度進入機械化時代，工廠制生產方式被開發出來，工業資本主義宣告確立⑥。

英國的工業革命以棉工業為中心，在一七六〇年代末期，棉織生產開始機械化，刺激了棉花的需求，使英國在一七七〇年代成為歐洲最大的棉花消費國與棉織品製造國⑦。這一套運作蘊涵著原料供給與製品販賣市場的再生產結構，工業革命一開始即超出英國一國的範圍，而是以全球性的生產基盤作為出發點，運用滔滔流出的機械製商品出口，征服全球市場。在此一征服過程中，英國本身的經濟與社會結構激變，大英帝國的國力得以蓄積，且其商品所至之處，均打破了當地原有的生產方式與以此為基礎的社會結構（共同體生活），從而造成了世界經濟結構的重編，並帶來了新的經濟方式與政治支配原則。

在英國工業革命之前，包括西歐在內的整個世界，均以農業作為基本生產方式，並據此建構出社會生產關係，依據各地不同的生態條件與農業技術能力，形成各式各樣的政治單位，從原始社會的部族共同體到古代與中世紀的巨大帝國（中華帝國、印度、伊斯蘭帝國與羅馬帝國等）。無論政治規模的大小，在農業生產方式主導的社會中，社會的基本單位是閉鎖的農業共同體，各自經營著自給自族的現物經濟，彼此間幾乎沒有經濟互賴關係。這些農村共同體各自擁有多樣的民俗文化，村人以外的人被視為外人（含省籍意識）。至於「國際」交流，即跨越政治共同體的經濟、軍事、政治與文化交流等活動。主要是藉由吸收這些閉鎖型農村共同體的剩餘農產品而形成的都市型政體或帝國內部極為有限的精英階層，以及以這些精英階層為對象的國際商人階層等所進行的活動。

因此以閉鎖型農村共同體作為社會基盤的「國際」政治，雖然形式上常由巨大帝國來進行，但其互動並未打破農村共同體的閉鎖性，而是經由巨大的軍事組織與行政組織，在閉鎖的農村共同體上架設網絡，大規模地汲取農村共同體的剩餘農產品，形成所謂的納貢帝國。在最終分析上，納貢帝國的基礎是中央權威當局必須仰賴來自地方諸侯向下苛捐雜稅後的貢稅上繳，帝國最後的負擔總是落在閉鎖農村共同體的農民上面；長期來說，也必然會腐蝕中央當局的權力，不可避免地會誘發農民的武裝反抗，同時也會為諸侯的割據準備條件。一旦這些巨大的納貢帝國喪失能夠統括其軍事組織與行政組織的聖雄式領袖時，步入衰亡崩解的命運便會加速。中華帝國、波斯帝國、烏瑪雅王朝的阿拉伯帝國、阿巴斯王朝的伊斯蘭帝國、蒙古帝國、帖木兒帝國、蒙兀兒帝國、鄂圖曼土耳其帝國等，儘管存在著區域性的差異，此一社會結構與政治支配原理卻無本質性的差異。

與此相對，發源於英倫三島，其後逐漸隨著西歐國家體系競爭邏輯而被列強與後進國廣為學習的工業革命與工業化，卻產生出不同的政治支配原理。為了促進工業的發達與技術的進步，必須打破農村共同體的閉鎖性，因為工業化此一社會經濟動態過程，本質上是以大資本（資本積累及累積的資本）與大量勞動力和不斷改良的技術相結合的過程。為了促進工業化，必須擴大經濟交易，產生以貨幣經濟為運作原理的全國均質化市場，此即所謂的國民經濟。其次，勞動力的供給是推動工業化不可或缺的條件，為此，有必要打破農村共同體的閉鎖性，將勞動力集中到都會部門而使之在經濟活動上動員起來（所謂的推拉法則）。再者，作為工業化基礎的工業技術，為求日新月異，有必要提高國民的教育水準來支撐其技術水準。為了推廣與提高教育水準，基本手段是統一語言的形成，並提高治下人民運用此一語言的識字率等。為了創造這些條件，必須推行強力的教育政策來打造均質的國民文化，而要發動這些政策，即意味著中央集權的強化⑧。

進口原料的需求與尋找工業製品海外市場的雙重需要，使大英帝國益感攫取海外市場的迫切性。工業革命打開了英國（及其後跟進的歐洲國家體系列強）急速擴張海外殖民地的新競賽、殖民經濟結構的巨變與既存經濟社會的解體、世界資本主義的成立，以及世界經濟的一體化。

倫敦對印度次大陸的殖民政策也隨之改變。在工業革命後，印度不僅必須扮演英國的原物料供應地角色，並且漸次淪為吸收英國工業產品的市場。此一結構性轉換，是英國得以源源不絕地由海外攫取國力泉源，並運用在印度的雙重剝削來擴大與加速本國的發展，成為「世界的工廠」、「世界的銀行」，以及「世界的物流」，據此打造出大英帝國在十九世紀的世界霸權——「不列顛之下的和平」（Pax Britianica）⑨。

如此，喪失北美殖民地的大英帝國，國力非但不未見傾積，反而蒸蒸日上，其最主要的原因即是拜工業革命與印度支配所賜⑩。印度成為大英帝國經濟命脈的新所在。從英倫三島通往印度半島的帝國通路─經地中海─紅海或繞行非洲南端好望角以迄印度洋的海上通路，也成為大英帝國的戰略要害。連帶地，帝國通路經過南至阿拉伯半島的廣大區域，也被大英帝國視為戰略上的關鍵利益區域。於是，三大伊斯蘭帝國的支配領域，愈來愈受到大英帝國與相關歐洲列強的強烈關切。隨著法國大革命與拿破崙戰爭的展開，歐洲國家體系列強開始直接介入三大伊斯蘭帝國的支配領域，從而引來了穆斯林世界的經濟社會結構巨變與殖民化。

II 民族國家的新模型

與喪失北美殖民地而將海外殖民中心置換到印度的大英帝國相對，喪失加拿大與印度殖民地的法蘭西正陷入慢性的財政危機。為了對倫敦進行報復，巴黎介入了美國獨立戰爭，雖然在政治上扳回一城，但耗資頗鉅，再加上宮廷的浪費與濫支，使得政府瀕臨破產。於是路易十六的王室試圖對擁有免稅特權的僧侶與貴族階級課稅，結果導致激烈的政治鬥爭。圍繞著財政問題的衝突，激起僧侶與貴族階級的反抗，但反抗過份動搖了王權體制，反而為第三勢力的政治崛起進行鋪路，最終在一七八九年引爆法國大革命（一七八九年至一起九五年）。

革命政府廢止等級身份制等相關特權，發佈「人權及市民權宣言」，而王權傾頹的路易十六則因企圖棄國逃往比利時未果而遭到拘留，旋即在一七九二年四月對奧地利宣戰，謀求由對外戰爭來克服國內的政權危機，但戰爭的危機反而刺激革命政權（國民議會）決定廢除王政，宣佈共和，並且處決國王（一七九三年），直接對當時的歐洲列強造成巨大衝擊，並且在政治理論與實踐上引起深刻的問題。

大革命摧毀了法國的絕對主義領域國家體制，引起歐洲君主支配體制的正當性危機。在歐洲，絕對主義主權國家的崛起曾撕裂歐洲政治史的大傳統，造成統治者與被統治者的分離，形成政治理論上的巨大劣痕。歐洲政治的基本單位是主權國家，國家主權屬於國王，「朕即國家」，整套政治秩序並未在理論上將被統治者／人民納入，人民不存在這套政治秩序觀之中，他們只是國王的私有物，而作為人口主要構成的農民，甚至還只是被附加在國王、僧侶與貴族所持有之不動產（領土）上的動產。法國大革命之前，在絕對主義王政體制與身份（等級）制的施行下，居住在法蘭西這塊法王領土上的人們，各自被排定了不同的身份（皇家、貴族、僧侶、商人、農民等），他們除了科西嘉人、巴黎人等地緣意識，以及對領主與君王的忠誠之外，並無共通的利害關係與連帶感，因而希望保全「祖國」（patrie）的只有君主一人，君主的人格就代表著這個國家及公共性。

但是，法國革命政權廢除王政的舉動，卻尖銳地凸顯了體制正當性與政治理論上的裂痕。如果國王不存在？那麼誰擁有國家的主權？國家領土的所有權歸屬何方？領土內的人民又該如何定位？通過法國大革命，國家已不再是君主與部份權貴階級的所有物。在革命過程中，原本用來反抗王權與身份制的「人民」（people）觀念大為流行，因而有「人民意志」（Vox Populi）的著名標語。隨著革命的展開，又有「民族」（nation，國民或國民全體）這個新概念出現來取代「人民」（people），逐漸變成代表人民總體的集合名詞，（領土）國家不再是國王所有，而是「民族」所有。在格命進程中擔任領導角色的西耶伊斯（Emmanuel J. Sieyes），在他那「何謂第三等級」的演說清楚地主張，民族的存在先於所有政治、立法手續，民族是由自由、平等且獨立的個人所組成

的聯合體

在革命政府的指導下，一七九三年憲法進一步將作為（新的）主權者的民族界定為「單一且不可分割」⑪。這個民族既非奠基於社會學式的階級概念，也不根據人類學式的人種概念而來。畢竟，在革命時期的法蘭西，僧侶與貴族以外的第三階級（平民）——新興的布爾喬亞、市民、地主、農民等人群間，利害未必一致，因而西耶伊斯等革命領導人所稱的民族，與其說是作為「事實」的客體名詞（受詞），毋寧說是懷抱著共同感（同一性）理念，共同而有效地發揮政治功能的意志共同體——政治上能動的主詞。這個具有主觀動能性的主詞，核心任務是參與國家意志的決策過程，並在具體實踐上通過國民／民族的代表來參與國家決策過程。換言之，民族主義蘊涵著（代議）民主／共和主義。

民族的創出填補了國家理論出現以來即存在，並因王政被廢而尖銳凸顯的理論裂痕。在革命的過程中，「君主主權」被盧梭所主張的「人民主權」取代，而革命政府則進一步將「人民主權」轉變為「國民（nation，民族）主權」，這意味著所有權的讓渡，並通過民主（共和）主義的中介，所有權人從具體的君王轉變為抽象的民族；國家的主人翁、國家領土的產權持有人，就是作為抽象集合體概念的民族。民族成為歐洲主權國家體系中，擁有個別領土國家的產權共同體。通過民族概念創造出的民主／共和主義的中介，原本只意味著統治機構的國家，開始取得作為政治社會共同體的性格，民族成為統治機關（國家）與被統治者在意識形態予以同一化的黏合劑

⑫。

這個黏合不單純是理念上的黏合，更是制度上的黏合。通過革命政府的相關系列措施，國旗、國歌等民族象徵也漸次被創造出來，人民的私生活開始被賦予民族的意義（nationalization，民族化），軍隊從之前國王的雇傭兵轉化為國軍，而原本由教會與私人家庭教師控制的教育，則改變為革命政府主導管理的國民教育，並漸次普及。同樣地，通過教會財產的民族（國有）化，國家踏入了宗教領域，天主教會被民族化。如此，在革命的行進過程中，通過民族（共和）主義的中介，民族與國家的外延（外部界現）漸趨同一；於是近代地一個民族國家的政治模型——即民族（產權所有者）—民主（使用產權的機制）—主權國家（產權行使的對象）三位一體的政治模型，便據此被打造出來。換言之，民族主義並非只有心情、政治情緒等心理現象這麼單純⑬，而是一整套制度的集合體，一個蘊涵著民主共和機制的體系，在這個體系內，民族的抽象概念由政策與制度安排而實體化⑭。

法國大革命打造的民族國家原型，為西歐主權國家注入了新衝擊。在革命政府的主導下，關於人種認識、歷史認識、記憶，以及空間・意識「民族化」的整套「民族國家計劃」（nationalizing project）被全方位推動，「單一民族」、「單一國語」、民族／本國史、民族／本國文學，乃至民族領土等認識觀與隨之而來的論述，則紛紛被制度化，其根本目的在促使新創出的集合概念「民族」徹底與「單一國家」的政治架構相契合。簡言之，民族不僅主權國家體系中的領土主權（產權）共同體，更是主權國家體系中的認識／意志／效忠共同體⑮。民族國家的論理成為近代主權／領域國家體系基本成員的新「政治文法」⑯。

法國大革命的王政廢除與「民族國家」模型的新創，引發西歐國家體系諸王權國家的正當性危機。由於民族意識蘊涵著這個世界存在著許多民族的複數觀念，使得民族主義在誕生之際即以「國際社會」的意識為當然前提⑰，而革命時代的法蘭西所處的國際社會，正是以專制王權為主流的歐洲國家體系。如果法蘭西的民族可以通過革命的民主、共和主義所釋放出來的能量而成為國家的主人翁，那麼歐洲國家體系諸國王政下生活的臣民，為何不能也像法蘭西一樣建立自己的民族，推展民主、共和主義，同樣以民族的身份成為國家的主人翁，並以公民（citizen）的身份參與國家（統治機關）的決策過程？

法國大革命深刻地衝擊著歐洲國家主權體系的主權觀，為歐洲注入要求民主、共和的動能，震憾歐洲列強的王政體制。為了阻遏革命的衝擊，英國、普魯士、奧地利、西班牙與荷蘭等王政列強在法王路易十六被處刑後的一七九三年二月組成反革命大同盟（至一七九五年），聯合派兵侵入法蘭西進行革命干涉戰爭。結果，干涉侵略戰爭刺激革命政權走向恐怖統治（一七九三年四月至一七九四年），進而促使拿破崙崛起，法蘭西革命遂演成將歐洲列強全數捲入的拿破崙戰爭（一七九九年至一八一五年）⑱。

拿破崙戰爭為法蘭西的民族主義添加了國家主義、排他主義與擴張主義的新要素。隨著拿破崙的軍事勝利，法蘭西開始以武力對外輸出法國大革命的理念，以將「諸民族從專制中解放出來」為名，展開對外征服。與早期的伊斯蘭共同體一樣，拿破崙的征服與武力型的理念輸出，帶來了具現在《拿破崙法典》（一八〇四年編撰，一八〇七年九月三日正式命名）中的社會原理——廢止封建制度、個人自由、法律之前人人平等，國家的世俗性，信仰的自由，以及勞動的自由等，刺激法蘭西周邊諸國以民族主義要求民主、共和的政治覺醒，被稱為民族主義時代的十九世紀，即是透過拿破崙的火砲打開序幕。

拿破崙的對外征服行動在歐洲勢如破竹，一時間似有打破歐洲國家體系的權力平衡，重建歐陸統一大帝國之勢，但障礙是孤懸於海外的英國遲遲不下，以及遠方的俄羅斯帝國依然強健。為了迫使英國投降，拿破崙決定切斷英國的經濟命脈，對英國實施經濟封鎖，並在一七九八年派兵侵入埃及以控制大英帝國通往印度半島的帝國通路，甚至在一八〇七年派遣使節前往聖彼得堡與沙皇亞歷山大一世協商，約定分派兩路派軍攻打印度次大陸以粉碎英國在印度的統治⑲。

激盪十餘年的拿破崙戰爭，最終以英俄主導的神聖同盟取得勝利收場，並通過維也納會議（一八一四年至一八一五年）來部署戰後局勢。在奧地利首相梅特涅（Klemens Metternich）主導之下，基於鎮壓各地民族主義運動所蘊涵的民主、共和主義，回復歐洲國家在法國大革命前的舊秩序等考慮，維也納會議設定了壓制人民反抗以維持歐洲國家體系權力平衡與王政體制穩固運作的基本目標，以和平為名，壓制內部人民的自由，且為了緩和內部人民的反抗，對內以暴力鎮壓

／資本主義擴張／文化壓制政策等多重手段，強行將境內不同的人民打造成單一民族⑳，並加速對外殖民掠奪，藉以在國內穩定統治，在歐洲國家體系內維持安定（日後稱為「百年和平」㉑），並使歐洲列強對非歐洲各區域的殖民征服與支配在十九世紀時達於頂點。

在歐洲國家體系內部，維也納會議形成了新的國際政治架構。在會議中，擁有發言權的僅有打倒拿破崙的四國同盟（英國、奧地利、俄羅斯、普魯士）與戰敗的法蘭西。西班牙、波蘭、義大利諸邦、普、奧以外的德意志諸邦，雖然在拿破崙戰爭中扮演重要角色，但在維也納會議中並無發言權。歐洲國家體系因此進入「列強政治」的時代，擁有發言權的僅有列強代表，歐洲的版圖由列強決定——所謂的「歐洲協商」體制於焉成立。

歐洲協商體制的根本精神是「為安定奮鬥」。這有兩層涵意。其一是為了維持歐洲諸國王權支配體制的安定，其次是維持列強間權力關係的安定——權力平衡。為了王權支配體制的安定，遂以「文明開化」為名，加強內部的綏靖，意即政府暴力機器對社會大眾建立起全方位的優勢。在政治意義上，綏靖意味著（王權控制）的國家（機器）成為「合法暴力的壟斷者」，據此帶來國內持久的和平（peace，即pacification的結果）而享有「文明」㉒。

綏靖的過程長達數十年。一八七一年巴黎公社的失敗（三月十八日至五月二十八日），標誌著歐洲列強綏靖政策的成功，自此之後，歐洲再也不曾出現像法國大革命那樣，由人民自主組織的武裝力量擊敗國家的軍隊而取得政權的案例㉓。而在歐洲權力平衡方面，可能引發革命動能或因掠奪領土而激起民眾反抗的戰爭，則視為對「文明」的威脅，因為戰爭既可能帶來革命，革命又可能導致王權體制被摧毀，而王權體制被摧毀則意味著「文明」的崩壞，畢竟「文明」的起點即是宮廷風尚。

歐洲協調體制的反革命任務加速著歐洲國家體系「文明政治」的發展，進而影響歐洲國家體系與其他世界體系的互動。在維也納會議之後，歐洲國家體系列強集體以歐洲的文明規則（國際法規範）來作為和其他地區各種不同政治體互動的規則，歐洲國家體系自此進入了「文明的地緣政治」（civilizational geopolitics）時代㉔，歐洲國家體系與體系外諸國的差異，正式跟據有無「文明」的界線來劃分，對內綏靖與對外強制成為「文明政治」的一體兩面。

然而，歐洲協調體制的實質內涵畢竟還是王權列強間的列強政治。列強政治就是寡頭政治，同時也是列強相互依賴的政治．並且是少數列強的外交精英（職業外交官的行會）控制整個體系的政治。由於法國大革命與拿破崙戰爭激化了民主與民族主義的風潮，而維也納會議所形成的列強政治卻以壓制民主與民族主義為目標，這就預設著列強之間相互衝突機化的機制。面對綏靖政策的巨大威力與列強政治的寡頭與支配體制，歐洲國家體系中處於劣勢的小國或是受到維也納體制壓迫的其他民族主義勢力，今後若欲改變現狀，就必須懂得運用列強政治力學來進行。義大利建國宰相加富爾（Camillo Benso Conte di Cavour，一八一〇年到一八六一年）的名言：「經由巴黎可通往義大利統一之路」，象徵著歐洲國家體系內部的結構性互賴連結。同樣地，任何一個企圖改變現狀以增強本國力量的列強，也將運用對手國境內的民主／民族主義力量來操縱列強政治。再者，就算不是基於擴增本國實力的企圖，在出現某一個（或一個以上）列強運用民族主義以操縱強政治的過程中，為了維護本國利益或是維護權力平衡的列強，將不得不捲入民主／民族主義運動與列強間複雜的權謀術數㉕。

通過維也納會議的安排，法國大革命與拿破崙戰爭後的歐洲國家體系具現出結構性的二律背反。一方面，列強政治力學的內在基礎意味著反體系力量的壓制，包括鎮壓人民的民主要求，以及壓制以民族主義為表現之弱勢團體的自主要求。但是，另一方面，列強政治互賴力學的外在運作，又意味著民主與民族主義等反體系力量的操縱與利用。體系正為了自己的存續而鼓勵、操縱與利用反體系的力量。歐洲國家體系在後拿破崙時代的發展，正為體系的崩潰預埋火種。

內在蘊涵著結構性矛盾的歐洲國家體系，更因為體系對外膨脹的動能，而將非歐洲地區捲入歐洲的內在矛盾。在拿破崙戰爭期間，歐洲列強加速對外殖民擴張，戰後，大英帝國與俄羅斯帝國成為歐洲國家體系的主導國與「維也納體制」的核心支柱，兩國因拿破崙戰爭而加深的地緣政治矛盾，隨著歐洲國家體系整體的對外殖民擴張漸次席捲整個歐亞非大陸，尤其是在穆斯林世界。如此，帶動經濟社會結構巨變的產業革命之箭，歐洲國家體系的殖民砲火，以及民族主義的意識形態子彈，便同時射向了穆斯林世界。

Ⅲ 民族的論理

法國大革命與拿破崙戰爭激化著歐洲國家體系列強的全球鬥爭，並直擊鄂圖曼土耳其帝國的統治。為了切斷大英帝國的「帝國通路」以斷絕英國的經濟動脈，拿破崙在一七九八年遠征埃及，企圖遠征俄羅斯共同從陸路進攻印度，且嘗試說服波斯與法蘭西共同進擊印度。大英帝國為了防衛，便在一八〇一年調派孟加拉兵團短期佔領埃及，並在印度半島上展開前方戰略，企圖將控制力推向波斯與阿富汗。這一連串事件從歐洲列強的角度看來，意味著歐洲國家體系主要列強分割弱國的競賽邏輯正式膨脹至鄂圖曼土耳其帝國、波斯、印度與阿富汗等穆斯林區域，支配十九世紀歐洲外交史的「東方問題」與英俄「大競賽」於焉登場。但對穆斯林世界來說，這一連串事件則意味著遭到歐洲列強殖民的危機。事實上，法英先後出兵佔領埃及的衝擊對鄂圖曼土耳其帝國來說尤其劇烈㉖。

「東方問題」的本質是「對鄂圖曼土耳其帝國領土的血腥鬥爭㉗」。這個「問題」的兩大主軸是俄羅斯的南進與英法在「帝國通路」上的衝突。歸結而言，問題的核心是俄羅斯的黑海政策。

在蒙古帝國支配終結後，莫斯科公國順勢崛起，並在十六、十七世紀征服西伯利亞，控制著通往東方貿易的「草原之路」，經濟體質日益依賴對歐洲的貿易，尤其是掠奪自西伯利亞的皮裘貿易，並依恃著絕對主義式的農奴支配體制累積軍事力量，對東歐展開擴張㉘。十七世紀中期，俄羅斯更進一步運用其農奴剝削與貿易所得收入，導入西歐軍事革命後的新武器、軍事科技、軍隊編制與訓練，通過彼得大帝的「大北方戰爭」而取得波羅的海軍事霸權，以及西北歐通往東方貿易的主導權，於是國力日增，對中東歐的擴張也更形積極。與此相對，地理大發現後，西歐列強則是將重心移至發達貿易與擴張海外殖民，對中東歐興趣大減，致使中東歐在鄂圖曼土耳其帝國勢力衰退後，獨自面對著奧地利、俄羅斯，以及在十八世紀初崛起為歐洲國家體系列強成員的普魯士等三個強國的殖民擴張壓力㉙。

整個十八世紀，東歐平原（波蘭與烏克蘭）徹底淪為俄、奧、普三強的領土。其中作為「歐洲穀倉」的烏克蘭有八成淪為俄羅斯帝國的領土；另約兩成則由奧地利支配㉚。烏克蘭穀物對歐洲的出口成為俄羅斯在歐洲資本主義體系與國家體系中賴以生存的重要環節。

這就提起了烏克蘭穀物輸往歐洲通到的課題。最便捷與成本低廉的通路是黑海—地中海航路。南進黑海與確保俄羅斯商船隊在黑海（博斯普魯斯與達達尼爾）兩海峽的通行，成為俄羅斯當局的戰略方向，並因此衍伸出俄羅斯對鄂圖曼土耳其帝國的衝突—圍繞著黑海、黑海周邊、黑海兩海峽，與東地中海及其周邊（含巴爾幹半島）的戰略衝突。通過第一次的俄土戰爭（一七六八年至一七七四年）後簽署的庫秋克條約，俄羅斯獲得商船可通過博斯普魯斯與達達尼爾兩海峽的權利。一七八三年，俄羅斯進一步迫使鄂圖曼土耳其帝國承認而正式兼併黑海北岸的克里米亞韃靼汗國。翌年。繼波羅的海艦隊之後，俄羅斯又著手整建黑海艦隊，在歐洲國家體系中開始躍升為海權強國㉛。

黑海—地中海航路的確保與黑海艦隊的整建使俄羅斯陷入戰略兩難。為確保航路安全，俄羅斯有兩種基本選項策略。其一是著手兼併黑海周邊（含外高加索的喬治亞）與巴爾幹半島（扼制黑海出口的東地中海），但這必然導致與鄂圖曼土耳其帝國（以及波斯帝國）的敵對，意味著必須在黑海建立常備艦隊，藉以確立俄羅斯在黑海的霸權，並以武力為後盾來打開確保俄羅斯商船在黑海—黑海兩海峽—東地中海的航行。其二是採取與鄂圖曼土耳其帝國友好的政策，藉以換得黑海兩海峽通行無阻的報償；這意味著俄羅斯必須暫時擱置（如果不是放棄）對鄂圖曼土耳其帝國領土的侵略，而俄羅斯在黑海—地中海航路上的安全則必須仰賴鄂圖曼土耳其帝國的善意。但鄂圖曼土耳其帝國並不可靠，特別是鄂圖曼土耳其帝國國力已經明顯衰弱，其外交政策深受西歐列強，尤其是大英帝國與法蘭西的影響，且鄂圖曼土耳其帝國的海軍力量也顯然不敵英法各自的艦隊或是聯合艦隊，一遇戰爭，英國或法國艦隊可以輕意封鎖黑海兩海峽，俄羅斯商船的航行安全無法獲得保障。

因此對俄羅斯來說，若對鄂圖曼土耳其帝國採行友好政策，就等於是將黑海—地中海航路的安全交付給倫敦和巴黎決定，戰略風險過高。但是若採行常備艦隊戰略，擁有足以強制打開黑海兩海峽而通往東地中海的海上武裝力量，又勢必會引起英法兩國的警戒，後兩國也將依樣畫葫蘆，用武力強制鄂圖曼土耳其帝國接受其艦隊自由進出黑海兩海峽的權利。一旦英法艦隊可以自由通行黑海兩海峽，便意味著俄羅斯在黑海的地位受到挑戰，其黑海周邊的領土也將有遭受攻擊的危險。更進一步地說，如果俄羅斯決定用自己的海上武裝力量來確保黑海—地中海航路的安全而不可避免地必須與鄂圖曼土耳其帝國衝突，那麼以保護基督徒為名義，在巴爾幹半島製造動亂，據此兼併領土的政策便會被提上外交議程。如此一來，不僅可能引起英法等國的反彈，使歐洲國家體系列強間的競爭更激烈，且會刺激英法亦步亦趨也採行瓜分鄂圖曼土耳其帝國領土的政策。換言之，必然連結到列強對維持鄂圖曼土耳其帝國帝國領土完整或予以裂解的衝突。

俄羅斯自一七八四年開始著手整建黑海艦隊的舉動，已為歐洲國家體系的「東方問題」埋下火種。一七八九年拿破崙佔領埃及和攻擊敘利亞，開始對鄂圖曼土耳其帝國的蠶食，更進一步突顯了「東方問題」。此後百餘年間，圍繞著分割鄂圖曼土耳其帝國領土或納入其勢力範圍等問題，便在歐洲國家體系列強內引起激烈的軍事與外交戰：一八三〇年代阿里在埃及的壯大使「東方問題」進入激烈化時代，一八五〇年代列強衝突引起克里米亞戰爭，一八七〇年代鄂圖曼土耳其帝國因俄土戰爭與柏林會議而喪失大幅版圖。於是，整個十九世紀，「東方問題」便成為歐洲國家體系的最大問題㉜。

但「東方問題」並未立刻導致鄂圖曼土耳其帝國的分崩離析，歐洲國家體系列強之間的矛盾與體系本身的變化，使鄂圖曼土耳其帝國並未走向早期伊斯蘭帝國（阿巴斯王朝）的崩解形式，而是走向原理的轉換——從伊斯蘭帝國到主權國家體系——方式的崩解。

歐洲列強的矛盾以英法俄為中心。拿破崙戰爭期間，英國擔心法國在北非的擴張威脅其帝國通路，而俄羅斯則擔心法國在巴爾幹半島與黑海海峽的擴張，於是英俄皆認為維持鄂圖曼土耳其帝國領土完整，有利於歐洲國家體系的權力平衡與彼此的利益。拿破崙戰爭後，英俄在歐洲的反革命合作（維也納體制）也讓倫敦和聖彼得堡在戰略合作上有默契，認為維持鄂圖曼土耳其帝國的領土完整有利於歐洲反革命體制的安定。

但拿破崙戰爭與自由理念的傳播，終究在歐洲引起巨大的衝擊。通過法國大革命、拿破崙戰爭與維也納會議確立歐洲的反革命體制等系列事件，人民爭取自由的運動在歐洲分裂為兩種潮流——民族主義與社會主義。再作為集結人民力量的論理方面，前者訴諸於「民族」，指向歐洲國家體系中的政治自由、領土國家的產權所有與國際（列強）承認，而後者則訴諸於工業革命意義下的經濟「階級」，著重於把人類從世界資本主義體系的壓迫中解放出來。其中民族主義運動，而非社會主義運動，首先衝擊著後拿破崙時代的歐洲，並在鄂圖曼土耳其帝國國境內引起廣泛的波紋——在帝國境內非穆斯林的宗教共同體中，漸次興起建立自有主權國家的民權主義，直接挑戰著帝國當局的支配。其中以散佈在伊斯坦堡以迄巴爾幹半島的希臘系、塞爾維亞系與保加利亞系東正教徒，民族獨立運動最早出現。僅管塞爾維亞系是最早展開武裝戰鬥的地區㉝。

希臘東正教徒在鄂圖曼土耳其帝國的統治架構下享有特殊的地位。基於尊重啟典之民共同性的立場，素檀政府長期將帝國對歐洲的貿易、外交與文化交流等事務委由希臘系的商人（Phanariot）——來自伊斯坦堡近郊的法納爾（Phanar）的五十餘個家族——辦理，通譯官亦由希臘東正教徒擔任。久而久之，這些事務由希臘人獨佔，漸次成為帝國當局在巴爾幹半島地區遂行統治的代理人，同時扮演著徵稅官、地方行政長官與穀物貿易商的三重角色，並據此在鄂圖曼土耳其帝國境內與歐洲資本主義的發展中累積其政治權力、經濟與文化力量。最早對鄂圖曼土耳其帝國宗教共同體制度反彈的主力即是希臘系商人與海運業者，他們運用廣泛的商業網路，派遣子弟前往歐洲列強首都留學，習得歐洲的民族觀，並自十八世紀晚期起，與俄羅斯瓜分巴爾幹的「希臘計劃」（西元一七八〇年）相互搭配，鼓吹希臘民族主義，終結鄂圖曼土耳其帝國的統治與建立獨立國家的要求。

這股希臘民族主義力量成為俄羅斯在鄂圖曼土耳其帝國境內推動動亂政策的政治工具。聖彼得堡當局的說法是保護（鄂圖曼土耳其帝國境內的）東正教徒，亦即將宗教紛爭牌——在歐洲國家體系中已被視為干涉內政而遭到禁止——運用到鄂圖曼土耳其帝國境內。此一明顯違反歐洲國家體系內部規則的行為，卻可以施加在鄂圖曼土耳其帝國之上，使用的法律論理武器是「超領土原則」，即歐洲列強的國家主權之行使範圍，超越其本國領土而於他國之特定領域之內。超領土原則最先來自於一五三六年鄂圖曼土耳其帝國賜予法蘭西的「治外法權」概念，換言之，當時伊斯蘭帝國對異教徒（基督徒）的寬容政策，現在反過來成為侵略伊斯蘭世界的合理化依據。

希臘的商人家族們也利用俄羅斯帝國的介入來增強自己的力量。一八一四年，希臘獨立運動組織「友誼社」（Friendly Society）在俄羅斯的黑海最大港與穀物輸出中心奧德薩（Odessa）成立，並著手尋求伊斯特里亞斯（Ioannis Capo d' Istrias）的支持，後者出身希臘，當時擔任俄羅斯帝國負責外交政策的第二國務卿。伊斯特里亞斯拒絕支持希臘獨立運動後，「友誼社」轉而尋求俄軍間沙皇軍事顧問伊帕西蘭提（Alexander Ypsilanti）的支持，後者遂帶領「友誼社」成員於一八二一年三月進軍摩達維亞[34]，引爆希臘戰爭（一八二一年至一八二九年）。

一八二一年三月的武裝蜂起旋即遭到鎮壓，鄂圖曼土耳其帝國成功地操縱了羅馬尼亞人與希臘人之間的矛盾，有效地展開軍事鎮壓，而俄羅斯沙皇也隨即譴責伊帕西蘭提的行動，後者乃在兵敗後逃往奧地利。這個歷程再度突顯了俄羅斯帝國的兩難：支持鄂圖曼土耳其帝國以取得在伊斯坦堡在黑海問題上的讓步；抑或利用希臘獨立運動撼動鄂圖曼土耳其帝國在巴爾幹半島與愛琴海的統治，以獲取領土利益，而與伊斯坦堡當局敵對。再者，希臘人與俄羅斯人同為東正教徒，若支持鄂圖曼土耳其帝國鎮壓獨立運動，便意味著支持異教徒來鎮壓基督徒，這也將導致俄羅斯再也無法以宗教之名向鄂圖曼土耳其帝國要求特權；且作為維也納體制的主要支持國，若支持希臘獨立便意味著破壞現狀[35]。

然而，摩達維亞的武裝蜂起只是個開始。一八二二年四月，獨立運動組織再度在摩里亞

（Morea）發動武裝蜂起。戰爭剛開始時，雖有來自西歐的浪漫主義者參加（如著名的英國詩人拜倫即在希臘戰死），但歐洲列強基於維持歐洲權力平衡的考慮之下，大都採不介入的態度。於是，派兵前去摩里亞鎮壓失敗的鄂圖曼土耳其帝國，遂轉而要求因鎮壓阿拉伯半島瓦哈比運動而聲名遠播的埃及總督阿里出兵，並允諾在鎮壓成功之後，將把摩里亞與敘利亞納入阿里的轄區。於是阿里之子伊伯拉辛（Ibrahim）所率領的大軍在一八二五年二月於愛琴海登陸，並快速前往推進，並於一八二七年六月攻克雅典。然而在伊伯拉辛尚未取得決定性的勝利之前，俄羅斯已趁機利用鄂圖曼土耳其帝國的困境，以不協助希臘為條件，迫使伊斯坦堡當局在一八二六年十月簽署阿克曼條約，承認保加利亞與黑山公國的自治權。直到伊伯拉辛攻入雅典後，俄、英、法列強又憂慮這股新力量將重新控制地中海，因此於翌年介入，要求調停。然而，鄂圖曼土耳其帝國當局拒絕調停，因而導致英法俄三國的軍事攻擊，十二月於希臘外海納瓦里諾（Navarino）海戰中擊沉鄂圖曼土耳其帝國——埃及聯合艦隊，並迫使阿里於一八二八年十月自希臘與克里特島撤軍。此舉激發鄂圖曼土耳其帝國宣佈將對反覆無常的俄羅斯發動聖戰，企圖依照伊斯蘭的論理動員境內穆斯林地方諸侯的兵力，但卻以慘敗告終，被迫在一八二二年簽署亞得里亞堡條約（Treaty of Adrianople），承認希臘獨立。翌年，希臘正式獨立㊱。

希臘獨立戰爭的處理方式，是以歐洲列強維也納體系的反革命與權力平衡路線作為政策基調，既賦予希臘獨立的地位，藉以維持東地中海的權力「平衡」，同時由於列強對裂解鄂圖曼土耳其帝國一事並無共識或默契，因此仍依權力平衡的考慮與互動維持其存續。此外，為了避免希臘獨立對歐洲的維也納體系或鄂圖曼土耳其帝國帶來巨大衝擊，因此又根據「小希臘」的原則為獨立的希臘劃定國界，而這個新獨立國家的政治體制也依列強的規定，採行王政以配合維也納體系（新任國王亦由列強妥協後指派）。

儘管歐洲列強企圖以維也納體系將歷史凍結在法國大革命前，但希臘獨立卻激化著巴爾幹半島東正教徒（塞爾維亞人、保加利亞人與羅馬尼亞人）脫離宗教共同體制度與反抗鄂圖曼土耳其帝國統治的風潮，要求建立自己的民族國家㊲。

巴爾幹半島斯拉夫系被支配諸民因與希臘人同屬東正教徒，在鄂圖曼土耳其帝國的行政制度下被編入東正教教區共同體中，而教區共同體行政長官則長期由希臘籍東正教教長出任，形成鄂圖曼土耳其帝國在最上層進行間接支配，而希臘籍教區共同體長官在中層進行直接支配的雙重結構。在宗教儀式上，受希臘籍教區共同體行政長官的斯拉夫系被支配諸民，使用和希臘與有別的斯拉夫語系諸語，並在神職人員的任免制度上不接受東正教總主教座的指揮。如此，作為非穆斯林，宗教（東正教對伊斯蘭教）成為斯拉夫系諸民和上層帝國統治者區別的分界線，而語言（斯拉夫語對希臘語）則是他們和中層統治者區別最大的分界線。十九世紀巴爾幹半島斯拉夫系諸民的民族獨立運動不僅具有反抗鄂圖曼土耳其帝國統治的意義，更具有反抗利用東正教教區共同體行政長官權力進行暴斂之東正教會的意義。簡言之，既是對鄂圖曼土耳其帝國反抗的支配，同時也是對希臘籍支配代理人的排拒㊳。經由希臘獨立的刺激，巴爾幹半島的民族主義方興未艾。

希臘戰爭與獨立的效應不僅帶動著巴爾幹半島的民族主義風潮，更進一步激化著鄂圖曼土耳其帝國分解的趨勢。由於帝國當局的兵力無力因應希臘戰爭，遂求助於地方強侯——埃及總督阿里。阿里在希臘戰爭中的順利引起英法俄三國的警戒與介入，迫使阿里自希臘撤軍，回到埃及後深化自立，並對帝國當局要求將領地擴張至敘利亞以彌補他在希臘的損失。

為了轉移內部危機的法國最先利用這個動向，在一八三〇年征服阿爾及利亞，企圖經由外征來轉移內治困境。但這個統治策略在內部並未獲得預期效果，革命浪潮依舊潛行，最終在一八四八年引爆。但法國在北非的行動卻激化了歐洲列強與鄂圖曼土耳其帝國內部的矛盾。一八三一年，阿里之子伊伯拉辛．帕夏率兵侵入敘利亞，加速了鄂圖曼土耳其帝國的分解趨勢。

東地中海區域的變動引起倫敦的警戒。為了確保帝國通路的安全與維持歐洲列強的權力平衡，大英帝國決議維持鄂圖曼土耳其帝國的生存，一方面推動誘導鄂圖曼土耳其帝國轉型為歐洲主權國家體系成員的新戰略，另一方面則於一八四〇年與鄂圖曼土耳其帝國組成聯軍擊敗阿里。

大英帝國誘導鄂圖曼土耳其帝國實施歐洲主權國家化改革的戰略，其論理是接受歐洲國家體系國際法而成為「文明」國家，只要尊重條約制度，在國際社會的權利和地位都可以獲得保障，而操作手法是以締結條約為誘因，說服鄂圖曼土耳其帝國實施歐式民族國家的改革。在這套論理與操作手法下，內政改革成為君士坦丁堡當局對歐洲外交重要的一環，致使「歐洲列強要求

（鄂圖曼土耳其帝國）的一些重要改革措施，就在歐洲協調外交關鍵時期被導入：開啟『重組』（Tanzimat）改革的素檀勒令，在一八四〇年（倫敦四國合約）會議前夕的一八三九年十一月三日發佈；再度確認鄂圖曼土耳其帝國境內非穆斯林特權與賦稅豁免權的改革令，就在結束克里米亞戰爭的巴黎和約簽字前一個月，即一八五六年二月十八日發佈；而鄂圖曼土耳其帝國的第一部憲法，則在歐洲列強處理另一場巴爾幹危機的伊斯坦堡會議前的一八七六年十二月二十三日公佈」㊴。

鄂圖曼土耳其帝國當局也有自己的政策議程，即接受歐洲國家體系國際法的「文明」規範，配合歐洲列強的要求而實施歐化改革，藉此克服帝國分解與被殖民的危機。這意味著轉換世界政治秩序觀、外交運作模式，以及內部統治的原理。

世界政治秩序觀與外交運作模式的變更，直接涉及了伊斯蘭世界體系理念與實踐的揚棄。理論上，鄂圖曼土耳其帝國繼承伊斯蘭法的世界觀與行為規範，將世界分為「伊斯蘭之家」和「戰爭之家」，認為穆斯林的永續義務是通過「神聖的奮鬥」將「戰爭之家」漸次轉為「伊斯蘭之家」，但承認此一轉化需要時間，其間存在著必要的動態過渡期，即「神聖奮鬥」中斷期。此一中斷，可藉由伊斯蘭共同體與異教徒教區共同體之間的契約而成立，稱為暫時性停火（Sulh，延伸為和平）。停火期並無明文規定，一般的詮釋是以十年為期，但實踐上經常延期。停火的終結，可因契約期滿或因異教徒共同體違反契約。一五三六年鄂圖曼土耳其帝國與法蘭西之間的貝爾格勒條約，從法國所抱持的西歐國家體系國際法角度來看，是一紙正式的「條約」，但從鄂圖曼土耳其帝國的伊斯蘭世界體系角度來看，則只是一紙「停火契約」。當時鄂圖曼土耳其帝國力量仍強，歐洲列強無從強制其接受西歐國家體系的國際法規範。

但隨著鄂圖曼土耳其帝國在十八世紀下半葉的衰弱與敗退，伊斯坦堡當局漸次被迫接受歐洲的國際法規範。在一連串軍事敗退後的和約談判中，伊斯坦堡實際上接受了歐洲列強的主權平等原則，及由此而來的外交規範（條約體制）。一七八三年，俄羅斯帝國兼併了克里米亞汗國——這是鄂圖曼土耳其帝國史上首次由基督教國家兼併「伊斯蘭之家」的領土——之舉，在穆斯林世界引起巨大的震撼，不僅誘發穆斯林的思想反省運動，更迫使新任素檀謝里姆三世（Selim Ⅲ，一七八九年至一八〇七年在位）著手在歐洲列強中尋覓同盟國，謀求通過歐洲列強間的權力平衡來維護帝國的生存。一七九三年，謝里姆三世進一步與歐洲列強建立常駐使節制度。

但這些努力並未使鄂圖曼土耳其帝國獲得與歐洲列強平等的地位。相反地，在此一系列條約中，歐洲列強運用先前被視為素檀特許恩典的治外法權諸規章，進一步強化其在鄂圖曼土耳其帝國境內的特權。至十八世紀末，至少六個歐洲國家在鄂圖曼土耳其帝國取得最惠國待遇，而其派駐使節則可在帝國境內啟典之民的宗教共同體內中充當各共同體的代表，並制定與執行法律。換言之，儘管歐洲列強的國際法體系是以領域國家為基本原理，但對鄂圖曼土耳其帝國（及之後的全球其他區域），歐洲列強卻主張「超領土性原則」，將其國家權力與本國的規範運用到鄂圖曼土耳其帝國境內。這種不平等的狀況，使得伊斯坦堡當局更感完全加入歐洲國家體系的必要性，希望據此爭取與歐洲列強間的互惠平等性。

如此，伊斯蘭世界政治秩序觀中的「伊斯蘭之家」與「戰爭之家」的制度差異實質消失，代表伊斯蘭世界體系的鄂圖曼土耳其帝國反過來接受歐洲「文明」的國際法規範，希冀成為歐洲國家體系的「正常」成員。一八三四年，在瑪赫穆德二世（Mahmud II，一八〇八年至一八三九年在位）著手推動接受歐洲國家體系模型的廣泛改革後，鄂圖曼土耳其帝國加入歐洲國家體系的程序大抵就緒。一八四〇年的巴黎和約，素檀與英、俄、奧、普等歐洲列強君主首次在和約上共同簽字。一八五六年終結克里米亞戰爭的另一紙巴黎和約，則使鄂圖曼土耳其帝國正式成為歐洲國家體系的成員國。約略在此同時，波斯的卡賈爾王朝也採取同樣的政策，而印度的蒙兀兒帝國則徹底淪為大英帝國的殖民地。如此，伊斯蘭世界體系自有的「國際」法規範體系至十九世紀已完全被揚棄㊵。

IV 原理的轉換

加入歐洲國家體系與放棄伊斯蘭世界體系，不僅涉及鄂圖曼土耳其帝國對政治單位的定義與制度安排，涉及帝國的對外關係，更涉及帝國境內成員的區辨、認同基礎，以及整個帝國的支配正當性。

在英法等國的要求與建議之下，第三十二代素檀阿布德．麥奇特（Abd Mecit，一八三九至一八六一年在位）執政期間，以一八三九年十月三日發佈的素檀勒令為起點，導入了總稱為「重組」（一八三九年至一八七六年）的全面歐化改革，包括了宣佈放棄素檀專制，整備議會制度，治下諸民一律平等，裁判與課稅公正及其他，謀求建立現代化的鄂圖曼土耳其帝國㊶。

一八三九年的素檀勒令規定：「經朕恩准，作為崇高素檀政府的臣民的『伊斯蘭民』與『其他宗教共同體諸民』，得無例外地永受本勒令之保護㊷」。這紙勒令徹底揚棄了鄂圖曼土耳其帝國作為伊斯蘭帝國的支配原理——穆斯林與非穆斯林的區別，揚棄了伊斯蘭共同體與啟典之民宗教共同體的差別待遇，轉而創造出帝國臣民的概念，不分宗教信仰，賦予帝國所有臣民平等的權利與義務，據此打造「鄂圖曼人」的意識來建構「鄂圖曼主義」。換言之，鄂圖曼土耳其帝國之臣民一律平等，背後的意義是將傳統的「伊斯蘭帝國」轉換成歐洲國家體系類型的「多民族帝國」，藉此克服帝國治下諸民族獨立運動的挑戰。

鄂圖曼主義的本質是官方民族主義（official nationalism）㊸，即「企圖同時結合歸化與保存王朝的權力，特別是他們從中世紀開始累積起來的，廣大的、多語的領土之統治權手段」，「一種把民族那既短又緊的皮膚撐大到足以覆蓋整個帝國龐大身軀的手段」㊹。作為維持帝國生存的政治方案，這個鄂圖曼土耳其帝國版的官方民族主義在吸收歐洲國家體系概念的同時，並未能一併接收民族主義背後所蘊涵的民主、共和主義。帝國境內所有住民都是鄂圖曼土耳其帝國的新觀念已經被引進，但對這些住民來說，他們作為帝國支配的臣民並未因此有本質上的改變。要在鄂圖曼土耳其帝國內部導入帶有民主、共和動能的民族原理，與帝國本身的素檀—哈里發體制之間存在著本質上的矛盾，因為素檀—哈里發的存在已經預設著統治者與其臣民之間的不平等性，因此，帝國統治原理的大轉換，將伊斯蘭帝國改造成多民族帝國的政治計劃，從一開始就遭遇到難以突破的障礙。

素檀勒令公佈後，立刻引來帝國內部的劇烈反彈。將穆斯林與非穆斯林平等關係予以法制化的企圖遭遇到烏拉瑪集團與領導階層的反對，他們為確保帝國體制長期賦予穆斯林的特權，訴諸伊斯蘭的論理，攻擊素檀當局的政策是冒瀆阿拉，並爭取到許多地方的諸侯與穆斯林的支持，導致「重組」的改革進度遭受阻礙，大都停留在紙上作業，素檀的改革意願也因此漸次冷卻。

但持續變化的歐洲體系列強並未因此停止促使鄂圖曼土耳其帝國改變的要求與壓力。隨著英國工業革命在十九世紀上半葉的快速發展與其它歐洲列強的跟進，世界貿易總量在一七八〇年至一八五〇年間增長了四倍，使英國對海外市場的開拓更形迫切。一八三〇年代以降的全球交通革命（鐵道與汽船），則更進一步為英法等殖民強權打開海外市場提供了有力的工具㊺。於是，在一八三〇年代起，大英帝國即轉換對外經貿政策，代之以「自由主義」，積極謀求打開海外市場。作為外國市場征服戰略的自由貿易成為大英帝國的信條，亞當斯密那隻「看不見的手」則成為推動此一戰略的正當化理論。

歐洲工業革命的躍進深化著經濟社會結構的變遷，但政治架構仍舊維持在反革命的維也納體制，因而導引出一八四八年的革命浪潮。為了緩和內部要求體制變革的壓力，法蘭西與俄羅斯再度採取「外征以克服內治」的策略，積極對外殖民擴張，並將矛頭指向鄂圖曼土耳其帝國的領土。如此，進入一八五〇年代，歐洲工業資本主義對鄂圖曼土耳其帝國的滲透、帝國內部的分裂，以及法俄外部的包圍，使得問題更為激烈。俄羅斯對鄂圖曼土耳其帝國的要求與控制黑海兩海峽的企圖，導致英法的軍事介入，引發一八五三年至一八五六年的克里米亞戰爭。

克里米亞戰爭以俄羅斯帝國的敗戰告終，參戰諸國在一八五六年簽署巴黎和約，要點如下：

鄂圖曼土耳其帝國正式加入「歐洲國際社會」，參與國際公法（萬國公法），列強尊重並保障鄂圖曼土耳其帝國的獨立與領土完整。鄂圖曼土耳其帝國保證其治下臣民不分宗教與人種，一律享有平等待遇，歐洲列強則自行否認一切干涉鄂圖曼土耳其帝國內政的權利。黑海中立化，其海面與港灣對各國商船完全開放，但永遠禁止軍艦出入。多瑙河完全開放，設置國際委員會管理之。比薩拉比亞州南部由俄羅斯割讓給摩達維亞公國（Moldavia），後者與瓦拉琪亞公國（Wallachia）合組為羅馬尼亞自治國，其宗主權隸屬鄂圖曼土耳其帝國㊻。

克里米亞戰爭及巴黎和約讓鄂圖曼土耳其帝國正式成為歐洲國家體系成員，歐洲國家體系首次擴張至非基督教地區。俄羅斯的敗戰則使得其百年來在黑海與地中海區域的擴張遭受到最嚴重的挫折，促發了其後的農奴解放（一八六一年）與外交上的轉進，開始集中精力將殖民擴張的矛頭對準中亞與東亞，從而打開中亞漸次淪為俄羅斯帝國殖民地的道路，並因此激化英俄在亞洲內奧（波斯、中亞、阿富汗、印度北部、西藏、新疆）的地緣政治「大競賽」（Great Game），從而導致其後對波斯與阿富汗導入歐洲版的主權國家體制。

此外，克里米亞戰爭也改變了鄂圖曼土耳其帝國與歐洲列強的關係。在這場戰爭中，鄂圖曼土耳其帝國與英、法、奧、薩（丁尼亞）等國結盟，因而戰勝俄羅斯帝國，暫緩了北方的威脅。但龐大的戰費支出迫使帝國當局大量引進以英法為主的外國借款㊼，致使鄂圖曼土耳其帝國自此不僅在政治軍事上依賴歐洲國家體系列強，並因此在倫敦與巴黎的要求下重開改革，重啟一八三九年的勒令，並在一八五八年導入土地所有權法。

土地產權法系列改革是一組重構政治經濟支配理論的計劃。這套計劃的核心是繼承法、私有產權法、土地產權登錄等系列法令改革。其論理是據此打破地方的閉鎖共同體，創造一個由自耕農組成的地產階級，讓他們的經濟活動邏輯不再是為了供養生活的自給自足，而是轉變成為市場（尤其是對歐洲的出口）而生產，藉此政府對人民（臣民）的支配不必再經由地方強侯與擁有大筆宗教捐贈地的烏拉瑪集團（通過伊斯蘭學院）等中介勢力。這樣一來，地方諸侯與烏拉瑪集團的力量就會被削弱，他們對人民的社會控制或影響力將漸次喪失；相對地，中央政府的權威與權力將可獲得強化，帝國當局對地方與人民的社會控制將逐步增長，從而可以阻止帝國分裂的趨勢。換言之，這是企圖透過經濟生活的（世界）市場化，以達到中央政府社會控制力量的總合戰略。

透過這個戰略，原本尚未被捲入世界資本主義體系、抗拒權力的商品化，並對歐洲保有貿易順差的地方諸侯來說，確實漸次地喪失其控制土地與農民的力量，並被編入世界資本主義的邊陲。但伴隨著地方諸侯力量的削弱，中央政府的權威也並未相對的地增長，而事先想像的龐大自耕農階級也並未出現。相反地，在耕地登錄、私有產權法導入與經濟活動（尤其是農耕活動）市場化的過程中，一股新的社會勢力興起。他們大都屬於都會商人階層，長期從事國際貿易的活動，熟悉金融與私產法的操作，藉由素檀當局土地所有權法的系列改革，居中以極低微的現金購得（交易或賄賂）大片土地，成為這波產權分割與交易大賽的最大贏家，並在即將到來的民族主義運動中扮演要角㊽。

與此相對，在新的產權分割大賽與經濟規模市場化的過程中，農村閉鎖共同體已被打碎，廣大的農民喪失了舊有的社會秩序與安全網絡，而且由於大多數的農民都未取得小額的耕地產權，因此未能走向自立的道路並成為伊斯坦堡當局想像中的政權新基礎。結果，作為帝國最終社會基礎的廣大農民並未離開農村，他們所處的物理空間並未轉移，身份卻突然從農村共同體的成員被迫變身成為無地的個體；既有的社會臍帶已被割裂，隻身投入到茫茫市場大海中的結局已無可避免，於是他們只能選擇留在農村中淪為廉價半奴隸狀態的佃農，或前往都市棲身在社會的底層，以出賣廉價的勞動力，勉強在社會的邊緣中喘息。

正如俄羅斯帝國於一八一六年的農奴解放並未達到預期目標，反而摧毀了舊有的社會結構與生產關係，激怒所有的社會階級一樣，鄂圖曼土耳其帝國當局的歐化改革也未達預期效果，反而造成社會結構的全面解體，地方諸侯與烏拉瑪集團的社會力量被嚴重削弱，中央政府的權力與權威也並未增長，反而更為削弱；而以都會商人／金融為主的勢力，雖然在產權分割大賽中獲利，但他們的力量尚未成長到足以建構新權力與新體制的程度。歐化改革成鄂圖曼土耳其帝國經濟社會結構與社會力的零碎化，使整個帝國在面對歐洲國家體系的壓力時更顯脆弱。這反過來又牽動著歐洲列強之間，及他們和鄂圖曼土耳其帝國的互動關係。

具有社會革命效果的土地產權法系列改革，深刻地改變了鄂圖曼土耳其帝國與歐洲列強（尤其是大英帝國）的關係。整部改革計劃的幕後推動者是大英帝國為首的歐洲列強，而鄂圖曼土耳其帝國宮廷的歐化改革派與地方的中介商則扮演著倫敦那些帝國主義設計師的戰略同盟角色，共同推對鄂圖曼土耳其帝國依照大英帝國經濟支配邏輯而被納入世界資本主義體系與歐洲國家體系的工程。土地產權法系列改革的變動，標誌著大英帝國「自由主義」經濟戰略的一大勝利。通過這個戰略，大英帝國毋須對鄂圖曼土耳其帝國導入像在印度半島那樣的直接殖民與支配，英國的資本家可以合法地經由市場交易成為鄂圖曼土耳其帝國廣大土地的「不在場地主」。而且以此為前提，藉由交通革命所象徵的科技進步，大英帝國不必透過直接的殖民與支配，而是透過市場交易，即可將鄂圖曼土耳其帝國境內的資源源源不絕地汲取回英倫三島，協助大英帝國的經濟發展與整體國力向上，並藉此穩固地維持乃至擴大對鄂圖曼土耳其帝國當局的政治影響力。

自由主義經濟戰略在鄂圖曼土耳其帝國境內的勝利，標誌著世界經濟與社會史的新轉折。大英帝國的產業資本主義發展，從空間的角度來看，是以促進工業都市的發達與成長，即中心地帶的繁榮為重心。此一發展需要能夠提供勞動力與其他資源的腹地。在自由主義經濟戰略發動之前，扮演腹地角色的地區，在英國國內是農村地區，在國外則是殖民地，尤其是印度。現在，在自由主義經濟戰略發動並獲得鄂圖曼土耳其帝國的執行後，一個毋須佔領土地與直接政治支配，即可實現經濟剝削與政治控制的非正式帝國（informal empire）就此在當時的世界出現，大英帝國的帝國主義擴張與經濟發展，與鄂圖曼土耳其帝國的經濟社會解體與政治衰弱形成了結構性的連結。這個連結愈持續且深化，大英帝國的資本便愈能順利地在鄂圖曼土耳其帝國境內擴張，其工業製品也愈能以市場的力量擊潰鄂圖曼土耳其帝國固有的手工業製品，於是中心、半邊陲、邊陲的世界結構就此完全確立。作為資本主義的先進國，大英帝國的經濟發展必須以後進國的低度發展為前提，一切經濟發展在本質上必然是低度發展的世界，就這樣在自由主義經濟戰略的發動下被鞏固出來。

然而，大英帝國自由主義經濟戰略的挺進，卻對歐洲國家體系其他列強造成更大的競爭壓力。由於其他列強在自由型經貿競賽中不若大英帝國優勢，為了回應競爭的壓力，他們加速對全球各地的殖民征服，並將箭頭指向了鄂圖曼土耳其帝國。歐洲列強在「東方問題」（與「大競賽」）上的競爭更為白熱化，並因此使「東方問題」的本質徹底淪為歐洲列強對鄂圖曼土耳其帝國領土的血腥鬥爭。

面對這場鬥爭，鄂圖曼土耳其帝國很快便發現自己無能為力。作為在十五、十六世紀震撼歐洲的「火藥帝國」，鄂圖曼土耳其帝國支配廣土眾民的基礎最先是建立在軍事征服之上，其後則是以伊斯蘭作為統合治下諸民的意識形態武器。在伊斯蘭的論理下，鄂圖曼土耳其帝國採行著遠較歐洲基督教諸國來得寬容的共存政策，據此保持著治下諸民的相對和平、融合與由此而來的安定，並在十六、十七世紀成為歐洲諸國豔羨與模仿的對象。但隨著原理的轉換，伊斯蘭的論理為民族的論理所取代，從而打開了帝國自我崩解的道路。民族論理的導入，直接衝擊著帝國統治的正當性基礎，當伊斯蘭的論理被實質揚棄後，伊斯坦堡便喪失超越性的意識形態統合工具。作為新型統合原理的民族主義，相較於伊斯蘭更具排他性，因而更具渲染性，因為被排除的「他者」

勢必將被刺激著去找尋自己的對抗性理論，要求自己的民族。很快地，所有被支配、被壓迫或遭受到差別待遇的帝國治下諸民，將積極找尋、發現或嘗試創造自己的民族，以作為挑戰帝國支配與抗拒其他以民族為名而來的新壓迫集團的武器。共存的原理已經被互斥的原理所取代，互斥與對抗的潘朵拉之盒已經打開，最後一個伊斯蘭帝國——鄂圖曼土耳其帝國，已無法挽回分裂的命運。

註譯

①此一原則後由法國學者瓦特爾（Emmerich de Vattel）在一七五八年的著書《國際法》（Le Droit des Gens）中予以理論化。參見：田畑茂二郎，国際法（岩波書店，一九六六年），頁六三。

②Philip Mason, The Men Who Ruled India（Calcutta: Rupa & Co, 1989）, pp.35-35；淺田實，東インド會社，（東京：講談社，一九九三年），頁一六八至一七二。

③Industrial Revolution，作者原文用「產業革命」一詞，但台灣讀者較為熟知的乃是教科書上慣用的「工業革命」一詞，故在此次進行修訂時改採「工業革命」一詞。

④英國殖民主義政策下，在美洲發現、挖掘與運用的金銀礦產，協助了英國母國的工業革命，並造成了鄂圖曼土耳其帝國貨幣的急劇貶值，使帝國自歐洲列強導入新式武器與機械的能力大為降低。換言之，歐洲列強用他們在美洲掠奪阿茲特克（Aztec）、馬雅（Maya）與印加（Inca）等古帝國積累數世紀之久的財富，逆轉了歐洲國家體系與穆斯林世界的權力關係。參見：Jack Weatherford, India Givers（New York：Gawcett Columbine, 1988）, p.16

⑤能源（energy）的概念首次出現在工業革命的一八四〇年代。

⑥謝世輝，世界史の変革：ヨーロッパ中心史観への挑戦，（東京：吉川弘文館，一九八八年），頁二三一至二三二。

⑦角山榮，「イギリス產業革命」，岩波講座 世界 史 十八，（東京，岩波書店，一九八三年），頁一五九至一六一。

⑧武者小路公秀，国際政治を見る眼，（東京，岩波書店，一九八三年），頁五五至五九。

⑨Lawrence James，The Rise and Fall of the British Empire (London: Abacus, 1997), pp. 122-135；許介鱗，《英國史綱》，（台北：三民書局，二〇〇八年改版），頁一四六至一四七。

⑩Simon Bromley, Rethinking Middle East Politics: State Formation and Development, (Cambridge: Polity Press, 1994), p.58

⑪杉原泰雄，国民主權の研究，（東京，岩波書店，一九七一年），第二篇第三章。

⑫值得注意的是，nation概念在法蘭西的推行，並不意味著這種集合性概念已被各地的人民所普遍接受。實情是，在革命的過程中大約有兩百萬人被殺害，顯示了強行打造nation的悲具性代價。

⑬英國社會學家Anthony Giddens將民族主義界定為心理現象，參見：The Nation-State and Violence（Cambridge: Polity Press, 1985），p.116，中文版《民族：國家與暴力》由胡宗澤，趙力濤譯，目前已絕版（台北，左岸，二〇〇二年）

⑭本書強調的是法國大革命打造出的「民族國家」此一政治模型，而非主張民族問題、民族意識或民族主義的起源來自法國大革命。從歷史發展的角度來說，在近代歐洲史上，民族問題起源在權力政治的國際關係中倍覺危機感而形成民族意識的（西歐周邊的）東歐。換言之，東歐國家是西歐國家體系的第一個犧牲品。

一七五六年至一七六三年的七年戰爭，以及一七六八年至一七七四年的俄土戰爭之後，西歐主權國家不斷強化與發展，東歐則開始出現複雜的民族問題，如三國瓜分波蘭，使波蘭民族問題複雜化：十六世紀以來，波蘭「共和國」內，部份地主與貴族階級開始萌芽起一種愛國心，但農民並不被認為是民族的一員，然而一般人民的歸屬意識，第一是家與村，其次是教會。三國第一次瓜分波蘭後，貴族出身的知識份子卻因此產生了「民族乃是在一個法體系下，以語言和風俗習慣為基礎的人群集合體」。

在巴爾幹半島上，在衰退的鄂圖曼土耳其帝國中享有較優惠待遇的希臘人之間也出現了民族意識。帝國內東正教與希臘商人的特權地位、船主精英層的活躍，以及國外離散希臘人的成長等因素，促使希臘人語言與自覺的抬頭。而在巴爾幹半島上的其他區域也出現類似的潮流，如一七六二年即有第一部「斯拉夫保加利亞史」問世。此一潮流的特色是少數精英階層基於敏銳的危機意識所形成的民族意識。這種意識和西歐的意識不同。作為法國革命時期民族意識之出發點而倍受重視的盧梭，他的愛國情感並非產生於法蘭西的土壤，而是來自於小國瑞士，只是其後被法國人所借用。參見江口朴郎編，現代世界の民族（東京：山川出版社，一九八七年），頁八至十。

⑮安德森因此將民族主義定義為「想像的共同體」（imagined community）。但他對民族主義的討論並未對民族主義、領土國家所有權觀念，以及主權國家體系蘊涵的結構性競爭關係這三者間的關連性做出系統性的釐清。參見Perry Anderson著，吳叡人譯，《想像的共同體》（台北，時報，二〇一〇年改版）。

⑯Carol Guluck，「近代の文法」，思想月刊，一九九四年十一月號，頁二至五。

⑰丸山正男，現代政治の思想と行動，（東京：未來社，一九六一年），頁一五四。漢譯本見林明德譯，《現代政治的行動與思想》（台北，聯經，一九八四年，已絕版）。

⑱拿破崙於一八〇四年稱帝，打破歐洲政治史的神聖傳統。若借用韋伯慣用的術語，則言其稱帝之舉，打破了歐洲政治的傳統主義（traditionalism）。

⑲Peter Horkirk, The Great Game: The Struggle for Empire in Central Asia (New York, Tokyo & London: Kodansha International, 1994), pp.2-3

⑳以英法這兩個帝國主義為代表，國家機關加速打造民族的過程，引來劇烈的反抗。在這個內部反抗

的過程中，伴隨著法蘭西與大不列顛的帝國主義擴張，兩國的統治者巧妙地以外征的手法壓抑了內治不安的問題，因而在十九世紀塑造出「民族和解」的（假性）形象。因此，當馬克斯在十九世紀中期以降在倫敦考察英格蘭經驗，構思其人民解放的新理論時，之所以會令人意外地在理論面前忽視民族問題而專注於經濟／資本主義的剝削，而未有英法經驗的德意志經濟理論家李斯特，在構思被壓迫人民解放之道，會以民族解放為第一要義，絕非偶然。福田歓一，「現代における国家の民族」，收錄於福田歓一，激動の世紀と人間の条件（東京，岩波書店，一九八八年），頁二一九至二二六。

㉑「百年和平」其實是歐洲中心主義式的幻覺。維也納會議之後的歐洲仍爆發著許多戰爭與革命，十九世紀的歐洲大陸大體維持和平的觀感，乃是相對於第一次世界大戰驚人的總體殺戮而來。「百年和平」的看法只是一次戰後人們對於現實的驚愕而產生的後向投射心理；對現實的恐懼和無力導致人們將過去予以美化，相對於現在和將來喪失信心的情緒導致人們慣於緬懷過去。對此，尼采曾指出：「老年人專門向後看，緬懷過去，在過去的回憶中，在歷史文化裡找尋安慰。」引自E.H. Carr, What is History? (London: Penguin Books,1987), p. 25，漢譯本：王任光譯，《歷史論集》(臺北：幼獅，已絕版)

㉒Jonathan Fletcher, Violence and Civilization: An Introduction to the work of Norbert Elias,（Cambridge: Polity Press, 1987）, p.25.

㉓俄羅斯於一九一七年社會主義革命的成功，前提沙皇軍對在第一次世界大戰東歐戰線上因戰敗而崩潰，而不是革命黨人的武裝力量所擊潰。

㉔John Agnew, Geopolitics; revisioning world politics (London and New York: Routledge, 1998), p.89.

㉕權力政治（realpolitik）一詞在一八五〇年代出現。

㉖與一七八三年遭俄羅斯帝國兼併的克里米亞汗國不同，埃及屬於鄂圖曼土耳其帝國的直轄領土，儘管素檀對埃及總督的控制已大不如前，但歐洲列強在拿破崙戰爭期間入親埃及卻正式引爆了帝國的

解體與被殖民的危機感。

㉗Macolm Yappm The making of the modern new east 17942-1923 (London: Longman, 1987), p.16.

㉘俄羅斯經濟對歐洲依賴的發展模式，可參見托洛斯基在《俄羅斯革命史》中的分析：L.D.Trotsky, Istoriya Reusskoy Revolyutsii（Moscow: Respblika, 1997,）Vol.1, “Osobennosti Razvitiya Rossii”，pp.33-44

㉙Jacques Roupnik, The Other Europe (New York; Pantheon Books, 1989), p.9.

㉚Orest Subtenly, Ukraine: A history (Toronto, Buffalo and London: University of Toronto Press, 1994), P.201.

㉛V.P.Puzyrev, “Zolotoy Vek Parusnogo Flota”, I.M.Kapitants, ed., Rossyskomu Flotu 200 Let (Moscow: Znaniye, 1996), pp.47-48.

㉜版垣雄三，「『東方問題』の激化」，收錄於前嶋信次編，西アラビア史（東京：山川出版社，一九七八年），頁四五八。

㉝塞爾維亞民族主義於十八世紀末發展，主要由留歐的知識份子階層推廣展開理念。一七八八年由歐布拉維奇（Dositej Obradovic）率先提出「南斯拉夫人」的概念，而拉伊奇（Yovan Rayich）則在一七九六年出版第一部從民族角度進行論述的「塞爾維亞民族」，形成不同的主張，但其分歧只停留在理念層次。武裝鬥爭最先由奧地利軍官出身，綽號黑喬治的彼得若維奇（George Petrovich）在一八〇四年舉兵，初始只為了反抗當地鄂圖曼土耳其帝國新軍的暴虐，不久即演變成要求塞爾維亞自治，因軍事失敗而未果。

一八一五年由俄羅斯支持的奧布連諾維奇（Milos Obrenovic）通過政治手段取得塞爾維亞有限的自治（一八一七年），並在希臘獨立戰爭期間獲得俄羅斯的支持，迫使鄂圖曼土耳其帝國承認塞爾維亞為自治公國。但此後塞爾維亞即陷入黑喬治系與奧布連諾維奇系相互傾軋的王朝鬥爭，鬥爭延續數代，漸次形成以對外追求「大塞爾維亞」的領土擴張政策來凝聚內部團結的政策基調。一八一七年塞爾維亞獨立後，此一基調維持不變，成為巴爾幹半島火藥庫的重火藥之一。有關塞爾維亞獨立史的過程，參照：李邁先《東歐諸國史》（台北：三民書局，二〇〇二年改版），頁一八三至一九一，有關塞爾維亞民族主義的病理，詳見：Branimir Anuzulovic, Heavenly Serbia: From Myth to Genocide （New York and London：New York University Press, 1999.）.

㉞John P. LeDonne, Russian Empire and the world 1700-1917: The Geopolitics of Expansion and Containment (New York and Oxford: Oxford University Press, 1997), p.120.

㉟前嶋信次編，西アラビア史（東京：山川出版社，一九七八年），頁三七七至三七八。

㊱George Lenczowski, The Middle East in World Affairs (Ithacca and London: Cornell University Press, 1980), pp.35-36；李邁先《東歐諸國史》（台北：三民書局，二〇〇二年改版），頁一一九。

㊲有關巴爾幹諸民族國家的形成過程，詳見：C. Jelavich and B. Jelavich, The establishment of the Balkan national states, 1804-1920 (Seatle: University of Washington Press, 1977).

㊳坂本 勉，トルコ民族主義，（東京：講談社，一九九六年），頁一八〇至一八一。

㊴大英帝國是推動鄂圖曼土耳其帝國進行歐化的主導國，但並非只有英國而已。鄂圖曼土耳其帝國的歐化改革幾乎是當時歐洲列強政府官員，及駐伊斯坦堡的外交使節敦促素檀當局的共同主題。參見：Bernard Lewis, The emergence of modern Turkey (London, Oxford and New York: Oxford University Press, 1968), p.124; Thomas Naff, “The Ottoman empire and the European states system”, Hedley Bull and Adam Watson, eds., The expansion of international society, (Oxford: Clarendon Press, 1984), p.169.

㊵Naff, op cit, pp.156-161; 鈴木重，「イスラム国際体系」收錄於有賀貞、宇野重昭、木戶蓊、山本吉宣與渡邊昭夫合編，國際政治の理論，（東京：東京大學出版社，一九八九年），頁一〇一。ernard Lewis, The emergence of modern Turkey (London, Oxford and New York: Oxford University Press, 1968), pp.88-89.值得注意的是，一八五六年克里米亞戰爭結束後，歐洲列強方始正式承認鄂

圖曼土耳其帝國為歐洲國家體系的一員，但歐洲列強在鄂圖曼土耳其帝國的各種特權並未廢除。

㊶C. Bayly, Imperial Meridian（London: Longman, 1989), pp.255-；前嶋信次編，西アラビア史（東京：山川出版社，一九七八年），頁三七八至三七九。

㊷轉錄自：石硋，「真主阿拉的民族定義，伊斯蘭世界的民族與國家」，中央日報，一九九九年三月九日，版二十三。

㊸此處借用Benedict Anderson習自Seton-Watson的用語。參見安德森，前揭書，頁九七。

㊹同上。

㊺Bromley, op cit, p.59.

㊻⑮ A. J. P. Taylor, The struggle for mastery in Europe 1848-1918 (Oxford: Oxford Universty Press, 1982), pp.81-82.

㊼鄂圖曼土耳其帝國在克里米亞戰爭期間向英法為主的歐洲列強大幅舉債，而其後的歐化改革並未改善帝國的財政，反而更加深帝國財政的危機，最終導致帝國財政在一八七五年宣佈債務不履行，其財政管理由英法等國組成的國際管理委員會接管，而同類的歐化改革與債務危機也在阿里家庭統治下的埃及出現。

㊽Joel S Migal, Strong societies and weak states: state-society relationship and state capabilities in the third world (Princeton, NJ.: Princeton University Press, 1988), p.57.

第六章

伊斯蘭與世界政治

拿破崙戰爭的衝擊，不僅改變了鄂圖曼土耳其帝國的命運，也改變了整個世界政治格局。大英帝國與俄羅斯兩大強權的戰爭在拿破崙戰爭後更趨白熱化，政治鬥爭延燒至三大伊斯蘭帝國，最終蔓延至整個歐亞非大陸，不只形成近代冷戰原型，並導引出一八九五年至一九一四年間歐洲列強的「新帝國主義」，最終引發了一連串的革命浪潮，並引爆了型塑當代世界政治最重要的戰爭——第一次世界大戰。

拿破崙戰爭的衝擊，不僅改變了鄂圖曼土耳其帝國與歐洲國家體系的互動，也改變了世界政治的格局。拿破崙戰爭之後，大英帝國確立了全球海洋霸權，促使倫敦當局開始摸索與塑造全球規模的世界政策──自由貿易政策的全球化，即根據經貿自由主義的原則，加速將世界上其他地區整合到以英國為頂點的世界資本主義體系中，整合的向量不僅涵蓋先前的歐亞非與北美洲沿海地區，更直接指向阿拉伯半島、鄂圖曼土耳其帝國、波斯、印度內陸、中亞、東亞，乃至俄羅斯①。

與此同時，為了確保大英帝國的全球霸權，防止（法國戰敗後）唯一的歐亞大陸強權俄羅斯的可能挑戰，便成為大英帝國統治階層的核心戰略，尤其防止俄羅斯帝國威脅到英國的帝國通路。在地理上，黑海兩海峽與阿富汗的開伯隘口（Khyber Pss，被稱為地峽）這兩個戰略上的扼制點成為鬥爭的焦點。在鴉片戰爭（一八三九年至一八四二年）後，清帝國被迫「門戶開放」，俄羅斯趁勢加速在東北亞的擴張，位於朝鮮半島與日本列島間的對馬海峽於是成為第三個戰略扼制點。黑海兩海峽、開伯隘口與對馬海峽三點連成一線，構成了十九世紀大英帝國對俄羅斯帝國圍堵（containment）戰略的前沿。如此一來，英俄兩大帝國的全球爭霸使得伊斯蘭世界，尤其是亞洲內奧，成為地緣政治角力的心臟地帶，並因此改變了高加索、印度、波斯和阿富汗的命運。

I 高加索俘囚

自十八世紀中期的普萊西之役後，印度次大陸中南部的莫索爾（Musore）便成為大英帝國在印度擴張所遭遇的最強勁對手。在法國退出印度次大陸前，莫索爾和法國聯軍共同抗擊大英帝國。法國因七年戰爭退出印度後，莫索爾的素檀提普仍與法國維持良好關係，並由法國與荷蘭引進軍火抗英。一七九三年英法開戰後，法國派遣秘密使節前往莫索爾與提普協商聯合抗英。一七九八年拿破崙遠征埃及之舉，倫敦與加爾各答都認為這是法國將從陸路入侵印度的先聲。於是英國東印度公司總督衛萊斯理（Richard〔Marquess〕Wellesley，一七九八年至一八〇五年在任）立即運用這個機會，以武力威脅展開強制外交，迫使海德拉巴地方統治者保持中立。翌年，衛萊斯理派兵入侵並征服莫索爾，提普戰死。大英帝國前進中部印度的殖民之路因此被打開，並開始與德干高原的馬拉提勢力直接對峙；而提普則被穆斯林視為伊斯蘭的殉教英雄，他的名字在三十年後被用來激勵印度穆斯林抵抗大英帝國的侵略②。

拿破崙與英國的鬥爭也將波斯直接捲入。在一七四七年納迪夏戰死後，波斯便陷入長期的混戰，直到北波斯卡賈爾部族領袖阿加．穆罕默德（Aga Momammed Khan）崛起。一七九四年八月，阿加．穆罕默德擊潰他在波斯的最後一個對手——南部的克爾曼（Kerman）之後，遷都德黑蘭，波斯從此進入了百餘年的卡賈爾王朝時代（一七九四至一九二五年）。卡賈爾王朝的支配邏輯仍依循薩法維王朝，中央權威的樹立意味著對邊疆地帶的擴張。一七九五年的春天，阿加．穆罕默德重建波斯對錫爾溫（Shirvan）、德爾班（Derbent）、巴庫（Baku）等汗國的支配權，穩控裡海南岸，並將擴張矛頭指向扼住高加索戰略要塞的喬治亞（格魯吉亞）東部，該地自一七四七年之後即趁著波斯內亂而獨立，並以亞美尼亞汗國（位於庫拉〔Kura〕與阿拉克斯〔Araks〕兩河之間）的宗主國自居。一七九五年九月，阿加．穆罕默德派兵攻入提弗里斯（Tiflis，今喬治亞共和國的首都第比提斯〔Tbilisi〕）引起俄羅斯葉卡捷琳娜女皇在翌年三月對波斯宣戰，五月攻入德爾班，七月克巴庫，將兵力推至阿拉克斯河一線。不過在波斯採取焦土戰略回應，及俄軍後勤補給不足的狀況下，於葉卡捷琳娜女皇去逝後接任沙皇的保羅一世（Paul Ⅰ）不得不下令召回俄軍③。

俄羅斯在外高加索的南進政策，用意有三：在外高加索建立起軍事據點，然後連同北高加索線的俄軍對北高加索的部族（車臣、達吉斯坦等）構築包夾之勢；在外高加索設置前進據點，以便南進波斯北部與爭奪裡海控制權；從喬治亞西部向小亞細亞和黑海投射兵力，直接壓迫鄂圖曼土耳其帝國的心臟地帶。儘管在一七九五年的軍事冒險並未成功，但拿破崙很快給了俄羅斯機會。

一八〇〇年，拿破崙與沙皇保羅一世計劃共同遠征印度以扼制大英帝國的戰略心臟。翌年，保羅一世命令哥薩克準備進軍印度。儘管此一攻印計劃不久即因保羅一世突然在三月被暗殺而中斷，但聖彼得堡仍趁機於同年五月出兵兼併喬治亞。法俄合作進軍印度的暫時受挫，促使巴黎決定利用波斯作為前進印度的基地，而波斯則考慮以防俄作為聯法的條件。與此同時，警戒法波動向的英國，則由印度總督衛萊斯理派遣年輕軍官麥爾肯（John Malcom）急訪德黑蘭，以協助波斯防禦俄羅斯和阿富汗及提供援助為條件，謀求阻止波斯與法國合作，並趁機擴大英國、印度與波斯的通商關係。結果此舉奏效，其後波斯即拒絕法國有關聯合攻擊印度的提案，並捲入英法俄三大強權的權力鬥爭中。

一八〇四年，法國改而提議波斯與俄羅斯締結同盟，謀求調和波俄關係以阻斷英國利用俄羅斯威脅來爭取波斯，但未獲德黑蘭回應。一八〇五年，法俄關係趨於緊張。翌年，巴黎派遣使節團前往德黑蘭，以協助波斯向俄奪回喬治亞與提供經濟援助為條件，換取波法共擊印度的合作。其後法國使節團又增加條件，即波斯遭受俄攻擊時法國將提供援助，終於徵得德黑蘭同意共同攻擊印度的提案。一八〇七年五月，法波簽署協定，法國軍事代表團旋即抵達波斯，著手研擬共同攻擊印度的作戰方案。七月，法俄關係和解，拿破崙與沙皇亞歷山大一世在普魯士簽定提爾希特條約，對聯合遠征印度一事又達成和議。為了牽制法俄動向，英屬東印度公司總督明托（Lord Minto，一八〇七年至一八一三年在任）分派三路使節：派麥爾肯前往波斯、艾爾芬史東（Mountstuart Elphinstone）前往阿富汗，梅爾加爾菲（Charles Metcalfe）前往錫克教政權所在位置拉合爾④——這三地正是陸上進攻印度的必經之路——爭取三地領袖與英合作，以抗拒法俄來自北方的威脅。

結果，麥爾肯並未說服德黑蘭取消法波協定，而艾爾芬史東則在阿富汗達成任務。一八〇九年六月七日，大英帝國與阿富汗締結友好條約，這是阿富汗首度與歐洲國家體系成員國簽定條約，並意味著阿富汗自此正式被捲入歐洲國家體系的權力鬥爭之中。一八一〇年，麥爾肯再度前往德黑蘭，提議若波斯對俄開戰，英國將提供一年十二萬英鎊協助波斯，並派遣軍事代表團協助訓練波斯軍隊，於是德黑蘭又倒向英國。一八一二年，拿破崙征俄，英國急於爭取俄羅斯，於是運用俄羅斯威脅論來爭取波斯合作的計劃又告停頓，而聖彼得堡則趁英國改變策略之際重啟對波斯的侵略，於一八一三年簽署俄波之間的古立斯坦（Gulistan）條約，波斯除正式放棄喬治亞之外，又喪失對達格斯坦（Dagestan）、明格瑞利亞（Mingrelia）與阿布哈吉牙（Abkhazia）、巴庫、德爾班、夏基（Shaki）、錫爾溫（Shirvan）、卡拉巴赫（Karabakh）、塔里布（Talish）的部份，而俄軍拿到了裡海的支配權。

拿破崙征俄的失敗，對倫敦來說意味著法國的威脅將很快消除，而俄羅斯來自北方的威脅則更具現實性。古立斯坦條約將俄羅斯的勢力推至阿拉克斯河，並使裡海成為俄羅斯的內陸湖。此後，俄羅斯即可從提孚里斯（Tiflis）與奧倫堡（Orenburg）兩大戰略據點向南與向東進行擴張。

俄羅斯的前進使大英帝國立刻在波斯進行反擊，利用德黑蘭當局對俄的敵意正濃，在一八一四年締結英波條約，英國承諾每年提供十五萬英鎊的援助，而波斯則同意不與英國的任何敵對國締結條約和採取共同軍事行動，且不允許英國的敵對國軍隊通過波斯領土⑤。翌年，法國退出印度與波斯的權力競賽後，英國基於防衛印度與圍堵俄羅斯的現實利益，而俄羅斯則基於傳統的南進政策與扼住大英帝國要害等考慮，於是兩大強權在亞洲內奧展開了激烈的權力鬥爭，名為「大競賽」（The Great Game）。

英俄在亞洲內奧的「大競賽」以一八五〇年代的克里米亞戰爭為轉捩點，略分為兩個階段。在克里米亞戰爭之前，俄羅斯對亞洲內奧的擴張政策是其黑海政策的延長。為了徹底控制黑海，聖彼得堡當局決意控制黑海沿岸各地，包括黑海右岸的北高加索與外高加索地區。在克里米亞戰爭之後，俄羅斯向黑海海峽的擴張政策遭受史無前例的挫折，加上清帝國在鴉片戰爭中暴露出弱點，於是聖彼得堡當局遂將侵略的方向轉向中亞與東亞。

在十九世紀上半葉俄羅斯的擴張過程中，征服北高加索時，遭遇來自當地原住諸民自主性的激烈抵抗，是俄羅斯帝國史上最為慘痛的一頁。而對外高加索的征服則遭遇到鄂圖曼土爾其帝國與波斯卡賈爾王朝的抵抗。

作為「歐洲第一山」的高加索山，自西北向東南橫貫黑海與裡海間的廣闊地峽。最高峰厄爾布魯士山，海拔五千四百六十二公尺，高度為全歐之冠。傳統上，將高加索山脈的分水嶺作為南歐與西亞間的分界線。高加所一詞不僅指山脈本身，也包含了山脈兩側的廣大地區。北側稱為高加索或北高加索，南側則稱為外高加索。整個地區面積四十四萬平方公里。

峻拔的高度加上陡峭直立的坡度，使高加索山自古以來即成為歐洲文學想像的重要對象。早在西元前七百年，擅長航海經商的古希臘人便已在黑海沿岸建立商站與小型殖民地，逐漸獲知高加索山的存在。這是希臘人世界觀中的世界第一高山，因而留下了許多關於高加索山的文學創作與神話傳說。其中最重要的是古希臘三大悲劇作家之一的埃斯庫羅斯（Aeshylus，西元前五二五／五二四年至西元前四五六／四五五年）筆下的「被縛的普羅米修斯」——普羅米修斯被拘困的地方，正是高加索山。在象徵意義上，高加索山是希臘諸神的聚會地場，更是人類文化與苦難的原鄉。

雄偉、峻拔、地勢複雜與難以穿透的自然造型，加上山脈、高原、山麓、平原、河流、湖泊、草地、森林、沼澤及大草原參差交錯，使高加索山地區的住民彼此不易溝通，形成了部落分立與語族千奇百種的特色。對近代西歐精神文明的發展並不亞於西塞羅、賀瑞斯與魏吉爾的古羅馬作家老普里尼（Pliny The Elder），在西元七十七年寫成三十三卷的大著《博物誌》，其中記載：羅馬人至高加索各部落間經商，僱用的翻譯多達一百三十四名。中世紀阿拉伯偉大史學家阿濟里（al-Azizi）曾親自遊歷過高加索，僅在達吉斯坦一地就發現了多達三百多種彼此難以溝通的語言，因而稱高加索為「諸語言之山」⑥。

西元十一、十二世紀，蘇非派教團納克許邦迪（Naqshbandiya）與卡迪爾（Qadiriya）將伊斯蘭傳入北高加索，此後北高加索地區的住民即逐漸改宗伊斯蘭，伊斯蘭信仰與阿拉伯文成為統合諸語族住民的凝結器——在教育上具有獨佔性的阿拉伯文成為部族與部族之間互通的語言⑦。

一七二三年，俄羅斯彼得大帝曾派兵遠征裡海西岸，企圖奪取曾是亞歷山大大帝遠征中亞與印度時行經的軍事要衝，被當地穆斯林稱為「天下第一關」的德爾班。一七七四年與一七八四年的兩紙俄土條約，使得俄羅斯取得克里米亞半島與喬治亞的支配權，順勢對北高加索加強攻勢，在一七八五年激起了穆斯林領袖曼蘇爾（Shaaykh Mansour）領導的聖戰反抗。一八一五年的維也納會議，確立了反革命的歐洲諸專制王權聯盟體制，俄羅斯的西部前疆暫告安定，開始將精力放在高加索征服的帝國事業上⑧。然而，帝俄的征服極不順利，遭遇到高加索山民的激烈反抗。

北高加所征服的挫折使聖彼得堡決意加快對外高加索的侵略。這有三重戰略意義在：第一是作為黑海政策的延長，控制瀕臨黑海的外高加索地區。第二是控制外高加索，連同在北高加索北部沿著捷列克河一線展開的俄軍，可對北高加索山岳地帶進行抵抗的原住民構成戰略包圍；第三，控制外高加索，就可控制該地區的卡拉（Kara）河與姆拉特（Murat）河，這兩條河川構成幼發拉底河的源流，即控制兩河後將可影響力推至敘利亞乃至波斯灣，對鄂圖曼土耳其帝國、波斯與大英帝國構成戰略上的壓力⑨。

一八一六年至一八二七年間，葉爾莫洛夫（Alexey Ermolov，一七七二年至一八六三年）出任高加索遠征軍司令，為了向沙皇亞歷山大一世表現戰功，決定對高加索採取最暴力的鎮壓手段，並在一八一八年建立戰略要塞「雷威」（Groznaya），代表帝俄軍隊「殺無赦」的威嚇與恐怖政策。這個戰略要塞就是今日車臣共和國首府格洛茲尼（Grozny）的起源。之後俄軍便以格洛茲尼為據點，自一八一九年起將兵力增至五萬，並利用俄羅斯邊疆屯墾農民組成的哥薩克騎兵團作為前導，對北高加索地區展開猛烈的侵略攻勢，並陸續在車臣與達吉斯坦等地建立要塞並向前推進，因而引起山民們的抵抗，為了懲乏這些原住民「過剩的獨立之愛」，葉爾莫洛夫下令展開今日被稱為「種族滅絕」的屠燒村落與屠殺一般平民的大虐殺⑩。

然而這些恐怖的殺戮政策並未使北高加索地區的穆斯林屈服，在車臣出身的夏米爾（Imam Shamil，一七九七年至一八七一年）的領導下果敢反抗，展開了長達四十年的血戰，直到一八五九年夏米爾被捕後，才被帝俄強行併吞⑪。

儘管遭受激烈抵抗與代價高昂，帝俄政府仍執意推動侵略政策。整個一八三〇年到四〇年代，俄羅斯帝國的國內外情勢處於相對安定與和平的時期，使帝俄有餘裕派遣更多部隊前往高加索。數萬名以上的貴族軍官被派到最前線去歷經他們生平最重要的戰爭訓練。一如印度征服對大不列顛的軍官養成一樣，高加索成為帝俄軍官升遷的最重要途徑。不只如此，正如印度征服刺激出英格蘭作家的帝國主義想像與論述，（如一九〇七年諾貝爾文學獎得主吉卜齡Joseph Rudyard Kipling，一八六五年至一九三六年）一樣，高加索經驗也催生出十九世紀俄羅斯桂冠作家群。在外高加索原住民中不過是殺人狂的葉爾莫洛夫，在俄羅斯國內卻受到知識階層的普遍推崇，其中包含了詩人普希金（Alexander Sergeyevich Pushkin，一七九九年至一八三七年）⑫。

普希金被廣泛譽為俄羅斯文學史上第一詩人，生於莫斯科的貴族之家，年輕時為帝國軍官，由於受到西歐浪漫主義與法國大革命自由主義的影響⑬，普希金與他同時代許多青年軍官類似，熱烈擁抱君主立憲制，因而在一八〇二年遭沙皇流放至高加索，並於兩年後出版《高加索囚俘》（Kavkazky Plennik，一八二〇至一八二一年），自此開啟了俄羅斯文學與思想史上的「高加索時代」。在普希金之後，萊爾蒙托夫（Mikhail Lermtov，一八一四年至一八四一年）的《我們時代的英雄》（Geroy Nashego Vremeni），以及托爾斯泰的《哈吉．拉慕特》（Hadji Murat）系列以高加索為主題的作品，在俄羅斯文學史上的地位正如吉卜齡在英格蘭文學上的地位一樣。對此，十九世紀末、二十世紀出的俄羅斯作家索洛古博（Fedor Kuz'mich Sollogub，一八六三年至一九二七年）曾有這樣的描述：「那裡（高加索）進行著令人難以想像的激烈戰鬥，那裡產生了整個世代的俄羅斯英雄，那裡流傳下來年輕戰士功業彪炳的不朽事蹟，留下了整部俄羅斯的伊里亞德。」⑭

高加索征服與相關文學活動的最重要意義，是塑造了俄羅斯版的東方主義。普希金、萊爾蒙托夫等人自由主義式的政治訴求，遭到作為維也納體制重要支柱的俄羅斯沙皇政府的鎮壓，高加索遂成為俄羅斯自由主義派尋求自由的另類出路。兩代文學家的如椽之筆為俄羅斯人的高加索意象留下了烙印。對政治上遭到壓抑、欠缺精神動力，沉浸在帝京頹靡生活中的俄羅斯青年貴族軍官而言，高加索成為浪漫主義式的自由之地，是他們逃離帝俄的烏托邦⑮。

經由此一系列文學的想像、作品中的異國情調以及優美俄文的操作，高加索乃「俄羅斯的土地與前疆」這個印象，深深刻入俄羅斯人的心版上。高加索一詞對俄羅斯人而言，已不再只是純粹的地理概念，而是俄羅斯史上的一個時代，一個極富浪漫主義的政治計劃。以萊爾蒙托夫為例，他在為高加索人的原始自由生活宣告結束而感歎之際，也與普希金一樣認為俄羅斯文化對高加索各民族的最後勝利是歷史發展不可避免的必然趨勢，並據此向高加索於住民提出勸告，要他們對俄羅斯的勝利抱持樂天安命的態度。普希金曾說：「低下你的頭吧，高加索人！因為葉爾莫洛夫到了。」萊爾蒙托夫則曾經對北高加索原住民預言道：「總有一天你們會驕傲地說，誠然我們是奴隸，但至少我們是世界統治者的奴隸。⑯」

如此，前進邊疆（帝國擴張）與追求「自由」兩者合一。在國內遭受挫折的自由主義成為帝國擴張的尖兵，並通過多布羅琉多夫（N. A. Dobrolyubov，一八六三年至一八六一年）等同代通俗作家的渲染，俄羅斯版的東方主義宣告成立，其核心內容是，「先進的」俄羅斯為「落後的」高加索穆斯林帶來「文明」與「進步」⑰。

II 部落共同體的危機

與在北高加索遭遇的長期抵抗相較，俄羅斯在外高加索的擴張顯得較為快速。一八一三年古斯坦條約後，大英帝國加強了對波斯的影響力，並在一八二四年將駐德黑蘭代表團的指揮權從倫敦移至加爾各答，這意味著波斯的「防衛」被納入大印度（Greater India）的「防衛圈」之內。同年，英國與普魯士達成協議，計劃在（波斯的）亞塞拜然建立起英普共同殖民地，藉此防堵俄羅斯的南進⑱。俄羅斯對此的回應是一八二六年的波俄戰爭（一八二六至一八二八年），並在戰後於一八二八年迫使波斯卡賈爾王朝簽署土庫曼查伊條約，在外高加索取得完全支配性地位，在波斯享有最惠國與優勢地位，並得以在德黑蘭建立永久性外交・軍事代表團——在此之前，僅英國享有常駐代表團的權利⑲。

俄羅斯的前進，促使英國東印度公司總部在一八三〇年元月命令印度總督擬定圍堵俄羅斯南進的「大計劃」（Master Plan），並開始調整對印度及其周邊區域的整體戰略。整個新戰略的基本考慮是，擔心俄羅斯的南進使大英帝國無法將其自由貿易政策推展至中亞而喪失利益，並且擔心聖彼得堡慣用的「製造動亂」戰略將隨著俄羅斯的南進波及印度次大陸，進而影響到大英帝國在印度的殖民統治。由於大英帝國並未控制印度河以北的地區（信德、旁遮普，以及其他），圍堵俄羅斯南進的顧慮使加爾各答當局開始轉向直接征服這些地區，而地理上的前疆就是阿富汗。

阿富汗現在正漸次成為英俄帝國競賽的焦點，而波斯的政策轉向，使阿富汗的局勢更為複雜。一方面，在一八一三年與一八二八年兩紙條約使波斯徹底喪失在高加索的領土後，德黑蘭當局認為與英國合作的效用不大，並警覺到在喪失西向通往歐洲的戰略要道之後，因而有意在東方（呼羅珊）取回補償。另一方面，基於轉移波斯注意力以防止德黑蘭在高加索地區尋求報復，同時又可藉此弱化英國在印度的地位等考慮，俄羅斯鼓勵波斯東進並提供實質援助，包括武器與軍事顧問團。一八三三年，波斯出兵奪取呼羅珊，兼併該地區的大部份領土，進而揮軍赫拉特，但圍城未果，於一八三七年又再度兵臨赫拉特城下。

遭受攻擊的阿富汗正處於非常衰弱的狀態。在一七七三年六月阿赫瑪德汗逝世之前，是新興的阿富汗國勢顛峰期，新帝國的版圖西至呼羅珊，東至喀什米爾與旁遮普，南印度洋濱，北達阿姆河，並經由條約與聯姻等政策，確保這些地區的間接統治。一如其他創建帝國的君王一樣，阿赫瑪德汗也建立了新都坎達哈，但並未因此使這個新首都擁有獨立的經濟基礎。儘管新帝國已經建立，但既有的社會結構卻紋風不動，建立在血緣原理上的生產方式依舊壓倒性地存在，尤其在阿富汗的西部更具支配性地位。大多數住民，在山岳地型自然切割，形成各村落之間相對孤立，各村落享有高度的地緣性、自立行與自足性等條件下，認同與效忠成同心圓排列：家族、村落共同體、村落之上的部族、部族聯合，最後才是國家。

阿赫瑪德汗採取遊牧帝國典型的貢賦制度來作為帝國財政基礎的政策，亦以村落共同體而非個人作為繳納貢賦的基本單位，從而維繫並鞏固著原有社會結構與認同排序。因此，阿赫瑪德汗帝國的性格，與其說是一個中央集權的王國，不如說是普希圖人與非普希圖人諸部族共同組成的部族聯合體——汗國（Khanate）或是「掠奪帝國」。這種支配體質很快就因阿赫瑪德汗這位帶有英主型人格魅力的領導人逝世後而陷入危機。畢竟阿赫瑪德汗用來超越血緣臍帶之限制的策略，是戰爭的果實與伊斯蘭的統合論理，但戰利品分配的策略只具有短暫的效果，而伊斯蘭的統合也經常在世俗衝突（土地、財產、女性）時，難以超越家族、村落共同體，部族等紐帶。發現或開發可依賴與可再生之資源問題始終存在，並構成帝國政治經濟的核心問題，使阿赫瑪德汗的後繼者都不能不面對⑳。

阿赫瑪德汗之子提穆爾夏（Timur Shah，一七七三年至一七九三年在位）繼承王位後便立刻面臨到這個問題，而且也立即遭遇到王位繼承戰爭。在這場戰爭中，許多阿布達利系普希圖部族投入反對陣營，他們的軍隊一度逼近首都坎達哈（普希圖語城市），迫使提穆爾夏在一七七五年遷都至東部的達利語（以波斯語為源的混合語）城市喀布爾，並大量晉用非普希圖族人，藉以讓統治機關更新獨立於普希圖部族的影響。進一步，實質上等於普希圖內戰的王位繼承戰爭，也搖撼著帝國當局其他非普希圖住地的支配，旁遮普、信德、喀什米爾等遙遠的省份起兵反叛，致使帝國財政最重要的基礎——貢賦體制因而大受動搖。在這個雙重挑戰的局面下，提穆爾夏只能集中全力處理普希圖內戰，無暇派兵鎮壓邊疆省份，導致邊省貢賦大為減少，帝國財政因而陷入危機。和許多前代帝國陷入財政危機時便加重對農民的賦稅一樣，提穆爾夏也採用了同樣的方法——增加對非普希圖人的課稅，因而又引起非普希圖人的反抗，進一步弱化了中央政府的權威。此外，提穆爾夏重用非普希圖人的政策，反而強化了普希圖諸部族的怨念，使得中央權威更加弱化。提穆爾夏於一七九三年過世時，並未指定王位繼承人，最後導致他與來自不同部族十位妻子所生下的二十三名王子再度陷入了王位爭奪戰㉑。

最後，新王拉曼夏（Zaman Shah，一七九三年至一八〇二年在位）在內戰中勉強登基，導入強化中央集權的政策，並增加對東部各省的課稅以充實政府的財政。而拉曼夏與兄弟間的王位爭奪戰，則再次演成普希圖諸部族之間的混戰，激化了各部族之間的不信任與懷疑，導致拉曼夏在一八〇〇年放逐自己的宰相，普希圖巴拉克賽系（Barakzai）穆罕默德氏族（Muhammadzai）領袖帕延達汗（Sardar Payinda Khan Barakzai），結果反拉曼夏的勢力便趁勢以帕延達汗為中心，展開推翻國王的策劃。拉曼夏發現了此一構想後，便親手挖出了帕延達汗的雙眼，於是，帕延達汗的二十一個兒子便起兵為父親復仇；這也給了拉曼夏那些有意爭奪王位的兄弟們絕佳的良機，復仇劇碼最後演變成為薩多賽諸氏族間為爭奪王位而展開的全面內戰。一八〇一年，帕延達汗的長子法提汗（Wazir Fateh Khan）與拉曼夏的王弟馬赫慕德夏（Shah Mahmud）聯軍攻入喀布爾，也挖出拉曼夏的雙眼作為報復，並改推馬赫慕德夏為新王（第一次在位期間為一八〇一年至一八〇三年），並以法提汗為宰相。但馬赫慕德夏恐懼法提汗控制大權，也挖了其雙眼，同樣引起法提汗諸子舉兵復仇，內戰又起，拉曼夏之弟修賈夏（Shah Shujah）在其舊都坎達哈稱王。一八〇九年，修賈夏前往白夏瓦與英國締結盟約，企圖運用英國的力量來協助自己在內戰中贏得勝利。但此時英國關切的是拿破崙戰爭與印度防衛，無意介入阿富汗內戰。不久之後，法提汗之弟杜斯特汗（Dost Mohammad Khan，一八一九年至一八六三年在位）崛起而控制政權（一八一八年），卻因此再度引爆爭奪王位的內戰（一八一八年至一八三四年）。在內戰中，杜斯特於一八二六年在喀布爾稱王（Amir，正確的意義為穆斯林的司令官），修賈夏流亡，逃至旁遮普[22]。

在拉曼夏時代，旁遮普的錫克教領袖蘭吉特・辛赫（Ranjeet Singh）仍維持著對阿富汗繳納貢賦的被支配關係，但當修賈汗忙於內戰時，蘭吉特在拉合爾自立為王，自稱大君（Maharaja），不再繳納貢賦。當修賈夏出亡至拉合爾後還一度獲得蘭吉特的庇護，但不久又被迫離開，前往魯迪安納（Ludhiana，今印度旁遮普境內），接受英國東印度公司的保護[23]。此後阿富汗政權便由巴拉克系穆罕默德氏族控制，但內戰仍延宕不決。不久，喪失對旁遮普控制權的阿富汗即面臨來自俄羅斯的威脅。

俄羅斯控制外高加索並在波斯取得巨大利權的行動，以及由俄羅斯在幕後鼓動的波斯進軍阿富汗之舉，引起大英帝國的警戒，並因此改變對印度西北部與阿富汗的政策。

在拿破崙戰爭後，大英帝國積極推動印度的全面殖民化政策。一八一五年開始，倫敦改變對印度的殖民政策，從先前專事征服與掠奪但不干預被殖民者社群內部運作的「不干涉」政策（non-interference policy），轉變為以文明開化為名的「內部改革」（internal reforms）與英語化政策㉔。此一政策是英國東印度公司強化其權威的一環，另一環則是擴大對印度次大陸的征服。一八一八年，馬拉提人被迫臣服；一八二四年的一場戰爭，英國兼併了緬甸的部份獨立王國，藉以確保孟加拉殖民地的前疆安全。

在這段印度征服期間，英國的政策是維持邊疆的安定，亦即運用阿富汗、俾路支與信德三地作為遏止俄羅斯侵入印度的前方防衛圈，因而企圖促成三地的統治者結成聯盟以增強防俄實力。但這個結盟政策目標確一直無法實現；隨著阿富汗的內亂與整個地區的紛亂不休，旁遮普的錫克政權崛起，並且很快地成為印度西北部的重要勢力，並在一八二八年攻佔印度富庶西北部的戰略要塞白夏瓦。

正是在這段期間，尤其是在一八二八年俄羅斯與波斯的土庫曼查伊條約簽署後，大英帝國轉變了先前的政策。一八三〇年代起，改採更具侵略性的「前方戰略」——在印度西北更前方尋找可防禦的天險作為阻俄防線，並著手控制印度與此一防線間的領土，將矛頭指向印度的北方邊界，對象包括在旁遮普崛起的強大錫克政權、阿富汗與波斯。此時出現的核心問題是：防線如何界定？印度的邊疆是否應以印度河為限，抑或再往前推到阿富汗境內的喜瑪拉雅山麓，乃至中亞的阿姆河？在歷經數度爭論之後，加爾各答當局獲致基本共識：印度的安全須要一個以阿富汗作為頂點的「防疫線」（cordon solitaire）㉕。

為了遂行這個前方戰略，印度總督再度運用「分化而征之」的策略，鼓勵錫克政權攻擊阿富汗東南的富庶區域普希圖斯坦（Pushtunistan）；阿富汗的杜斯特汗轉而要求印度總督制止錫克政權的劫掠，並以願意協助英國防禦俄羅斯作為回報。對此，俄羅斯的回應是鼓動與支持波斯政權再度進攻赫拉特。一八三七年十一月，波斯大軍包圍赫拉特，而大英帝國的印度總督奧克蘭（Lord Auckland）則在翌年派遣五百名精英部隊侵入波斯灣岸，佔領哈爾格（Kharg, Karrack）島，並派遣大軍進入阿富汗，協助喀布爾當局防禦赫拉特。

如此，赫拉特圍城暫解，但此役使阿富汗的杜斯特汗警覺到西北威脅的嚴重性並認識到俄羅斯的角色，因而開始與俄羅斯接觸。一八三八年十月，俄羅斯使節維克托維奇（Viktovich）密訪喀布爾，提議在俄羅斯的仲介下，促成波斯與阿富汗締結帶有抗英性質的同盟條約。此一舉動很快地大英帝國的情報單位獲知，同時激起倫敦與加爾各答的危機感。為防止戰略上被稱為「通往印度之門戶」與「通往中亞之門戶」的赫拉特落入俄羅斯的控制範圍內，以及穩控「防疫線」所在地的阿富汗與波斯，大英帝國一方面迫使德黑蘭當局簽署商業條約，打開波斯市場，公開表現出封鎖俄羅斯前進印度洋的政治立場；另一方面由印度總督奧克蘭與錫克政權的蘭吉特、流亡在印度的修賈夏締結三邊「友好條約」，前兩方承諾出兵協助修賈夏奪回喀布爾政權，修賈夏則承諾對英國效忠，並允諾將阿富汗東南部份的領土給予蘭吉特作為回報㉖。於是，大英帝國在阿富汗建構扈從國（client state）的戰略便自此開始。

一八三九年春，奧克蘭發動九萬大軍，以修賈夏為名義領袖，英國軍官為總司令，開始對阿富汗發動攻擊，取道俾路支和信德（蘭吉特未同意英軍取道旁遮普），於四月下旬攻入坎達哈，八月攻入喀布爾，修賈夏再度稱王，而杜斯特汗則逃離首都，一度對英軍展開游擊戰，但不久即放棄而投降，被遣送至印度拘留。但駐屯的英軍很快便又遭到吉爾賽系普希圖的游擊反抗，後者視英軍為佔領軍，視修賈夏為傀儡政權而拒不接受，並著受運用山區與鄉村地區對控制主要大城與主要交通幹道的英軍／修賈夏軍進行游擊戰。而杜斯特汗諸子，阿克巴汗（Wazir Akbar Khan）、羅加里（Amin Logari）與馬斯吉（Mir Masjidi）等人則在喀布爾郊區舉兵呼應，並成為領導阿富汗全國抗英的領袖㉗。

與大英帝國在阿富汗的軍事侵略相對，俄羅斯帝國的奧倫堡總督彼洛夫斯基（Perovsky）也趁機在同年十二月派遠征軍攻擊基發（Khiva）汗國，藉以作為英國入侵阿富汗的回應。此次的遠征並未成功，但首次表現出對俄羅斯準備用武力侵略中亞的新動向。

英國扶植傀儡政權以建立扈從國的戰略，在阿富汗游擊戰中也遭遇嚴重挫敗。修賈夏政權被推翻，英國則在一八一四年被迫撤軍，但在撤退的握程中遭遇到毀滅性的打擊，單是在撤離開伯隘口的過程中，即因遭受攻擊而造成四千五百名英軍及連同在印度的僱傭兵，一共一萬六千人被殺㉘。翌年，杜斯特汗回到阿富汗，為了鞏固政權而著手迫害吉爾賽系普希圖部族的游擊戰領袖，藉以重建英國人入侵前的內部政治結構。此後，普希圖巴拉克賽系穆罕默德氏即長期控制著阿富汗的政權，歷代國王皆出身此一氏族，直至一九七三年末代國王札希爾夏（Mohammad Zahir Shah）被推翻為止。

在這一場被稱為第一次英阿戰爭（一八三九年至一八四二年）的血腥鬥爭中，面對阿富汗游擊軍（以吉爾賽系普希圖為主力）的激烈反抗，大英帝國遭受了史無前例的挫敗。對此，當時的卡爾・馬克思在他的《印度史筆記》中這樣記錄道：「奧克蘭羞愧地回到了英格蘭，（他的職務）改由大嘴象艾仁伯（Lord Ellenborough）接掌。艾仁伯誓言採取和平政策，但在他的兩年任期內，劍從未被放下㉙。」

第一次英阿戰爭的失敗，說明了英國雖可以輕易用武器更換喀布爾的統治者，但要維持不受歡迎的傀儡政權卻非常困難。戰後，新任印度總督艾仁伯決定以武力征服控制信德地區的俾路支諸王與控制旁遮普的錫克政權，因而導致了三場大戰：一八四三年對信德的戰爭，一八四五年至一八四六年，以及一八四八年至一八四九年對錫克政權的戰爭。透過了這些戰爭，英國控制了阿富汗先前被錫克政權佔領的地區，並取得了白夏瓦與許卡爾樸爾（Shikarpur）兩處戰略要地——前者是控制印度通往開伯隘口與喀布爾的要道，後者則控制著印度通往伯蘭隘口（Bolan Pass）與坎達哈的要道。這兩條路線正是連結阿富汗與印度的必經之路。

就在英國發動第一次英阿戰爭之際，歐洲與東亞也出現重大轉變。在歐洲，一八三〇年七月的法國革命導出了王權復辟，新登基的路易菲力為了移轉國內焦點，改採積極對外擴張路線而侵入北非的阿爾及利亞，並開始改善與俄羅斯之間的關係，謀求聯俄制英。法俄在歐洲的接進被大英帝國視為噩夢，為了維持歐洲的權力平衡，倫敦轉而扶植普魯士以牽制法國，為後來的德意志統一與德意志的崛起鋪設道路。

在東亞，源自孟加拉鴉片出口清帝國的貿易糾紛，導引出一八三九至一八四二年的鴉片戰爭。鴉片戰爭打開了以清帝國為頂點的另類國際體制——東亞華夷秩序（朝貢貿易與冊封體制）崩解的道路。戰敗的清帝國暴露出弱點，並因此給予一六八九年尼布楚條約之後即懾於清帝國威望的俄羅斯帝國新的刺激，開始轉變對東北亞的策略，改行積極的侵略擴張路線。一八四七年穆拉維約夫（Nikolay Nikolayevich Muravyov，一八〇九年至一八八一年）出任掌管東進的伊爾庫茨克總督，標誌著俄羅斯開始展開東北亞侵略的新動向。面對這樣的態勢，大英帝國的回應是採取維持清帝國生存的策略，將長江一線以南視為其利益範圍，並在後來積極地支持明治維新（一八六八年一），協助日本的崛起，藉以構築在鄂霍次克海、日本海、對馬海峽圍堵俄羅斯海軍（海參崴為基地）南下的戰略支柱。

如此，英俄兩大帝國的權力鬥爭，便從黑海海峽與開伯隘口兩處扼制點，漸次演變成涵蓋整個世界島（歐亞非大陸），從北歐的斯堪地那維亞半島到對馬海峽的全球性鬥爭。

III 緩衝國的扶植

英俄的鬥爭以爭奪黑海海峽與開伯隘口的控制權為焦點。第一次阿富汗戰爭（及其後的第二次阿富汗戰爭）最根本的目的是在控制開伯隘口。一八五三年引爆的克里米亞戰爭，其焦點則是在黑海海峽的控制權；這場戰爭使英俄兩大帝國的「大競賽」進入新的階段。

在血腥地征服印度次大陸西北部的信德、旁遮普等地區後，大英帝國憑藉著優勢的武力使阿富汗的國土規模急遽縮小。廣袤領土的喪失，對阿富汗產生極為深遠的影響。自此之後，中央政府永久地喪失了富裕的東北部諸省，包括了旁遮普、信德、喀什米爾等地，前後被新崛起的錫克王國、地方軍閥與大英帝國所佔有。俾路支斯坦則是先由當地新興的汗王們宣佈獨立，其後又被英國所吞。北部與中亞接壤的阿富汗土耳其斯坦、東北部的巴達赫湘（Badakhshan）與哈札拉賈特（Hazarajat）則獨立於中央政府的控制長達數十年，直到十九世紀末被俄羅斯所併吞。這些曾經獲得獨立的地區，在自立後都陷入部族內部（烏茲別克族、哈札拉族、泰馬米、艾瑪克、賈姆許與哈札拉、烏茲別克、塔吉哈、賈姆許等）間的混戰。

長達數十年的戰亂，並未造成既定社會經濟結構的解體與重組，反而是強化了既存部族政治、經濟與社會架構——部族臍帶成為政治動員的主要武器，從而深化了部族間的分裂㉚。在此一分裂中，遇有外部威脅時，即訴諸伊斯蘭大義來凝聚內部團結。從杜斯特汗時代開始，在面對西部的波斯、東部的錫克，以及來自東南方的大英帝國時，都是以伊斯蘭聖戰作為擊退外敵的主要號召。一八三六年，杜斯特汗宣告自己是「所有穆斯林的司令官」（Amir al-muminin）——哈里發的頭銜之一㉛，即明顯表現出這種運用伊斯蘭大義來凝聚內部、擊退外敵，藉以超越「官方伊斯蘭」策略。

正如阿富汗的建國軍主阿赫瑪德汗在十八世紀下半葉運用伊斯蘭作為凝聚內部團結的政治策略，並以回應印度瓦里烏拉赫的伊斯蘭聖戰呼籲作為具體實踐一樣，十九世紀的阿富汗聖戰不僅凝結了阿富汗諸部族而擊退大英帝國的侵略，並且獲得印度境內（主要集中在北部與西北部）許多穆斯林的回應。瓦里烏拉赫過世後，其子阿濟茲夏（Shah Abdul Azai，一七四六年至一八二四年）與阿濟茲夏的門徒巴列威（Sayyid Ahmad Barelwi，一七八六年至一八三一年）繼續宣揚伊斯蘭復興與社會改造，並漸次發展為政治社會運動，在阿富汗杜斯特汗呼籲聖戰的過程中，巴列威率領五百名跟隨者展開「聖戰士運動」，在旁遮普北方（後來的西北邊省）建立根據地，宣佈對錫克政權展開聖戰。這就是近代「聖戰士」的起源。

值得注意的是，巴列威號召聖戰的根本目的，與其說是介入阿富汗的政治過程，毋寧說是預先設定自己的政治議程；先從異教徒錫克政權手中奪取旁遮普，據此建立對大英帝國發動聖戰的根據地，以待有朝一日能夠將大英帝國驅逐出印度次大陸。換言之，巴列威的聖戰士運動與他的師門瓦里烏拉赫的伊斯蘭復興主義有著明顯的歧異。對巴列威而言，訴諸伊斯蘭大義的根本目的是在進行反殖民運動，謀求掃除大英帝國的殖民支配。在這一層的意義上，巴列威的聖戰與杜斯特汗的聖戰相同，他們追求的目標，本質上都是「一國主義」，即謀求伊斯蘭大義來保衛自己的家園，而非追求伊斯蘭版的「世界革命」。巴列威與杜斯特汗的差異僅在於，前者是民間動員的武裝反抗——大眾伊斯蘭，而後者則是由政府主導的官方伊斯蘭。事實上正是「一國主義」的根本內涵，使得巴列威與杜斯特汗的聖戰雖然能夠短期結合，但卻很快就宣告分道揚鑣，面對當時擁有當時全球最強大軍事力量的大英帝國，各自尋求不同的對應之道。

相較於阿富汗在第一次英阿戰爭中以慘烈代價擊退大英帝國，巴列威的聖戰與反異教徒殖民的訴求，獲得了印度西北山岳部族諸民的協助，一度成為該地區（西北邊省）最強大的勢力，但隨著力量的成長，部族民之間的傳統矛盾也開使暴露出來，致使聖戰根據地有陷入不穩定狀態。一八三一年，巴列威及六百名聖戰士戰死後，聖戰士集團在印度西北部的政治力量便隨即消退，但殘餘的聖戰士集團仍持續反抗對大英帝國的殖民支配，直至一八六〇年代被完全鎮壓為止。再者，除了軍事上的鎮壓之外，大英帝國也展開意識形態上的扭曲與抹黑作戰。在這場長達數十年的反殖民支配聖戰中，大英帝國一貫稱呼聖戰士為「瓦哈比之徒」，將他們描繪為企圖重新建立早期伊斯蘭共同體的復古守舊派與宗教狂熱份子，將焦點轉移至宗教對立之上，據此模糊聖戰士運動背後的根本精神——反對大英帝國的殖民支配㉜。儘管如此，巴列威的聖戰士運動依舊在印度次大陸的穆斯林間留下深刻的烙印，白夏瓦成為聖戰與反抗精神的聖地。

一八三〇年代至一八五〇年代達到高峰的印度西北部聖戰士運動隨著大英帝國更強力的綏靖政策而漸次消退，在信德、旁遮普等地區相繼陷落後，大英帝國已經穩控印度西北部。這意味著喀布爾的普希圖政權想要依循阿赫瑪德汗建國時所創力的支配模式，通過外征，將戰利品分予諸部族以團結部落而形成國家的歷史機會已經永不再來㉝。事實上，大英帝國在印度的殖民征服與向北推進，意味著普希圖人將在歷史上首度遭遇到工業帝國的武裝力量，這是阿富汗這塊土地上從未曾有過的經驗。

此一現實迫使重返王位的杜斯特汗和和英國妥協，在一八五五年與加爾各答當局簽署「白夏瓦條約」，確認阿富汗與大英帝國間「相互的和平與友誼：相互尊重彼此領土的完整，一方之友敵即為另一方之友敵」㉞。這紙條約承認了英國對印度西北部廣大區域的佔有，並成為日後普希圖斯坦（Pushtunistan）問題的起源。（至一九〇〇年為止，英國佔領的普希圖住區，被劃為旁遮普的一部份）。一九〇一年，大英帝國印度總督柯松（Lord Curzon）重訂行政區劃，將其改稱為西北邊省㉟。

「白夏瓦條約」也重建了喀布爾與加爾各答的政治關係，並使阿富汗成為大英帝國防衛印度的緩衝國（buffer state）。這是近代世界史上第一個緩衝國。緩衝國的意義是指介於兩個或是兩個以上之強權間的小國，該小國的功能及其疆界乃由這些外部強權界定，小國的存在本身即屬更大範圍之國際競賽的一環，其主要功能在於隔離兩大強權，避免雙方因直接接壤而導致軍事衝突。由於避免大國的衝突是緩衝國最重要的功能，因而該小國的利益常會因強權的不同考慮而被忽視或犧牲。因此，成為緩衝國就是小國國家主權的削弱，亦即承認緩衝國的國家命運交由外部決定，其領土完整性既未被完整地尊重，在法律上也得不到應該有的保障㊱。

在根本意義上，緩衝國的成立是歐洲國家體係權力平衡概念與政策的延長，目的再於維持英俄兩大強權在亞洲內奧的權力平衡。因而緩衝國的存續由軍事、政治條件決定，不受道德或法律程序保障。要維持緩衝國的存續，必須仰賴幾個機制：英俄兩大外部強權對緩衝國阿富汗的戰略興趣持續且不變（增或減），英俄兩大外部強權間的權力對稱，沒有第三個強權積極介入，緩衝國阿富汗內部社會勢力（部族）間的權力對稱，以及緩衝國阿富汗與英俄兩大強權之權力差距的持續，即強權對於緩衝國的控制持續。

簡言之，這是一套以對稱與控制為基礎元素的複雜方程式。但這套方程式本身即預設著衝突的火種。

一八八五年的白夏瓦條約以及一八五六年克里米亞戰爭的勝利，意味著大英帝國在黑海海峽與開伯隘口鬥爭上的兩大得利。相對地，俄羅斯帝國在克里米亞戰爭的挫敗，使其對黑海的擴張政策遭遇史上最嚴重的打擊和遏止，因而戰後將擴張方向移轉至其東方與南方，著手展開積極的中亞征服（與對清帝國、朝鮮半島與日本列島的擴張）。中亞征服的展開，直接影響到阿富汗的地位。俄羅斯的中亞征服起自十六世紀中葉，至十八世紀中葉已直接兼併了北哈薩克草原，至十九世紀上半葉則轉趨積極㊲。

俄羅斯擴張的主要動力來自經貿利益，即企圖控制伏爾加河—裡海貿易通路，藉此控制印度—中亞—東歐的經貿往來㊳。十八世紀彼得大帝統治期間（一六九九年至一七二五年），判定前進東亞與南亞的戰略前提是控制中亞，尤其是控制伏爾加河—裡海一線，因而兩度派遣遠征軍企圖兼併裡海沿岸，且為了遂行其軍事征服計劃，特地在一七一九年派遣調查團研究裡海地理，並於翌年由作為官方意識形態統治中樞的俄羅斯科學研究院（聖彼得堡）出版了第一張裡海地圖，但彼得大帝的裡海征服之夢並未持續太久。彼得大帝逝世過後，聖彼得堡便將侵略焦點轉向哈薩克草原，先後在一七三一年、四〇年、四二年迫使小帳、中帳、大帳三個遊牧部族政權承認俄羅斯的宗主權，並建立奧倫堡要塞與奧倫堡州，以此作為中亞征服的基地與俄羅斯對中亞、印度的通商中心。

一七四〇年代，波斯的納迪爾夏崛起，並與中亞的基發汗國、布哈拉汗國等展開裡海勢力圈爭奪戰，在此一過程中，自十六世紀形成獨自部族，其後名義上臣屬基發汗國與布哈拉汗國，被視為「草原上的海盜」之土庫曼遊牧部族漸次崛起，並成為與波斯爭奪裡海東部與南部的主要勢力㊴。因而在一八〇四年至一八一三年間的俄羅斯—波斯戰爭期間，土庫曼部族領袖基亞汗（Kiyat Khan）採取親俄政策，企圖藉由俄羅斯的力量壓制競爭對手波斯，並據此強化個人在部族中的領導地位㊵。波俄戰爭後的古立斯坦條約，俄羅斯取得裡海航行的獨佔權。一八二五年尼古拉一世繼任為沙皇（一八二五年至一八五五年在位）時，俄羅斯的勢力範圍仍在烏拉爾河流域與奧倫堡一帶，但對中亞與裡海的征服已轉趨積極。一八二六年至一八二八年的波俄戰爭期間，俄羅斯策動土庫曼部族領袖基亞汗出兵助俄，這支遊牧軍團幾乎攻打到德黑蘭，最終迫使波斯在一八二八年簽署土庫曼查伊條約，並引發其後東侵阿富汗的系列事件。土庫曼查伊條約使俄羅斯得以完全控制裡海，餘下的問題是鞏固其裡海霸權與「綏靖」裡海東岸的政治勢力——除了土庫曼遊牧部族之外，主要對手為中亞三汗國：東部的基發汗國（佔有東起阿姆河西岸，西至裡海，南迄波斯與阿富汗）、西部的布哈拉汗國（錫爾河與阿姆河兩河流域間，及中亞精華地區，史上著名的河間地），以及西亞中部的浩罕汗國（東起巴爾喀什湖，西至錫爾河東岸）。

一八三九年起，俄羅斯便趁大英帝國專注於對阿富汗戰爭之際，自奧倫堡發兵，運用哥薩克軍團為先鋒，著手遠征基發汗國，但此一遠征終於嚴冬天候與遊牧兵團的游擊奇襲大嘗敗績，進而影響了俄國南進戰術的轉換。在奧倫堡與中亞（土耳其斯坦）之間，橫亙著廣袤的草原與沙漠，以奧倫堡作為前進基地不利於遠征的事實已經此役而明朗化，因此使得俄羅斯改採從鹹海以達錫爾河、阿姆河口，再溯河向中亞中心部進出的征服計劃。為此，俄羅斯一方面將在歐俄分解的瑞典製蒸汽送到前線組裝，另一方面在前線地區建立要塞城市。與此同時，俄羅斯又於一八四〇年在裡海南岸建立永久海軍基地阿蘇爾亞達（Ashur-Ada）打通伏爾加河—裡海的運兵通道，進一步整備侵略中亞的軍事條件㊶。

一八四八年，在大英帝國忙於展開對錫克政權的戰爭之際，俄軍（西路軍）向南推進，勢力抵達鹹海東部，並在錫爾河注入鹹海的河口東方建立阿拉爾斯克要塞（Aralsk），成為新的前進基地，並在竣工之後建立小型艦隊，開始溯錫爾河流域往前推進，至一八五三年攻佔錫爾河上游的阿克·麥契特要塞（Ak-Mechet），並改稱為彼洛夫斯克（依據奧倫堡總督及俄軍前進中亞的指揮官Perovsky而命名），另派遣西伯利亞部的東路軍南下，穿越巴爾喀什湖盆地，先征服當地的吉爾吉斯遊牧部族，再以浩罕汗國騷擾吉爾吉斯部族為由，開始進擊浩罕。一八五六年，俄軍奪取錫爾河中游諸要塞，自此之後，浩罕、布哈拉、基發、撒馬爾罕等中亞中心城市即暴露在俄軍的直接威脅之下，而經營著部族經濟與政治生活珠的中亞諸邦權勢階層，基於個體利益考量而造成彼此間的長期對立，更給了俄羅斯各個擊破的外交操控空間㊷。

在進攻中亞的同時，為了動搖大英帝國對亞洲內奧的影響力與排除障礙，俄羅斯再度誘使波斯出兵奪取阿富汗西部。一八五六年，波斯軍隊包圍赫拉特，英國為確保阿富汗的緩衝國功能，旋即向波斯宣戰，自波斯灣登陸，攻取布謝爾、莫哈米拉與阿瓦茲等要地，迫使波斯談和，於翌年簽訂英波巴黎條約，波斯承認阿富汗獨立，放棄對阿富汗的領土主張，而英國則為培植波斯作為第二個防俄的緩衝國，培養德黑蘭當局對大英帝國的好感，不要求割地或賠款。如此，波斯遂成為英俄「大競賽」之下的第二個緩衝國。

一八五七年，印度爆發大規模的雇傭兵反抗（後來印度史學家稱為「第一次獨立戰爭」），震撼倫敦當局。為了鞏固對印度的支配，倫敦對印度採取加緊控制的新政策，一八五八年廢除了名目上的蒙兀兒帝國，加速對印度次大陸的鐵道建設以深化對印度的軍事控制與經濟剝削，並系統性對印度次大陸的印度教徒與穆斯林採取差別待遇，賦予印度教徒較多的特權，殖民地行政組織也系統性地偏用印度教徒，藉此強化分而治之，並削減穆斯林團結整個印度次大陸被殖民者對英國進行反抗的空間。這一系列政策改變了印度次大陸的經濟社會結構，並在一代人之後，培養出接受歐式教育的中上層精英，成為十九世紀末以來印度次大陸民族主義運動的主力，但也因此深化了印度教徒與穆斯林間的分裂，為日後的巴基斯坦脫離印度種下遠因。

鞏固印度支配與設定阿富汗、波斯為英俄間的緩衝國政策是一體兩面，核心的考慮是降低印度周邊的衝突，全力鞏固大英帝國在印度內部的殖民支配，此一戰略的轉換使中亞在英俄「大競賽」的定位出現重大轉折。大英帝國以阿富汗、波斯為緩衝國，背後的戰略意義是不反對俄羅斯兼併中亞，唯一的問題是阿富汗北部疆界的劃定問題。而這個問題成為十九世紀下半葉英俄在中亞進行帝國主義大競賽核心焦點。

中亞諸汗國的相互鬥爭與大英帝國的戰略變化為俄羅斯帝國的南進預備了外部條件，而克里米亞戰爭與美國南北戰爭則激化著俄羅斯內部對侵略中亞的迫切感。克里米亞戰爭的結果阻斷了俄羅斯的黑海南進策略，在波斯的鬥爭又暫告段落，造成控制波斯以將勢力推進到波斯灣與印度洋的帝國計劃受阻。一八六一年美國南北戰爭爆發，歐洲的棉花進口大受影響，對俄羅斯的棉花需求倍增。如此，俄羅斯征服中亞的目的在併吞領土、控制經貿通路、帝國想像、對英國的鬥爭之外，更增加了世界資本主義體系下的新因素——棉花單一農作與出口㊸。

憑藉著優勢的軍事力量與權謀術數的外交操縱，俄羅斯帝國對中亞的征服快速地推動。一八六三年，吉爾吉斯與哈薩克草原盡皆納入俄羅斯帝國的鐵腕支配之中。一八六八年，俄羅斯奪取撒馬爾罕，將布哈拉汗國置於保護國的臣屬地位。一八七三年，征服塔什干，將基發汗國納為保護國。一八五七年，俄軍征服浩罕，翌年併吞浩罕汗國，一八八一年，土庫曼部族反抗軍在基歐克（Geok-Tepe）要塞攻防戰中與俄軍血戰失敗後，至一八八四年由部族領袖向俄羅斯稱臣㊹。

俄羅斯在中亞的迅速擴張直接壓迫到阿富汗，並因此動搖到大英帝國的緩衝國戰略與全盤的圍堵戰略。當俄羅斯盡數兼併中亞的穆斯林諸汗國時，大英帝國正將焦點置於加強對印度的控制與支配。一八六五年，俄軍徹底鎮壓北高加索諸民的反抗，使其有軍事餘裕將大軍他調，再度壓迫黑海海峽與鄂圖曼土耳其帝國。一八六九年十一月，蘇伊士運河開通，大幅縮短了英倫三島至印度次大陸的航程（繞非洲好望角的航程共需五個月，經蘇伊士運河只需要兩個多月），並使埃及、阿拉伯半島的戰略地位急速浮現。大英帝國對俄羅斯的疑慮加深，而俄羅斯帝國則在東北亞擴張與高加索征服得點後逐漸恢復再向黑海、地中海南進的自信。

兩大帝國以懷疑不信任的眼光看待彼此。為了防衛印度、大英帝國將防堵其他歐洲國家體系列強支配或控制亞洲內奧廣袤的穆斯林住地視為基本綱領，後來出任印度總督的柯松將英俄這場「大競賽」的地理區域標定為土耳其斯坦（今中亞與新疆）、阿富汗、外高加索與波斯，並界定此一在「棋盤」（chessboard）上帝國主義競賽標的物是「一場對世界之支配的賽局」（a game of the domination of the world）㊺。大英帝國的維多利亞女皇說得更簡潔：「一個關於俄羅斯或英國在世界上的至高權（supremacy）問題」㊻。

為了爭奪這個「世界的至高權」，大英帝國在亞洲內奧推行圍堵戰略來阻遏俄羅斯帝國的南向擴張，企圖將俄羅斯的影響力阻絕在阿姆河一線以北，因而設想著在阿富汗駐軍，並將阿富汗的政府置於自己的控制之下。第一次英阿戰爭的挫敗，使大英帝國瞭解到直接兼併阿富汗的困難度太高且風險過大，因為大英帝國在印度的兵力有限，直接兼併又勢將在阿富汗面臨長期戰爭且消耗過巨，且戰事的延宕將弱化而不是強化大英帝國在印度的支配，因而決定採行新的策略，著手將阿富汗打造成一個英國可以掌控的緩衝國。然而隨著俄羅斯的中亞征服，英國的緩衝國策略出現破綻，因為俄羅斯的南進看來似乎沒有終點，用十九世紀下半葉主導俄羅斯外交的高爾察可夫的話來說，俄羅斯「最大的困難在於不知道應該在哪裡停住」㊼。

的確，俄羅斯並未停留在阿姆河一線以北，而是越河繼續前進。大英帝國內部出現激烈的政策爭論，「前方（戰略）派」與「緩衝（國）派」爭論甚劇。一八七四年，大英帝國再度改變策略，將阿富汗視為「前方戰略」的一環，謀求增強對阿富汗的控制。如此，通過英俄兩大強權的互動，緩衝國策略的外在不安定性立即暴露無遺。

緩衝國策略尚隱含著內在不安定性，即作為緩衝國的小國不甘接受被宰制的事實。在杜斯特汗逝世後，錫爾阿里汗（Amir Shir Ali Khan，一八六八年至一八七九年）接掌阿富汗王位，對英俄兩國實質上聯合支配阿富汗的現實強烈不滿，並意識到大英帝國著手加強對阿富汗控制的動向，轉而拉攏俄羅斯，藉以維持「權力平衡」。一八七八年十一月，錫爾阿里汗接見由史朵列托夫將軍（General Stoletoff）率領的俄羅斯代表團，協商簽署雙邊友好合作協定事宜，並告訴史朵列托夫「回家磨利你們的刀與矛，備好馬鞍，以便準備和我們的敵人（英國）作戰」⑱。

然而，喀布爾當局所追求的「權力平衡」，在大英帝國眼中卻是破壞平衡之舉。為了牽制俄羅斯，英國立即派遣代表團前往喀布爾，但遭拒而無法入城，因而導致大英帝國於年底再度對阿富汗發動第二次英阿戰爭（一八七八年至一八八〇年），佔領喀布爾，廢錫爾阿里汗，改立其子雅古柏汗（Yaqub Khan），並於一八七九年五月二十日簽署岡德瑪克條約，讓渡蘇里曼山脈（阿富汗與印度之間）的許多戰略要塞，允許英國修築印度北部至阿富汗的公路與搭設電報線，更重要的是，英國取得管控阿富汗外交事務的權利。此一條約引起阿富汗內部激烈反彈，游擊戰持續不斷，並在一八八〇年七月二十日阿富汗南部的瑪伊萬戰役中擊滅二千七百三十四名英軍，其後並導致王權轉移㊾。

新王拉赫曼就任後，為免重蹈錫爾阿里汗覆轍，決定對英國讓步，承認英國對阿富汗的外交管理權，避免破壞英俄間的權力平衡而危及阿富汗的安全；對內則引進絕對王權的改革，對普希圖反對派進行血腥鎮壓，迫使權貴部族精英大量被殺或流亡，並對哈札拉部族發動大規模攻擊，強迫非穆斯林改宗，壓制烏拉瑪集團的獨立自主性，謀求確立世俗王權的絕對優勢。

中立外交與樹立絕對王權的配套措施，再度突顯出了緩衝國理論的根本矛盾。為了在外部維持英俄兩大強權的權力對稱，拉赫曼採行所謂「不偏袒英俄任何一國」的中立外交，因而拒絕英俄的鐵道鋪設計劃，使阿富汗成為今日世界上少數境內沒有鐵道的稀有國家，據此避免阿富汗的經濟社會結構受到世界資本主義的影響，使英俄有干涉阿富汗內政的機會而破壞平衡。換言之，為了維持對外的權力平衡，阿富汗經濟社會的變化被人為有意識地予以拖延，形成經濟社會上的半鎖國狀態㊿。

然而在喪失大片領土之後，阿富汗先前的「掠奪國家」體質已難以為繼，中央政府並無足夠資源來控制阿富汗內部諸部族與地方政府，而基於對外考慮所採行的半鎖國政策，又意味著不導入有意義的經濟社會改革，因而無法透過改革改變社會經濟結構與社會控制模式，為中央政府創造有效控制諸部族與地方的條件。半鎖國狀態意味著王權無法獲得新的鞏固基礎，而「掠奪國家」體質的崩潰，又意味著王權的舊基礎已經腐蝕。這個矛盾加深了拉赫曼王室的危機感，遂積極導入特務政治屠殺異己與內部鎮壓，藉此鞏固與強化專制王權，結果卻是引爆了更多的社會反抗：自一八八〇年代起，諸部族與地方興兵反抗的事件便持續不斷，在一八九二年更演變成哈札拉部族的大規模武裝鬥爭，迫使喀布爾當局轉而向英國求援，而英國基於維持緩衝國安定與強化控制考慮，便提供喀布爾政府鉅額援助，使拉赫曼得以運用這些資源來撫平諸部族與地方的不滿，並據此強化王權。

如此，大英帝國的軍事與財政援助，成為阿富汗王權賴以維繫的基礎。緩衝國論理的結構性矛盾，促使阿富汗漸次轉變為扈從國與依靠外部資源存活的國家（rentier state）。但扈從國的本質是依賴外國力量以維持王權支配，這種政權缺乏內部正當性，一旦內外條件稍有變化，其體制或政策取向便會出現裂變，而此一裂變又將反過來衝擊中立外交，進而造成緩衝國的崩壞。

從緩衝國向扈從國轉化的阿富汗正醞釀著新的危機，而俄羅斯則趁機再向南方推進，一八八四年佔領梅爾夫（Merve，今土庫曼共和國的馬力 [Mary]），直接壓迫赫拉特，結果引發英國反彈，警告任何進犯赫拉特的舉動便意味著戰爭。但俄羅斯仍繼續南進，於翌年佔領阿富汗北部的朱菲嘉爾（Zulfiqar）、阿克巴特（Aqobat）與潘吉德（Panjdeh），迫使倫敦改變政策，承認俄羅斯對其佔領區域的支配權，並提議共同為阿富汗劃定邊界。一八八七年，大英帝國與俄羅斯帝國達成劃界協議，以阿姆河作為俄羅斯帝國與阿富汗的國界，為波斯與阿富汗劃定國界，並將南部帕米爾地區劃歸阿富汗。至於將東北角的瓦汗走廊（Wakhan Coridor）劃歸阿富汗，則是因為大英帝國不希望俄羅斯帝國直接與英屬印度接壤。

英俄在阿富汗的妥協，部份原因是雙方近百年鬥爭的疲憊，但更重要的原因是世界資本主義體系與歐洲國家體系的雙重變化。在南北戰爭之後，美國資本主義快速發展。而德意志的統一（一八七一年），也加速德意志帝國經濟力量的成長。大英帝國很快地喪失了在世界資本主義體系中的主導優勢，因而在一八七五年揚棄先前的自由貿易政策，改行區域化的保護主義政策。擴張市場的動能暫時解消，取而代之的是保護既有市場的戰略關切，使得擴張大英帝國在中亞之經濟利益的興趣大為降低。而德意志帝國的崛起，即挑戰著大英帝國在歐洲國家體系中的地位，並促使列強開始走向軍事集團化，牽動著英俄的和解。

一八九三年，拉赫曼與大英帝國的印度總督府達成協議，接受英俄為阿富汗劃定的北部邊界線，並由英國劃定阿富汗東部與南部的國界線，這就是著名的都蘭線（Durand Line）。但是，無論阿富汗北部的疆界線或是都蘭線，都是根據英俄帝國的利益而考量，完全未考慮到該地區的部族線與宗教線，從而埋伏了日後糾紛的導火線。

與阿富汗相較，第二個緩衝國波斯遭遇來自俄羅斯與英國更多的壓迫。在一八五七年的英波條約之後，波斯北部實質由俄羅斯控制，南部則處於英國的間接之配之下，尤其在波斯灣一帶，更是被英國海軍直接納入管轄，德黑蘭當局實質上僅控制著中部地區。站在英俄的角度，這種安排是基於緩衝國的論理，但是站在波斯的角度，其實質卻是半殖民地。於是，推翻這種半殖民地狀態的要求便構成波斯必然尋求打破緩衝國地位的動力。從十九世紀下半葉起，這種動力凝聚成波斯民族主義運動，並在十九世紀晚期進一步拉攏新興的德意志，藉以打破英俄在波斯的共同霸權。這兩股動力在一九〇六年促成了波斯憲政革命。結果鎮壓革命浪潮以及新興的德意志因素與歐洲列強權力關係的變化，促使英俄在一九〇七年簽署條約，將波斯切割成三部份，北部屬於俄羅斯帝國的勢力範圍，南部屬於大英帝國的勢力範圍，中部則為「中立區」，於是延宕百年的「大競賽」就此暫告一段落。

但波斯與阿富汗的緩衝國地位並未從此安定下來。阿富汗對外關係形同鎖國，加以內部社會濟結構的凍結政策，很快便遭遇到內部的反彈，並在二十世紀初演變為內戰與新一波的反英鬥爭。而在波斯，英俄於一九〇七年的協定則完全抹殺了一九〇六年達成的憲政革命結果，由俄羅斯支持的波斯哥薩克軍團（一八八三年在俄羅斯指導下成立）司令阿里（Mohammed Ali Shah）運用武力破壞新憲法而恢復王權，使俄羅斯在波斯的影響力不斷擴大，直到一九一四年第一次世界大戰爆發與一九一七年俄羅斯革命為止。如此，作為歐洲國家體系結構性衝突機制之產物的緩衝國，從一開始就陷入結構性的不安狀態。當小國作為緩衝國的地位被外部強權尊重時，其不穩定的存在或許可以在短期內勉強維持，但緩衝國所意味的半鎖國狀態與內部停滯，最終將促生緩衝國內部要求改變的力量，並因此牽動外部強權加強控制的反應，使緩衝國漸次走向扈從國或直接淪為殖民地。再者，如果環境改變，區域關係的模式發生重大變遷，緩衝國也經常成為第一個犧牲者。緩衝國為歐洲國家體系列強暫時性的權力平衡支付代價，這個成本經常擺盪在喪失國家尊嚴與國家消滅之間。

IV 民族國家的變形

當英俄在亞洲內奧「大競賽」而對波斯與阿富汗導入緩衝國的混亂性實驗之際，鄂圖曼土耳其帝國境內的民族國家實驗則日漸增強，激化著鄂圖曼土耳其帝國境內各種民族主義的發展與由此而來的衝突，並給予列強進一步瓜分帝國領土的機會。

希臘革命是鄂圖曼土耳其帝國境內第一起通過民族主義訴求而建立民族國家的成功案例，在巴爾幹半島政治上帶來鮮明的示範效果，並因此刺激鄂圖曼土耳其帝國當局在一八三九年轉換統治原理，揚棄伊斯蘭帝國制度，企圖打造「鄂圖曼人」的鄂圖曼主義來促使帝國轉型為多民族帝國以維持生存。但希臘的民族主義既未成功，而鄂圖曼主義也出現嚴重破綻，接著就演變成遍及整個帝國的全面傳染。

希臘民族主義問題的核心是有關「希臘民族」／「希臘人」的定義論爭。問題的根本在於，民族是主權國家體系下特有的政治意志／效忠共同體，主張某一民族的存在，必須論證該民族的「出生時代」、「出生地」與傳承系譜，亦即整部「民族史」的論述。正如主權國家體系在關於世界與政治的論理終結了基督教世界觀一樣，在主權國家體系下發展出來的民族論，也無法再繼承一神論特有的時間觀——普遍史與終末觀。論民族史，意味著必須界定民族的「時空座標軸」，既必須論證民族在「世界史」之中的起源——所謂的「黃金歲月」（golden age），也必須論證某塊土地——所謂的「母土」（motherland）或「父土」（fatherland）——屬於某個民族所固有，據此作為共同性的基礎。換言之，民族主義的發展必然涉及對領土的認定㉛。但希臘獨特的「歷史經驗」住民分佈與宗教信仰，卻使整套民族論——母父之土的選擇、民族同胞的定義、黃金歲月的標示㉜，以及據此而來的共同基礎的判定產生分歧。

古代城邦時代後，希臘由亞歷山大帝國所統治，西元前一四六年被羅馬征服，羅馬帝國分裂後，臣屬東羅馬帝國，住民至此大都改宗東正教。十五世紀，鄂圖曼土耳其帝國攻滅東羅馬帝國，一四六〇年兼併希臘之後，導入伊斯蘭特有的宗教寬容制度，希臘地區住民的東正教信仰因而被有力地保存下來。

希臘的民族獨立運動起自十八世紀下半葉，當時西歐正流行「希臘古典學」，直接閱讀希臘古典名著的風氣很盛，受教育階層共有的浪漫主義語言激盪著民族主義理念的傳播。前往法國學醫的希臘人柯萊士（Adamantios Korais，一七四八年至一八三三年）受到此一時代氛圍的影響，提出了獨特的希臘民族論，反駁當時流行的希臘東正教徒認同觀，主張當代的希臘人正是古希臘城邦時代諸民的子孫，並著手從事古希臘經典的復刻與注釋，興建學校與圖書館，大力鼓吹希臘國語淨化運動㉝。

柯萊士的理論，將「黃金歲月」界定為古希臘，但因從語言文字的再認識出發，本質上屬於

「文化型民族主義」，由於強調當代希臘人與古希臘人的聯繫，以語言作為希臘的主要定義，在現實上切斷希臘人與巴爾幹半島其他鄂圖曼土耳其帝國被支配人民的連帶感，因而無法促成聯合所有被壓迫人民共同奮鬥的政治訴求與力量，使得在實踐上陷入困境。

為了解決實踐上的困境，李嘉士（K. Rhigan Velestinlis，一七五七年至一七九八年）的理論代之而起，他將希臘的黃金歲月界定為拜占庭時代，主張散居各地，包括小亞細亞半島的希臘人應該團結起來，與巴爾幹半其他被壓迫人民共同奮鬥，推翻鄂圖曼土耳其帝國的統治，重建拜占庭榮光。李嘉士的理論成為十九世紀希臘民族主義的主流㊹。在實踐上，這套具有高度政治動員能量的理論，成功地推動了希臘的國家獨立。對此，英國史學家霍布斯邦這樣敘述：「在十九世紀初的希臘民族主義運動中，知識份子與運動家無疑是想利用古希臘光榮歷史作為建國號召，這種訴求立即獲得在海外受過古典希臘教育的古希臘學者一致擁戴。日後的希臘國語，即凱撒芮佛塞語（Katharevousa），即是由他們所制定的。……不過，真正執起武器創建獨立民族國家的希臘人，卻甚少以古希臘語交談……他們不認為那些古人的話與建國運動有何關聯。此外，弔詭的是，他們反而比較擁護羅馬而不是希臘（即他們自認是羅馬子裔），也就是說，他們自視為『接受基督信仰的羅馬之子』（即拜占庭帝國之子）。他們是以基督之名和穆斯林奮力一搏，就像羅馬人對抗土耳其其狗那般。」㊺

但重建拜占庭榮光的民族論述與目標，不可避免地提起了「收復失土」的政治任務，包括收復「第二羅馬」伊斯坦堡與小亞細亞。在希臘獨立時，伊斯坦堡是鄂圖曼土耳其帝國的首都，小亞細亞是帝國的心臟與起源地，希臘要收復這些「失土」或「固有領土」，就不可避免地必須發動對鄂圖曼土耳其帝國的戰爭，而且必須取得對巴爾幹半島其他住民的支配。換言之，李嘉士的政治型民族主義理論將柯萊士那種「文化民族主義」的「小希臘主義」轉變為「大希臘主義」，導致了獨立後希臘與鄂圖曼土耳其帝國及巴爾幹半島其他住民間的衝突，並激起其他住民更強的對抗意識。

作為效法法國大革命，反抗鄂圖曼土耳其帝國統治，排斥希臘系東正教會特權階層、斥擊「大希臘主義」，以及追求自我統治權利等多重回應，巴爾幹半島斯拉夫語系諸民也開始發動他們自己的民族主義風潮。

這又反過來刺激鄂圖曼主義的成長，以作為防衛的手段。一八六〇年代，以伊伯拉辛・希納西（Ibrashim Sinasi，一八二六年至一八七一年）與納米克、凱莫爾・貝（Mamk Kemal Bey，一八四〇年至一八八八年）等留歐知識人為中心，在鄂圖曼土耳其帝國境內興起了一股鄂圖曼主義風潮，透過新聞、文學、文化、政治評論等多重途徑，鼓吹「新鄂圖曼人」觀念，推動憲政主義運動，據此打造以西歐民族國家為範型的鄂圖曼版民族國家㊹。簡言之，「新鄂圖曼人」運動計劃的核心是企圖透過立憲工作，在憲法上賦予鄂圖曼土耳其帝國境內臣民基本的權利保障，使他們的地位從臣民轉化為國民，據此打造新鄂圖曼人，建立鄂圖曼民族國家，並在此一基礎上凝聚國民認同，促進政治團結，克服內外危機，鞏固鄂圖曼土耳其帝國在國家體系中生存。

「新鄂圖曼人」運動理念的本質是企圖導入君主立憲這個新機制來實現一八三九年素檀勒令所無法實現的鄂圖曼主義。通過憲法與立憲政治的導入，賦予帝國臣民部份的參政權，使他們多少能從帝國臣民轉變為不充份的公民。這個計劃已較素檀勒令前進了一大步，但終究未能解決民族主義國家原理與素檀—哈里發體制之間的根本矛盾。即令如此，這個企圖削弱素檀權力的政治方案，從一開始便遭到素檀阿布杜爾·阿濟茲（Abdul Aziz，一八六一年至一八七六年在位）的漠視，並引起兩股社會力量的反對。第一是烏拉瑪集團的反對，他們認為這種「基督教」歐式政治自由主義是對伊斯蘭的悖離（ibda），第二是帝國治下的非突厥語系諸民，尤其是巴爾幹半島斯拉夫語系東正教徒的反對，他們偏好自己的民族主義而非鄂圖曼主義。

事實上，正是在鄂圖曼土耳其帝國導入自由經濟改革而導致經濟社會結構巨變的一八六〇年代，巴爾幹半島的民族主義漸趨高漲。由於土地利用從自給自足變成資本主義商品生產的農耕，以及對歐貿易的增加，使得東正教會地主貴族與新興的商人階層要求政治權力。與希臘民族主義運動的發展模式類似，巴爾幹諸民的民族主義運動也在這個時期，從十九世紀上半葉的文化型民族主義轉化為政治型民族主義，要求建立自己的民族國家。此外，在鄂圖曼土耳其帝國境內阿拉伯語諸地，也在這段期間內興起了以黎巴嫩馬龍教派基督徒商人為中心的語言民族主義運動。

然而隨著鄂圖曼土耳其帝國破產危機的引爆，新鄂圖曼人運動所訴求立憲改革獲得宰相米德哈得・帕夏為中心的帝國政府高層支持。他們認為憲法與立憲政治是拯救帝國，促使帝國重生的唯一途徑，因而在一八七六年五月二十九日發動無流血政變，撤換不支持立憲主義的阿布杜爾・阿濟茲，歷經一陣混亂後，改立阿布杜爾・哈米德二世（Abdul Hamid II，一八七六年至一九〇九年在位）為新任素檀。一八七六年十二月二十三日，公佈新憲法（稱為「米德哈得憲法」），明文保障人民言論、出版、集會與信仰等自由權，約束居住與財產的不可侵犯，所有鄂圖曼人都有被任用為官吏的權利，並制定比例代表制選舉、兩院議會制與責任內閣制。

鄂圖曼土耳其帝國一變而為立憲國家，激起烏拉瑪集團的反對，而巴爾幹半島的各種民族主義也未見消退，素檀政府正遭遇著各種非鄂圖曼民族主義與烏拉瑪集團等伊斯蘭勢力的抵制，鄂圖曼土耳其帝國經濟社會結構巨變過程中所帶動的社會分解，逐漸轉移到政治領域而演變成為帝國內部巨大的意識形態與政治分裂。這場多重的分裂也很快地被歐洲列強所運用。

一八七七年，當法國陷入普法戰爭與德意志帝國成立（德國統一）之後的混亂（一八七一年巴黎公社）與衰退時，俄羅斯開始公然破壞黑海兩海峽非軍事化的立場，並以支持東正教為名，毀棄在克里米亞戰後巴黎和約所作的約束，公然介入巴爾幹半島，與鄂圖曼土耳其帝國再度衝突，引爆新的「東方危機」，導致新一場俄土戰爭（一八七七年至一八七八年），在整場危機中，英國內閣在對俄政策上的問題陷入分裂，最終未採取任何行動，僅對俄提出警告，任何侵犯英國利益（黑海海峽與帝國通路）的行動都將引發戰爭。

俄羅斯因而贏得這場戰爭，並於一八七八年三月和鄂圖曼土耳其帝國簽署聖斯提凡諾和約，扶植「大保加利亞公國」（領土北至多瑙河，南至愛琴海，東至黑海，西至歐赫瑞德），由俄軍駐屯保護並由俄國官員治理。這不但意味著俄羅斯帝國勢力直接延伸至愛琴海與黑海，引起了視保衛帝國通路為關鍵利益的大英帝國反彈，大保加利亞的出現也引起奧匈帝國、塞爾維亞與希臘的反彈，因此由在歐洲政壇擔任新要角的德意志帝國宰相俾斯麥協調，另召開柏林會議，並於一八七八年七月簽署柏林和約，規定塞爾維亞、蒙地內哥羅獨立，保加利亞成立自治公國，但將原來的南保加利亞成立名為東羅馬尼亞的新國，允諾該國未來可獲獨立，波士尼亞與黑塞哥維納交由奧匈帝國「暫時」佔領與管理，鄂圖曼土耳其帝國因此喪失了在巴爾幹半島的大片領土；英國佔領東地中海要島賽浦路斯，希臘則獲得列強承諾，日後將可擴增領土㊼。

俄土戰爭和柏林和約重挫了新鄂圖曼人運動與鄂圖曼主義，在危機的過程中，素檀阿布杜爾・哈米德二世趁機罷免宰相米德哈得・帕夏（一八七八年二月），並以對俄開戰為名，停止立憲政治（同年六月），轉而訴諸伊斯蘭主義，宣佈對俄羅斯發動聖戰，招徠伊斯蘭思想家阿富汗尼（Jaml al-Din al-Afghani，一八三八年至一八九七年），企圖運用伊斯蘭思想來強化素檀的專制權力，並挽回帝國的傾頹之勢。

然而帝國的傾頹之勢已無可逆轉，柏林條約帶來了新局勢。羅馬尼亞獨立與保加利亞自治公國的建立，使俄羅斯西部國境線不再與鄂圖曼土耳其帝國接壤。為掠奪鄂圖曼土耳其帝國領土，俄羅斯轉而從東部國境下手，開始積極鼓動外高加索的亞美尼亞民族主義運動。除此之外，俄羅斯只能加強對黑海兩海峽的軍事與政治控制。換言之，俄羅斯侵略鄂圖曼土耳其帝國的口實，過去是巴爾幹的斯拉夫系諸民與東正教徒，現在除了亞美尼亞民族主義之外，不易找到藉口。若還要強進，便會完全扯出一個拖延已久的基本問題：是否仍需要維持鄂圖曼土耳其帝國的生存？柏林條約成為俄土關係的里程碑，聖彼得堡已徹底轉向支解鄂圖曼土耳其帝國的新政策。歐洲列強則採取模糊化的政策，並開始著手實際的分割計劃：一八七八年英國兼併賽浦路斯；同年奧匈帝國佔領波士尼亞與黑塞哥維納（一九〇八年正式併吞），一八八一年法國兼併突尼西亞，一八八二年英國再併吞埃及。

一八五六年與一八七八年兩紙柏林條約承諾的「保持鄂圖曼土耳其帝國領土完整」已形同具文，鄂圖曼土耳其帝國的解體道路已經徹底地被打開。至於德國介入的新因素則使這幅帝國主義殖民鬥爭的構圖更形複雜。德國的金融帝國主義集中在柏林／巴格達鐵道計劃（一八八八年）上，這引起英俄的警戒：俄羅斯擔心德國與鄂圖曼土耳其帝國的合作將危及其在外高加索的地位，而英國則擔心德國的鐵道計劃將直接威脅到英國在埃及、伊拉克與波斯灣的地位，也就是威脅到大英帝國帝國通路與印度殖民的安全。這個漸增的資本主義式對立使延宕近百年的「東方問題」進入新的階段：歐洲國家體系的總危機——權力平衡體系的瓦解——與鄂圖曼土耳其帝國的解體合流危機。

巴爾幹半島新興諸國的民族主義動向更激化著這個合流的危機。最先獲得獨立地位的希臘在歐洲列強的安排之下採行王制，連希臘國王奧托（Otto，一八三三年至一八六二年在位）都是經由歐洲列強安排，因而政權正當性不足。雖有歐洲列強支持，又推動君主立憲制，但奧托依舊在一八六二年的希臘革命中喪失政權，改由歐洲列強安排的丹麥王子繼任，稱為喬治一世（George I，一八六三年至一九一三年）與前任國王一樣，喬治一世就任後仍舊面對政權正當性不足的問題。他的政權依然仰賴歐洲列強的支持，而代價則是開放外資，允許列強主導下的自由主義型經濟發展，結果激化了經濟社會結構矛盾，再加上獨立之時被迫接受「小希臘」的領土規模而產生的怨懟，遂採行「大希臘主義」的外交方針，謀求對外擴張領土來解決內部矛盾，並在一八七八年柏林會議中得到列強的允諾，使希臘開始著手追求兼併（名為「收復」和「統一」）色西雷、馬其頓及附近海島等鄂圖曼土耳其帝國領土，甚至希望兼併小亞細亞半島的西部沿海地區。

同樣的發展模式，也出現在保加利亞自治公國：首任大公也是在歐洲列強安排下出線的德國巴登公國王子亞歷山大，為了克服政權正當性不足的內部矛盾，同樣採取「大保加利亞主義」式的對外擴張路線，對外要求直接與鄂圖曼土耳其帝國、希臘及新獨立的塞爾維亞對立，而塞爾維亞王朝政府追求的「大塞爾維亞主義」則伺機兼併塞爾維亞人居住的波士尼亞與黑塞哥維納。此外，一八七八年以降，淪為奧匈帝國支配的波士尼亞地區的穆斯林也開始推動「穆斯林人」的民族主義。

這些民族主義間的衝突，集約地表現在巴爾幹諸國對阿爾巴尼亞人住地（巴爾幹半島西部）的領土主張之上。第一個表現出向巴爾幹半島與西部阿爾巴尼亞諸住民進行領土擴張的是黑山公國（黑山人[Montenegrins]是為了逃避鄂圖曼土耳其帝國征服而躲入巴爾幹半島西部山區的塞爾維亞部族民），而新崛起的塞爾維亞則表現出最大的領土要求，在大（泛）塞爾維亞主義興起（一八四四年）後，塞爾維亞運用所謂的「塞爾維亞理念」來從事對外的擴張，將所有塞爾維亞人居住的土地兼併成單一的主權國家，而其「固有民族領土」便包含著中世紀塞爾維亞王國的領土，以及阿爾巴尼亞西北部的大部份地區㊳。在擴張所得的領土內，塞爾維亞當局積極導入移民政策與對阿爾巴尼亞人採行差別待遇與強制同化政策㊴。

希臘方面則運用其「大理念」，不僅主張有權統治希臘系住民的土地，更有權兼併受到希臘文化影響的所有鄰近地區，包括阿爾巴尼亞南部，因為該地居住著一些東正教徒，而居住在希臘本土的大量阿爾巴尼亞人的存在則被忽略。儘管獨立時的領土劃定是「小希臘」，但自一八三〇年以來，希臘政府一直在等待與尋找兼併這些領土的機會。至於保加利亞，也有自己的大理念，即要求「收回」中古世紀保加利亞王國所支配的領土，包括整個馬其頓與其他區域。其兼併馬其頓西部與南部塞爾維亞領土的企圖，必然直接和塞爾維亞與希臘衝突。

一八七八年的柏林條約使黑山公國與塞爾維亞得以擴張領土，兩國的擴張都以阿爾巴尼亞人的住所為代價。這些阿爾巴尼亞人的土地與財產被沒收，許多人被迫遷離，另有甚多阿爾巴尼亞人逃至柯索沃，從而加強了該地區阿爾巴尼亞人的集中度。與此相對，希臘因其「大理念」的領土主張未獲滿足，而保加利亞則喪失先前取得的馬其頓西部，因而條約之後，兩國的統治集團仍以「收回」固有領土視為國家目標。如此，在一八七八年之後，整個阿爾巴尼亞人住地成為各新興國家相互競逐的邊疆地帶，主要的競爭國是黑山公國、塞爾維亞、希臘與保加利亞。這些國家都在已獲得的領土內導入強制同化的政策，包括語言強制與宗教強制。

鄂圖曼主義雖被迫接受柏林和約中的領土重劃安排，但察覺到巴爾幹新興諸國的領土衝突與同部內化政策所造成的動盪火種，遂有意識地對這些分歧與衝突因子加以利用，使衝突情勢更為複雜。再者，歐洲列強基於安定考量，又壓制希臘、塞爾維亞等國的領土主張，

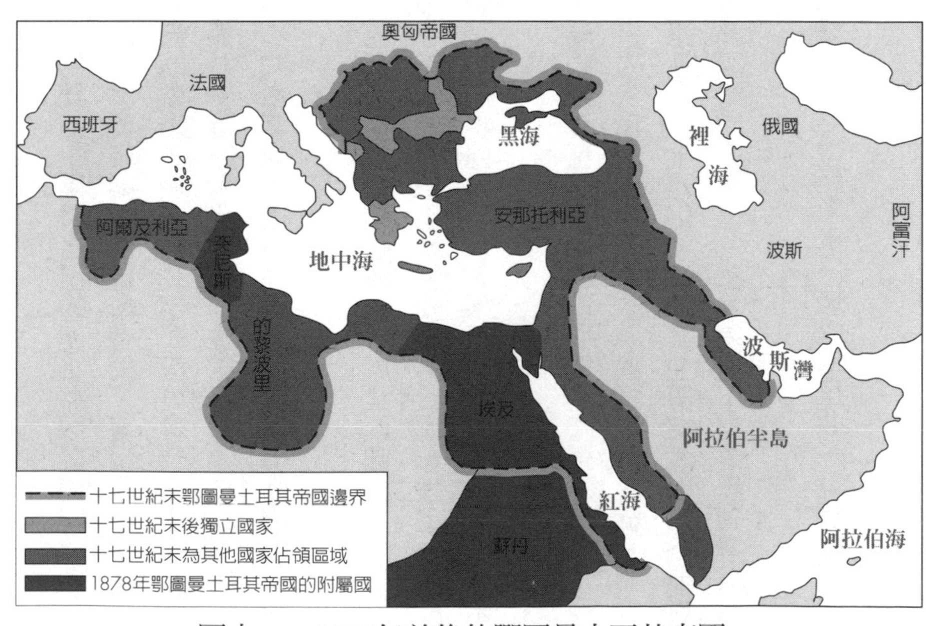

圖十一　1878年前後的鄂圖曼土耳其帝國

如此反而激化這些國家的「大」字首的民族主義，使統治集團將自己的領土擴張計劃宣傳為反抗列強的壓迫。巴爾幹半島變成了鄂圖曼土耳其帝國、奧匈帝國、俄羅斯帝國、塞爾維亞、希臘、黑山公國與保加利亞的競逐區域，他們各自有自己的領土計劃，並利用著巴爾幹半島內複雜的宗教、族群、語言生態。為了維持帝國通路與歐洲權力平衡的大英帝國，雖在巴爾幹半島並無領土計劃，卻被迫捲入這場複雜的鬥爭。最後整個局勢刺激著阿爾巴尼亞人的危機感與阿爾巴尼亞民族主義的快速發展。

與在亞洲內奧的緩衝國論理及其矛盾相同，巴爾幹諸新興國的成立，原是歐洲主要列強為了維持歐洲國家體系權力平衡的產物，但這個政策不僅未能帶來平衡與安定，反而預埋了各種必然導致的衝突與流血的火種。半島內的衝突與流血又必然將列強捲入。平衡與安定的意圖，帶來不安定、戰爭與體系總崩壞的非意圖性結果⑥⓪。

巴爾幹半島成為「歐洲的火藥庫」，巴爾幹諸國及各種勢力間的武裝衝突不斷。這些衝突全數以民族為名，展開侵略與殺戮。其本質與其說是追求民族主義理念在西歐誕生時所蘊涵的人民解放與民主共和，毋寧說只是為了追求重劃國界以進行領土兼併。儘管這些衝突表現為各種民族主義主張者之間圍繞著國界線重劃與領土歸屬而展開的鬥爭，但「國界線的不安定，其實是各國內部團結不足與脆弱的結果」⑥①。

這也暴露出歐洲國家體系列強政治，對巴爾幹地區民族主義所造成的扭曲。源自歐洲的民族主義風潮，在巴爾幹半島出現了新的分水嶺。民族國家的模型源自於革命期的法蘭西，法國大革命先有了主權／領域國家，再創造出民族概念來作為領土產權之集體擁有者，並通過（代議）民主共和主義來具現民族作為產權所有者的運作機制，據此填補因廢除王政而產生的法理鴻溝。與此相對，在一八七八年柏林和約後的巴爾幹半島，各種民族主義的主張與運動，雖然繼承了民族作為領土產權之集體擁有人的（產權共同體）的概念，卻排除了具現民族所必須具備的民主、共和理念與制度安排。這種「片面習承」固然受到巴爾幹半島特殊歷史的影響，但最核心的原因是歐洲列強的介入——他們依據維持歐洲國家體系權力平衡、維持王政與反對民主共和的基本思慮，在巴爾幹半島製造出一系列主權國家，從外部決定其領土劃分，卻又同時在這些新興國家中強行導入王政支配，扼殺民主共和主義的呼吸空間。結果造成法國大革命所揭示的民族（產權共同體）——民主（行使產權的機制）——主權國家（產權行使的對象）三位一體的政治模型，被以不經由民主共和機制作為必要中介的民族——國家模型所取代，新的民族國家模型就此誕生。

新的民族—國家模型是一種必然帶來政治斷裂與衝突的模型。這個模型排除了民主共和機制這個必要的中介，使民族的具現——政治認識／意志／效忠共同體的創出難以產生共識。民族的形成不可避免地帶有強制性格，而強制必然引來各種不同形式與目標的反抗，因而形成強制與反抗，反抗與壓制的循環，民族的再定義也將無法避免受到連帶的影響。其結果，民族定義的分歧、民族區劃界線的游移不定，也成為必然的趨勢。

與此同時，儘管新的民族—國家模型排除了民主共和機制的必要中介，但這個模型畢竟繼承了民族與國家之間的產權關係，民族（產權所有者）的界定與國家領土民族（產權）的大小產生直接的聯繫；民族定義的分歧不僅會直接導致領土主權的紛爭，而且對特定領土的野心也會造成民族定義的變遷。簡言之，在巴爾幹半島被打造出來的新民族—國家模型，一開始便預埋著內部強制認同、政治鬥爭與對外衝突的因子，而國內鬥爭與國際衝突間更預埋著結構性的連帶。國內衝突既會衍生為國際衝突，國際衝突也會改變國內的政治景觀。如此，當統治集團遭遇內部危機時，運用民族的界定權來引爆國際衝突，以資作為模糊正當性不足、凝聚內部團結，以及掩飾內部社會經濟尖銳矛盾的政治策略，便成為悲劇性，但卻有力的誘惑。

民族區劃界線的游移不定、內部的衝突與對外的領土糾紛，必然成為巴爾幹半島的政治景觀，並造成民族的定義與領土範圍的主張等，愈來愈帶有強制性與恣意性。恣意性與強制性必然引發反抗，這又反過來激發強制，於是民族主義退化為種族主義，藉由訴諸種族的「自然」血緣臍帶來遮掩恣意性並合理化強制。如此，通過民主．共和機制這個必要中介的排除，從希臘主義到大希臘主義，從保加利亞主義到大保加利亞主義，從塞爾維亞主義到大塞爾維亞主義，各式各樣被冠上「大」字首的民族主義，紛紛隨著局勢的演變而被提上巴爾幹半島的政治議程，致使奉民族之民的抗爭、侵略與殺戮，成為一八七八年柏林和約後巴爾幹半島的政治史主軸。

這個悲劇性的發展歷程尖銳地暴露出：欠缺民主共和機制作為必要中介的巴爾幹民族——國

家模型及其運作原理註定要失敗。新的原理並未勝過先前伊斯蘭世界體系的運作原理。與「大」字首型的民族主義被巴爾幹半島諸國統治者用來當作克服內部矛盾的手段相較，一七六一年的阿富汗創國君主阿瑪德汗，以及一七七八年的鄂圖曼土耳其素檀阿布杜爾．哈米德二世，也都企圖以伊斯蘭聖戰的理念來促進治下子民團結以遮掩內部矛盾與克服統治困境。外觀上，民族主義與伊斯蘭主義都是凝聚政治團結與進行政治動員的策略，但伊斯蘭主義與民族主義畢竟是不同的論理。兩者的差異在於伊斯蘭主義訴諸的對象是依據個人信仰而皈依伊斯蘭的穆斯林，巴爾幹半島「大」字首型的民族主義雖然訴諸於民族，但民族的身份卻經常是統治者或是社會集團強加於（或不加於）治下諸民之上，民族成員的身份界定取決於統治集團恣意的強制界定，而非伊斯蘭所取決的個人信仰。

無論如何，伊斯蘭主義的實踐，畢竟已在鄂圖曼土耳其帝國境內敗北，帝國政府的路線已經錯亂，官方版的鄂圖曼主義與伊斯蘭主義都在實踐中遭到致命的挫折，帝國權威蕩然無存，帝國被瓜分與解體的危機已變得如此迫切與真實，但帝國的舵手卻陷入驚慌與漂流，不知何處是方向。

帝國境內的政治活動家都敏銳地觀察到帝國支解的新動向，他們努力地找尋克服矛盾與危機，團結人民奮起的路徑。在鄂圖曼人與伊斯蘭主義的穆斯林區劃線失敗後，土耳其民族主義開始躍進，他們揚棄了鄂圖曼主義與伊斯蘭主義，轉而尋找建立土耳其民族國家的道路。

一八八〇年，土耳其語言民族主義出現，接著出身前克里米亞韃靼汗國的改革家嘉思不若（Ismail Gaspiral，一八五一年至一九一四年）所創的「土耳其人」報紙登場，著手宣揚文化型土耳其民族主義。一八九四年，青年土耳其黨組成。一九〇一年，由聶吉博・阿斯姆（Nezil Azm）所撰寫，以西歐的民族史為點範的史上第一本《土耳其民族史》問世。土耳其民族主義很快地便成為十九世紀末鄂圖曼土耳其帝國內部的主流意識形態。但土耳其民族主義也遭遇著希臘民族主義所經歷國的同樣困境：「土耳其民族」如何界定，其「固有領土」又如何劃定？在土耳其語言民族主義出現後，語言（突厥語）成為界定土耳其人的主要內涵；但突厥語系涵蓋的區域並不限於鄂圖曼土耳其帝國境內，而是包涵了中亞、新疆、乃至北亞部份地區。如此造成土耳其民族主義很快地走上了大（泛）突厥主義（大都蘭㉒主義）的道路，並新遭俄羅斯殖民支配的中亞知識份子階層也支持——在中亞被俄羅斯征服的歷程中，儘管曾經訴諸伊斯蘭聖戰來動員抵抗力量，但伊斯蘭主義並未能超越中亞三汗國彼此間的部族對立，部族的認同壓過穆斯林認同，這迫使部份知識份子階層放棄伊斯蘭路線，轉而尋求泛突厥主義的訴求。

在這一個轉換過程中，土耳其民族主義開始從抵抗／防禦型民族主義，轉變為侵略型的民族主義。一九〇七年七月青年土耳其黨在安佛爾・帕夏的領導下進行武裝政變，恢復立憲制（第二次立憲），翌年掌握政權，但卻因土耳其民族主義（主張尊重非突厥民族權利的地方分權派）與大突厥主義（接櫫土耳其人至上的中央集權派）的對立，導致一九〇九年兩派武裝火併的

「三三一事件」。事件發生後，大突厥主義狂走，對非突厥諸民導入差別待遇、血腥鎮壓與強制同化政策63。

巴爾幹各種民族主義、土耳其民族主義的崛起與大突厥主義狂走等系列衝擊，激化著鄂圖曼土耳其帝國境內其他區域被支配諸民的民族主義與分離運動。從黎巴嫩到敘利亞基督徒的阿拉伯民族（語言）運動開始，阿爾及利亞的柏柏人（Berber）、庫德斯坦的庫德族、外高加索的亞美尼亞等各式各樣的民族主義，也開始急速發展。至此，鄂圖曼土耳其帝國的伊斯蘭論理已徹底為民族國家的論理所取代，帝國的瓦解無可避免，而歐洲國家體系的體系危機，更直接導引鄂圖曼土耳其帝國的崩潰與中東的大分割。

自一八一五年以來歐洲國家體系列強政治與權力平衡政策，在亞洲內奧與巴爾幹半島等地區進行失敗的緩衝國與民族國家實驗，已經暴露出歐洲國家體系的內在矛盾。一八七三年至一八九五年間的大蕭條，促使歐洲列強的保護主義崛起。大英帝國的自由貿易體制已經自行崩潰，而歐洲列強經濟上的資本集中與中央化趨勢，不但帶著金融資本的崛起，更迫使歐洲列強迫切地尋找邊陲經濟體的市場與原物料，因而導引出一八九五年至一九一四年歐洲列強的「新帝國主義」——這可說是更赤裸地全球殖民地爭奪與分割的戲碼，並激化著內殖民地區經濟社會結構的解體，以及由此而來的革命浪潮。一九〇五年的俄羅斯革命就是二十世紀革命浪潮的第一波。

一八八〇年以降，成為歐洲列強競爭分割殖民地的年代，德意志帝國的形成（一八六四年至一八七一年）進一步挑戰著一八一五年維也納體制以來歐洲權力體系與大英帝國的支配性地位，並因此促成法國與俄羅斯、法國與英國、俄羅斯與英國的和解。俄羅斯的弱點在一九〇五年日俄戰爭敗北與革命浪潮中完全被暴露出來後，英法開始在摩洛哥與埃及問題上相互支持對方。一九〇七年英俄在波斯、阿富汗與東亞問題上達成妥協（這構成了三國協商），確保了英國在波斯灣的利益。

鄂圖曼土耳其帝國權威的動搖與巴爾幹半島的衝突，提供了歐洲列強對決的火藥引線：俄羅斯支持著巴爾幹半島諸國反對鄂圖曼土耳其帝國，並與奧匈帝國競逐。只有德國支持奧匈帝國，其介入強化了法俄聯盟，英國則因德國的擴張而倍感威脅。德奧同盟與法英俄三國協商兩大陣營對立的局面已成，而協商三國中，俄羅斯對鄂圖曼土耳其帝國構成最大威脅的事實，促使鄂圖曼土耳其帝國靠向德國與奧匈帝國，從而決定鄂圖曼土耳其帝國在一次世界大戰後的解體，以及其舊有領土遭到分割與殖民的命運。

註譯

①一八二〇年末期，大英帝國已經成為俄羅斯帝國的最大貿易夥伴，佔俄羅斯出口總額的百分之四八，進口總額的百分之四十。參見：John P. LeDonee, Russian empire and the world 1700-1917: The geopolitics of expansion and containment (New York and Oxford: Oxford University Press, 1997), p.308.

②Lawrence James, The rise and fall of the British empire (London: Little Brown and company, 1994), pp.132-133.

③LeDonne, op cit, pp.qqw-113.

④Mason, op cit, p.92.

⑤George Lenczowski, The middle east in world affairs (Ithaca and London :Conell University Press, 1980), pp.46-48.

⑥這種語族分立的情況，使得目前外高加索的達吉斯坦被視為是《聖經．創世記》「巴別塔」的起源地。不過自十九世紀下半葉外高加索被俄羅斯帝國殘酷征服後，該區穆斯林之間一直流傳著一個傳說，即北高加索複雜的語言人種現象，是東正教的異徒和後來的布爾什維克得罪了真主阿拉，及寫可蘭經的神聖文字阿拉伯文，才使得這些穆斯林之間無法溝通。

⑦Carlotta Gall and Thomas de Wall, Chechnya: A small victorious war (London: Pan Books, 1997), pp.231-32.

⑧V. A. Potto, Kavkazskaya Voyna (Stavropol: Kavkasky Kray, 1994), Vol.1, pp.35-48.

⑨LeDonne, op cit, pp.116.

⑩V. A. Potto, Kavkazskaya Voyna (Stavropol: Kavkasky Kray, 1994), Vol.1, pp.273-284..

⑪針對夏米爾這場浴血抗戰的評價，帝俄時期的史家基本上將它說成是大英帝國顛覆俄羅斯的走狗。一九二〇年代的早期蘇聯，部份史家為了清算帝俄的大俄羅斯沙文主義，替夏米爾平反翻案，認為

他是「民族解放的英雄」。到了史達林時代，大俄羅斯主義復活，夏米爾又被詮釋為「伊斯蘭反動封建勢力的領導者」。這種因莫斯科政壇內部轉變而導致迥異的現象，在二十世紀晚期也出現在俄羅斯政壇，形成「民族解放派」與「史達林派」的對立。

⑫Hugh Seton-Watson, The Russian empire 1807-1917（Oxford: Oxford University Press, 1988）, p.183.

⑬Monika Greenleaf, “Puskin’ s Byronic apprenticeship: a problem in cultural syncretism ” , The Russian Review , Jul. 1994, pp.382-398; Katya Hokanson, “Literary imperialism, Narodnost’ and Puskin’ s invention of the Caucasus ” , The Russian Review , Jul. 1994, pp.336-352.

⑭Potto, op cit, p267.

⑮Seton-Watson, op cit, p.267.

⑯轉引自：Walter Kolaz著，許孝炎譯，《蘇俄及其殖民地》（香港，亞洲出版社，一九五五年初版），頁二〇八。

⑰Susan Layton, Russian Literature and Empire: Conquest of the Caucassus from: Pushkin to Tolstoy (Cambridge: Cambridge University Press, 1994).

⑱LeDonne, op cit, pp.313.

⑲George Lenczowski, Russia and the West in Iran, 1918-1948: A study in Big-Power Rivalry (New York: Cornell University Press, 1949), p.2.

⑳Eric R. Wolf, Europe and the people without history (Berkeley: University of California Press, 1982), p.94.

㉑遠藤義雄，アフガン 25 年戰爭，（東京，平凡社，二〇〇二年），頁二五。

㉒岩村忍，勝藤猛，近藤治合著，インドと中近東，（東京，河出書房新社，一九九七年），頁二九〇六。

㉓Raja Anwar, translated by Khalid Hassn, The tragedy of Afghanistan: a first-hand account (New York: Verso, 1988), pp.8-9.

㉔Lawrence James，The Rise and Fall of the British Empire (London: Abacus, 1997),.pp.220-222.

㉕James, op cit, p.223.

㉖Raja Anwar, op cit, pp.10-11

㉗此次的衝突尚帶有文化因素。英軍隨修賈夏進駐阿富汗後，僱用阿富汗女性作為管家，並已金錢誘使而進行性交易。儘管一夫多妻在阿富汗並不罕見，但賣春卻是此一時期才由英軍引入，岩村忍，勝藤猛，近藤治合著，インドと中近東，（東京，河出書房新社，一九九七年），頁一二七。

㉘Peter Hopkirk, The great game: the struggle for empire in central Asia (New York, Tokyo and London: Kodansha International, 1994), pp.258-261.

㉙Karl Marx, Notes on Indian history (Moscow: Foreign Languages Publishing House, 1960), p.139.

㉚在十九世紀上半葉，除了波斯卡賈爾王朝奪取了阿富汗西部的呼羅珊省之外，中亞布哈拉汗國的烏茲別克王穆拉德別克（Murad Beg）亦趁機奪取了俗稱阿富汗土耳其斯坦（Afghan Tukestan）的北部地方。大片領土的喪失動搖了阿赫瑪德汗立國以來所建構的戰利品／貢賦分配體制，加速了賽多賽系部族喪失王位的進程。

㉛Bernett R. Rubin, 1995. The search for peace in Afghanistan: From buffer state to failed state (New Haven and London : Yale University Press, 1995), p.308.

㉜小名 康之，「ムジャーセディーン運動」，イスラム事典，（東京，平凡社，二〇〇二年），頁三六四。

㉝Bernett R. Rubin, The fragmentation of Afghanistan: state formation and collapse in the international systems (New Haven and London : Yale University Press, 1996), p.46-47.

㉞David B. Jenkins, "The history of Afghanistan as a buffer state", John Chay and Thomas E. Ross, eds., Buffer states in world politics (Boulder and London: Westview Press, 1986),. P.177.

㉟Raja Anwar, op cit, pp.12

㊱有關緩衝國定義的詳盡討論，參見：John Chay and Thomas E. Ross "Introduction", John Chay and Thomas E. Ross, eds., Buffer states in world politics (Boulder and London: Westview Press, 1986),. P.10.

㊲西元一五五二年與一五五六年，莫斯科先後兼併喀山汗國與亞斯特拉罕汗國，可視為俄羅斯征服中亞的起點。

㊳A. Yu. Yakubovsky, Ochyorki iz istorii turkmenskogo naroda I Turkmenistana V Ⅷ-X I X w. (Ashkhabad: Turkmenskoye Gosudarstvennoye Izdatel stvo, 19540, p.7.

㊴岩村 忍編，世界の歴史.5　西域とイスラム，（東京，中央公論社，一九九〇年），頁四〇七至四一〇。

㊵A Karruyev and A. Roslyakov, Kratky ochyork istorii Turkmenistana: 1867-1917 gg. (Ashkhabad: Turkmenskoye Gosudarstvennoye Izdatel' stvo, 1956), p.10-11.

㊶Karryyev and Roslyakov, op cit, pp.31.

㊷Mahrdad Haghayeghi, Islam and politics in Central Asia (New York: Sr. Martin' s Press, 19950), p.2.

㊸Owen Lattimore, Pivot of Asia (Boston: Little, Brown and Co., 1950), p.28.

㊹John Anderson, The international politics of Central Asia (Manchester and New York: Manchester University Press, 1997), pp.8-12.

㊺「賽局」、「棋盤」與「至高權」等帝國主義式隱喻修辭法迄今仍影響人們對世界政治的思維與理解。

㊻柯松與維多利亞女皇的引文皆出自於：David Fromkin, A peace to end all peace : the fall the Ottoman Empire and the creation of the modern middle east (New York: Avon Books, 1989), p.27.

⑰David Fromkin, op cit, p.29.

⑱轉引自David B. Jenkins, op cit, p.179.

⑲現今喀布爾市區內最寬闊的街道即取名為瑪伊萬德大道，用以紀念此次戰役。

⑳David Gillard, “British and Russian relations with Asian governments in the Nineteenth century.” In Hedley Bull and Adam Watson, The expansion of international society, (Oxford: Clarendon Press), 1984, pp.87-97.

㉑Hans Kohn, Nationalism: its meaning and history (Princeton: D. Van Nostrand Co., Inc., 1955).

㉒在台灣，從中學歷史教科書至大學的西洋史學術用書，向來根據十九世紀 國史家蘭克（Leopold von Ranke，一七九七年至一八八六年）率先提出的公式——「古希臘、中古羅馬、近代西歐」——來描寫西方文明史的發展歷程。這套史觀遮蔽了整部希臘史的真實歷程，容易讓人誤以為希臘一直是屬於西洋文明。

㉓Stuart Woolf,“Introduction”, Stuart Woolf ed., Nationalism in Europe: 1815 to the present (London & New York: Roultedge, 1996), p.11.

㉔王武門，「追尋希臘睡美人的沉睡——希、土衝突的歷史脈絡」，中央日報，一九九八年十一月十三日，版二十三。

㉕Eric Hobsbawm, Nations and Nationalism since 1780,（Cambridge: cambridge University Press, 1990）, pp.76-77. 漢譯文參照李金梅譯，《民族與民族主義》（台北，麥田出版社，一九九七年，已絕版），頁九七至九八。漢譯文依照原文而略有變動。

㉖前嶋信次編，西アラビア史（東京：山川出版社，一九七八年），頁三七七至三七八。

㉗Rene Albrecht-Carrie, A diplomatic history of Europe: since congress of Viena (New York: Harper & Row, 1973), pp.173-177.

㉘Paul N. Helin, “ The Origins of morden Pan-Serbrism: the 1844 Nacertanje of Lija Garasanin: An

Analysis and Translation, “ East European Quarterly, No.9, Summer 1975, pp.153-171.

⑸Albert M. Tosches, “The Albanian Lands: continuity and change in a baffer region,” John Chay and Thomas E Ross, eds,. Buffer states in world politics（Boulder and London: Westview Press, 1986）, p.118.

⑹Tosche, op cit, p.119.

⑹Michael Foucher,“The geopolitics of front lines and borderlins”, Jacques Levy ed., From geopolitics to global politics: a French connection (London: Frank Cass, 2001) , p.161.

⑹都蘭（Duran）指阿姆河以東的沙漠、綠洲與草原地帶，被視為突厥人的原鄉。

⑹坂本 勉，トルコ民族主義，（東京：講談社，一九九六年），頁一八二至一九八。

第七章

結論：權力與正義

十九世紀伊斯蘭三大帝國的同步危機，對「伊斯蘭之家」的穆斯林而言，可謂史無前例。歐洲國家體系列強對伊斯蘭世界的侵略與擴張，鄂圖曼土耳其帝國、波斯與蒙兀兒的軍事敗北、系統性解體（中央權威衰退與擁兵自重的地方諸侯漸次取得自治或半自治地位），歐洲資本主義對伊斯蘭世界造成的經濟惡化與社會解體，以及「伊斯蘭之家」愈來愈多的地區淪為歐洲列強的殖民地等，否定了先前存立長達千餘年的伊斯蘭根本基礎與政治理論最小公約數——統治穆斯林的政府，無論統治者的性格，其統治行為必須符合伊斯蘭法。對穆斯林而言，歐洲國家體系列強的侵略與主權國家的論理，提起了完全迥異的世界觀，其衝擊可謂空前。畢竟即使是在十三世紀蒙古帝國的征服過程中，征服者也未否定伊斯蘭，但來自歐洲國家體系的衝擊卻意味著伊斯蘭可能遭受從根本被否定的危機。

這個史無前例的危機激起了穆斯林對伊斯蘭的重新追詰，危機的根源所在及克服危機的道路，構成了思想反省與實踐再調適的核心課題。整場危機的根源或許可以輕易歸咎給「歐洲列強殖民主義的邪惡」，但從伊斯蘭的論理來說，這個簡化的解釋無法回答何以歐洲諸國力強而伊斯蘭共同體力弱的問題。

力量強弱的問題在基督教的論理中並無必要，因為後者的基本教義並未將正義與權力直接聯繫起來。基督教是起自羅馬帝國支配下的被壓迫者，以宗教形式表現其呻吟與反抗。基督教成為羅馬帝國國教後，奧古斯丁（Aurelius Augustinus，三五四年至四三〇年）首次提出體系性的基督教神學理論，展開「神國」（civitas der）與「地國」（civitas terrena）的雙元論述，判定教會是「神國」在地上的代表，信徒只能「通過教會而進入神的國度」以及「教會之外無救贖」（extra ecclesia nulla）。其後，在中世紀歐洲對世界政治秩序的概念亦屬宗教型定義，即理念上存在著一整個基督教共同體（corpus christianum），教會為其象徵。但這只是理念，在政治生活的實踐中，林立著各種差異性頗大的世俗政權。這些世俗政權的存在並未在基督教的論理中遭到否定。基督教的論理並不認為世俗權力及必須以上帝作為理論根源的正義兩者間必定要有直接關係，因而作為抽象共同體之塵世代表的天主教會，與各種世俗政權林立的理論與現實差距，並未被視為是理論上的重要課題。因此，七至八世紀穆斯林展開大征服，攻取地中海沿岸大部份基督教徒住區，並對基督教的東羅馬帝國造成嚴重威脅時，基督徒的政治危機感並未轉化為宗教意識上的危機感。權力與正義並無直接關係，構成了日後西歐國家體系能夠成立的理論前提，通過西歐國家體系的成立與發展，基督教的論理幾乎以完全被排除在世俗的政治領域之外，事實上正如本書先前所論述的，基督教共同體論理的崩潰，與其說是因為伊斯蘭世界體系等地理歐洲之外的力量所衝擊，毋寧說是來自地理歐洲之內的西歐主權國家體系所造成的毀滅性打擊。

然而，伊斯蘭的論理與基督教不同。伊斯蘭法來自阿拉的啟示與先知穆罕默德的傳信，其教誨不謹規範著人類的內在精神，也規範著穆斯林的外顯行為。繼承羅馬法並加以發展的近代西歐法律體系，認為法律的根源來自社會契約，法律的任務只專注於規範人類外顯的行為，並不管控人類的內在精神。與西歐法律觀相對，在穆斯林的論理中，伊斯蘭法不是來自人類，而是來自阿拉的啟示與先知穆罕默德的傳信，伊斯蘭法既是內在精神的規範，也是外顯行為的規範，兩者無法涇渭判分，這個立場使得權力與正義直接相關。遵循伊斯蘭法是穆斯林的基本義務，為了實施伊斯蘭法所規範的社會秩序，保護伊斯蘭共同體與穆斯林的生命財產安全，在在需要政治權力與政府，而政府的運作與政治權力的行使必須以維護伊斯蘭法為前提。

因此面對歐洲國家體系的壓迫與殖民擴張，便在穆斯林世界產生了深刻的問題：伊斯蘭共同體力量的衰弱是否意味著伊斯蘭本身的弱？但「阿拉是唯一真神」而「穆罕默德乃阿拉使徒」是伊斯蘭信仰的根本內涵，質疑伊斯蘭本身的弱並不能推翻這兩大信仰支柱，因而面對問題根源的探索只能往穆斯林對伊斯蘭的理解以及穆斯林對伊斯蘭的實踐這兩大方向上前進。在這樣的追詰軌道下，對伊斯蘭的正確理解及建構實踐伊斯蘭社會，構成了十九世紀以降穆斯林思想家與穆斯林社會因應危機的問題意識中心①。

早在意識到西歐國家體系的衝擊之前，伊斯蘭世界的內部即因伊斯蘭世界體系的衰退而產生重新反省伊斯蘭與要求社會改革的運動。這股思潮以阿拉伯半島的瓦哈比運動和印度北部的瓦里烏拉赫為代表，其主要任務並非回應外部威脅，而是要克服伊斯蘭共同體內在的社會與道德衰退，因而被統稱為現前現代的伊斯蘭復興主義。

在其後的歷史發展中，這股思潮最終協助了新體制的誕生，包括沙烏地阿拉伯國家、蘇丹國家與利比亞國家的成立。但在理論意義上，前現代的伊斯蘭復興主義並未處理伊斯蘭世界如何因應歐洲國家體系挑戰的核心課題。更何況，即使只是在伊斯蘭本身的歷史經驗中進行反省，前現代的伊斯蘭復興主義諸理論也未從根本上解決早期伊斯蘭史上的宗派分立——分離派與什葉派所揭露出來的課題：尊崇領導人原理與信徒平等的同胞原理這兩者之間的差距與隱含的矛盾。換言之，在尚未接受歐洲思潮的影響之前，伊斯蘭兩大支柱之一的穆斯林平等原理，已提起了民主化的基本論理與實踐課題。因此在理論發展的位置上，現代的伊斯蘭復興主義註定只能是前導而非主流。

十九世紀的歷史過程揭示：回應歐洲國家體系的衝擊已是伊斯蘭世界最迫切與最深刻的課題。在十九世紀中期，對伊斯蘭世界內部不斷虛弱化的關切，大量地滲入了被迫臣屬於歐洲國家體系列強之威脅的憂慮。歐洲列強的殖民支配，為伊斯蘭世界漫長的衰弱過程打下最後的句號。至於歐洲帝國主義軍事、政治、經濟、文化的威脅——以「文明開化」為名的侵略，則導致穆斯林相當多的回應。

理論與實踐路線的分裂由此產生。為了克服外部的侵略，伊斯蘭世界的政治、軍事領導階層與官僚體系的上層開始導入體制內的改革，企圖通過來自上層的改革，學習西歐列強的政治、軍事模型來強化本身的力量，並企圖在伊斯蘭的論理中尋求合理化這些歐化改革的解釋。整個歐化改革的核心論理是企圖讓退出政治場域，僅限於個人生活中的道德領域，變成像基督教那樣，僅用來規範人們的內在精神而非外顯行為。在十九世紀中葉，體制內的「現代化」改革在埃及、鄂圖曼土耳其帝國與印度等區域蔚為風潮。然而政府推動的歐化政策，其議程受到西歐列強的干預，再加上內部烏拉瑪等勢力的反對，致使在推進過程中喪失主導權與方向感而失敗。一連串的失敗加上歐洲民族主義浪潮的衝擊，激發著烏拉瑪集團對任何歐化事物皆抱持著反感態度的抗拒主義傾向與擁抱歐洲版民族主義的兩種對立路線。但抗拒主義的排斥立場並無法讓西歐列強的侵略自動消失，且他們站在守衛舊有體制既得利益的立場，並未碰觸穆斯林皆平等的課題，因而無法爭取廣大穆斯林的認同與合作。而民族主義派路線所訴諸的已非伊斯蘭的論理，而是改採歐洲國家體系發展出來的民族國家論理，即要求民族國家應成為最高位的效忠對象，穆斯林對伊斯蘭的認同現在必須讓位給對民族的認同，民族的身份是政治生活的主角，而穆斯林的身份則退居次要。簡言之，在政治生活的安排上，伊斯蘭的論理已不再具有主導性的效力。

在復興傳統與歐洲化兩條道路之間，興起了被稱為伊斯蘭現代主義的改革運動，其代表人物是阿富加尼（Jamal al-Din al-Afghain，一八三八年至一八九七年）和他的弟子阿布杜（Shaykh Muhammad Abduh，一八四九年至一九〇五年）與再傳弟子李達（Rashid Rida，一八六五年至一九三五年）。阿富加尼被視為伊斯蘭現代主義之父，他出身波斯，在大英帝國治下的印度受教育，足跡踏遍整個中東，並曾前往倫敦和巴黎，對伊斯蘭與西歐文化有深刻的理解，並洞察到伊斯蘭世界的內在虛弱與西歐的外部威脅，因而將伊斯蘭世界所遭遇的危機定為伊斯蘭共同體遭遇來自西歐的侵略危機，據此提出解決方針：為抵抗外部的侵略，一方面全體穆斯林應超越種族與文化的差異，依據泛伊斯蘭的精神團結一致來共同防衛伊斯蘭共同體，另一方面應該革除傳統伊斯蘭的舊弊端，容許個人詮釋，採用西歐的現代科學與文明來自我強化，通過對外團結與對內改造的雙重途徑，重建伊斯蘭共同體統一國家的榮光。

阿富加尼對日後伊斯蘭思想與實踐的發展影響頗巨，但他的理論與實踐的困境，具現在他自己的經歷與他的弟子與再傳弟子的路線歧異之上。作為呼籲穆斯林團結以抵抗西歐列強侵略的旗手，阿富加尼一度被波斯卡賈爾王朝統治者納希爾夏延攬為顧問，但阿富加尼在一八九一年號召穆斯林拒買英國商品而激發「菸草反亂」，使他遭到納希爾夏放逐，後者擔心穆斯林群眾的排英情緒一旦被挑起，將危及自己的王權。翌年，阿富加尼應鄂圖曼土耳其帝國素檀哈米德之邀前往伊斯坦堡，但一八九六年納希爾夏先前的憂慮仍發生在阿富加尼的追隨者成功地暗殺他們認為對英國過於軟弱的納希爾夏，於是哈米德將阿富加尼驅逐出境，並在鄂圖曼土耳其帝國境內禁止阿富加尼派的傳播與活動②。

這就顯露出阿富加尼路線的雙面刃性格，在抵禦外侮，呼籲穆斯林團結這一點上，阿富加尼的主張獲得了執政當局的青睞，後者企圖將此吸納到「官方伊斯蘭」之內以維護其專制政權並強化統治。但是在要求穆斯林社會進行改革這一點上，阿富加尼的主張又具有動員穆斯林平民要求改造體制的「大眾伊斯蘭」能量，這不可避免地會與專制政權相互衝突。

官方伊斯蘭與大眾伊斯蘭的差距，再一次顯現分離派與什葉派在伊斯蘭早期歷史中以尖銳方式所暴露的問題：領導人原理與信徒平等原理的潛在矛盾。在論理意義上，納希爾夏被刺可說是早期分離派刺殺阿里的翻版。

同樣的矛盾也顯現在阿富加尼的弟子與再傳弟子的行蹟之上。阿布杜是伊斯蘭現代主義改革運動「先祖（Salafiyya）運動」的靈魂人物，雖已復歸先祖即早期伊斯蘭為其改革目標，但並非只是單純的復古主義，而是積極謀求伊斯蘭社會的改革，期使近代的（歐洲）文明與固有的伊斯蘭相容。在一八八二年參與埃及反英法殖民的民族主義運動失敗後，阿布杜流亡巴黎，一八八八年返國後，即將著力點置於宗教、教育與社會改革，如利息的解禁、一夫一妻原則化、解除禁食異教徒屠宰之動物肉品的禁令，以及對伊斯蘭法進行再詮釋等。

與阿富加尼相較，阿布杜所側重的，與其說是抵禦西歐的侵略與號召穆斯林團結，毋寧說是伊斯蘭社會的自我改造。這種傾向使阿布杜在埃及更容易獲得歐化派與民族主義派等政權主流派的支持，但卻引起烏拉瑪集團等伊斯蘭力量的反對。阿布杜的學生李達，因警戒其師傾向接受殖民政府體制並過度和歐化派與民族主義派接近的危機感，轉而傾向十三世紀的伊斯蘭思想家泰米亞與瓦哈比派的思想立場，從而成為二十世紀埃及及穆斯林同胞團的先驅。

在印度次大陸的伊斯蘭現代主義者之間，也出現了類似的發展。與西亞和北非相較，印度最早淪為大英帝國直接支配的殖民地，因而伊斯蘭現代主義的發展更為蓬勃，代表人物如薩伊德．

阿瑪德汗、阿米爾・阿里、希柏里、阿薩德，以及伊克巴爾等人，在雇傭兵之亂之後，阿赫瑪德汗為代表的印度伊斯蘭現代主義派思想家漸次傾向在既存體制內推動伊斯蘭改造，以提高穆斯林的地位，而非動員穆斯林的力量來推翻殖民體制。因而，阿赫瑪德汗在思想上運用歐洲的理性主義，對古蘭經進行大膽的再詮釋，不旦抨擊一夫多妻制、女性隔離、奴隸制、禁止女子受教育、禁止利息等，並著力於鼓吹思想自由、自助精神、自由主義等價值。此外，他更在阿里加爾成立大學，直接著手培育新世代人才，形成「阿里加爾運動」③。但正如埃及的李達警戒到阿布杜接受殖民體制的思想傾向而轉向泰米亞與瓦哈比派一樣，阿赫瑪德汗和阿里加爾運動以接受殖民體制為前提的穆斯林社會改造運動也引起反作用，導致原為盟友的希柏里轉向訴諸古典伊斯蘭論理來反對阿里加爾運動，並在政治上漸次與烏拉瑪集團合流。如此，印度伊斯蘭現代主義具有的雙面刃性格，即接受支配體制的官方伊斯蘭與要求變革體制的大眾伊斯蘭間的矛盾再度被突顯出來。

伊斯蘭現代主義的雙面刃遺產，無論是強調穆斯林社會改造，或是強調團結穆斯林以抗擊西歐的侵略與殖民，其最終的目標都是在提升穆斯林社會因應歐洲國家體系此一現實的能力，藉以實現穆斯林社會的自我統治。當思想側重於凝聚穆斯林團結，動員穆斯林力量來抵抗外敵侵略時，伊斯蘭現代主義便成為二十世紀現代伊斯蘭主義的先驅。但當思想側重於改造穆斯林社會而不側重推翻殖民統治的課題時，伊斯蘭現代主義便不可避免地讓為給民族主義，並因此出現伊克巴爾那種企圖將反殖民與改造穆斯林社會兩者再結合的「穆斯林人」民族主義思想。

但民族主義與民族國家的實驗若欠缺民主機制，或是欠缺建立伊斯蘭兩大支柱之一的信徒平等原理實踐機制，藉以實現人民的眾意與凝聚人民的團結，最終仍像巴爾幹半島諸國那樣遭遇失敗並導致災難性的後果。在災難的灰燼上，現代伊斯蘭主義將順勢崛起。二十及二十一世紀初伊斯蘭思想與運動的發展模式即是圍繞著此一困境而來。

無論如何，困境絕非只是穆斯林的問題。最具災難性的困境毋寧說是來自歐洲國家體系本身。

源自於西歐的主權國家體系，其思想動力來自於對人類本身的高度自覺，並據此打開了人類支配自然與人類的社會機制自覺化作業。此一自覺通過來自社會上層精英的文藝復興與來自中下階層吶喊的宗教改革等雙向挑戰，衝擊著基督教對於世界運行的論理。在這個基礎上，絕對主義王權利用要求個人內面自由之宗教改革運動而坐大，不僅企圖整合外面（俗世）的政治權力，更企圖獨佔精神上的內面權威（國教）。可以說在基督教共同體廢墟上，興起了絕對主義的主權國家體制，並據此打造出以主權國家作為基本政治單位的國家體系。政治生活由人類自行管理，而非仰賴神的論理，成為支撐國家體系運作的思想核心。但絕對主義王權的高度發展與同時要求獨佔世俗政治權力與人類精神的內面權威，卻掀起了權力與自由的政治思想課題。

自由課題的根本內涵是抵抗絕對主義的王政權力，而絕對主義的思想支柱是布丹的主權（對內最高、對外獨立）論。要清算絕對主義領體國家體制，就必須清算布丹的理論——「人類之自然」的自然法觀念。這就構成了其後歷代思想家展開作業的前提，而進行清算與再建構的手法便是：何謂人？人類的本質（人性）為何？人類的政治社會如何可能？人類如何建構出政治社會秩序？在建立政治社會秩序的過程中，權力是否不可或缺？權力是否應該加以限制？若不應該，則不啻承認絕對主義的正當性，因而權利必須加以控制。但應該如何限制？再者，若要限制權力（他律性），基本前提必須是人類具有自律性？但「人類的自律性」何在？與人類自律性密切相關的「自由」又是什麼？

這些課題構成了其後數百年間的思想始發展內涵。新時代的思想工程，首先由英格蘭的霍布斯展開破土作業，他的理論活動確立了「國家（政治共同體）乃人類之契約結社」此一思想在認識論上的基礎，但得出的基本結論是「他律不可避免」。因而，洛克在他的認識論基礎上，跨越了霍布斯的「他律不可避免」而導出「自律性」的結論。

洛克的理論總結了文藝復興以來的理論大流：感性的人類在論理上可以自律。在這個基礎上，亞當斯密進一步提出了「（自律的）個人的自利有助於總體社會的利益」，從而創造出近代經濟學與自由主義的基本論理。如此一來，政治共同體的問題便不再是總體體制（人類文明總體）的問題，而是如何設計一套政府機關以維持人類自律的問題。這就是權力分離與分立的課題，並由法蘭西的孟德斯鳩作出了最著名的詮釋。

至此，主權國家（領土國家）體制的正當性完全確立，並因此導出往後幾個世紀的深刻問題：主權／領土國家體制，亦即西歐國家體系是否正當與可取？若這樣的體系正當，那麼在此一體系中處於弱勢地位的弱國又當如何自處？針對這個問題的後半段，導出了黑格爾的歷史哲學與國家崇拜的巨型理論，成為後進國的思想指導，並據此導出了向自由主義經濟學進行正面攻擊的李斯特民族經濟理論學派。

更重要的是，亞當斯密「（自律的）個人的自利有助於總體社會的利益」的命題真的成立嗎？個人自由是否可以導出社會正義？與這個問題相連結的是「（自律的）個別主權（國家利益）的自利有助於國家體系總體的利益」？

真正對此作出反省的是法蘭西的盧梭。洛克的政治思想有利於有產階級的統治，但視線未及於廣大的中下階層，亦即在社會邊緣喘息的人群。與洛克相反，盧梭聽到了來自社會底層痛苦的哀號喘息聲，從而開始反省人類自利的感性欲求獲得全面解放後對其他人類所造成的不幸結果，轉而要求社會全員的人性尊嚴，並據此提出文明總體批判論——也就是政治思想的核心課題：「體制論」的問題，而非只是權力結構如何安排的「機關／權力組織論」問題。

盧梭將政治思想的反省提升到史無前例的高度，遺憾的是，盧梭所進行的文明體制批判並未及於主權／領土國家體系——也就是西歐國家體系是否正當與可取的反省高度。在盧梭的精神上，卡爾．馬克思進行了更深刻的文明批判論述，但批判的方面被轉化成為對資本主義體制的批判與人類異化的批判，反而未將反省的焦點集中在主權國家體制、國家體制，以及國家體系所造成的戰爭制度化此一最終手段（ulitma ratio）即人類暴力等最深刻的政治思想問題。如以一來，對這些問題的反省工程，遂由黑格爾國家哲學與李斯特經濟學佔據了主流地位。一國至上主義、國權主義，構成了二十世紀世界政治思想與歷史進程的基調。

簡言之，西歐的政治思想雖有力地清算了絕對主義，建立了人民主權論的思想新工程，並在自由主義與民主思潮上對世界做出重要貢獻，但卻未能對絕對主義的遺產——領土國家的「主權觀」與主權／領土國家體系的運行進行全面的反省。

與伊斯蘭相對，源自西歐的主權國家體系在理論上並未將權力與正義聯繫起來，儘管在國內層次的運作上，權力的運行受到了自由主義及由此而來的相關機制所制衡，但在國家與國家之間的互動上，卻出現權力高度發展的組織性暴力不受拘束的病徵。儘管在實踐上，國家體系中的列強企圖以權力平衡對權力進行牽制，並在西歐國家體係的向外膨脹過程中，發展出將弱勢地區如阿富汗、波斯、巴爾幹半島打造成緩衝國或緩衝區的論理。但正如本書所示，緩衝國或緩衝區的論理，其根本是試圖降低敵對強權間爆發直接衝突的威脅，但緩衝國作為強權競相角逐影響力的存在事實，導致的卻不是衝突的避免而是衝突的升高與引爆。不只如此，主權／領土國家體系的運作原理更直接帶有促成體系崩潰的內在邏輯。通過第一次世界大戰的引爆，徹底顯現出主權／領土國家體系的運作，與其說是帶來「文明」的進步，毋寧說是以文明為名的殺戮與毀滅。

在論理上排除了權力與正義之關連性的主權／領土國家體系，雖然使少數國家得以在短期內享有不受正義節制的權力，但無節制運作的權力終究為自己與整個體系帶來了無可避免的毀滅。整個二十世紀，凸顯的不僅是伊斯蘭本身的論理危機，更是整個主權／領土國家體系的體系性危機。

註譯

①小杉 泰，イスラームとは何か，（東京，講談社，二〇〇一年），頁二六二至二六六。
②John L. Esposito, Islam and politics (New York: Syracuse, 1992), pp.47-48.
③中村廣治郎，イスラム教入門，（東京，岩波書店，一九九八年），頁二〇九至二二〇。

附件

本書年表

<table>
<tr><th>年代</th><th colspan="3">事件</th></tr>
<tr><td>610</td><td>610
穆罕默德
創立伊斯蘭</td><td colspan="2" rowspan="5">224BC.-651 波斯薩珊王朝</td></tr>
<tr><td>620</td><td>622
聖遷</td></tr>
<tr><td>630</td><td rowspan="3">632-661
四大哈里發</td></tr>
<tr><td>640</td></tr>
<tr><td>650</td></tr>
<tr><td>660</td><td colspan="3" rowspan="9">660-750 烏瑪雅王朝</td></tr>
<tr><td>670</td></tr>
<tr><td>680</td></tr>
<tr><td>690</td></tr>
<tr><td>700</td></tr>
<tr><td>710</td></tr>
<tr><td>720</td></tr>
<tr><td>730</td></tr>
<tr><td>740</td></tr>
<tr><td>750</td><td rowspan="5">750-1258
阿巴斯王朝</td><td rowspan="5">756-1031
後烏瑪雅
王朝</td><td rowspan="5"></td></tr>
<tr><td>760</td></tr>
<tr><td>770</td></tr>
<tr><td>780</td></tr>
<tr><td>790</td></tr>
</table>

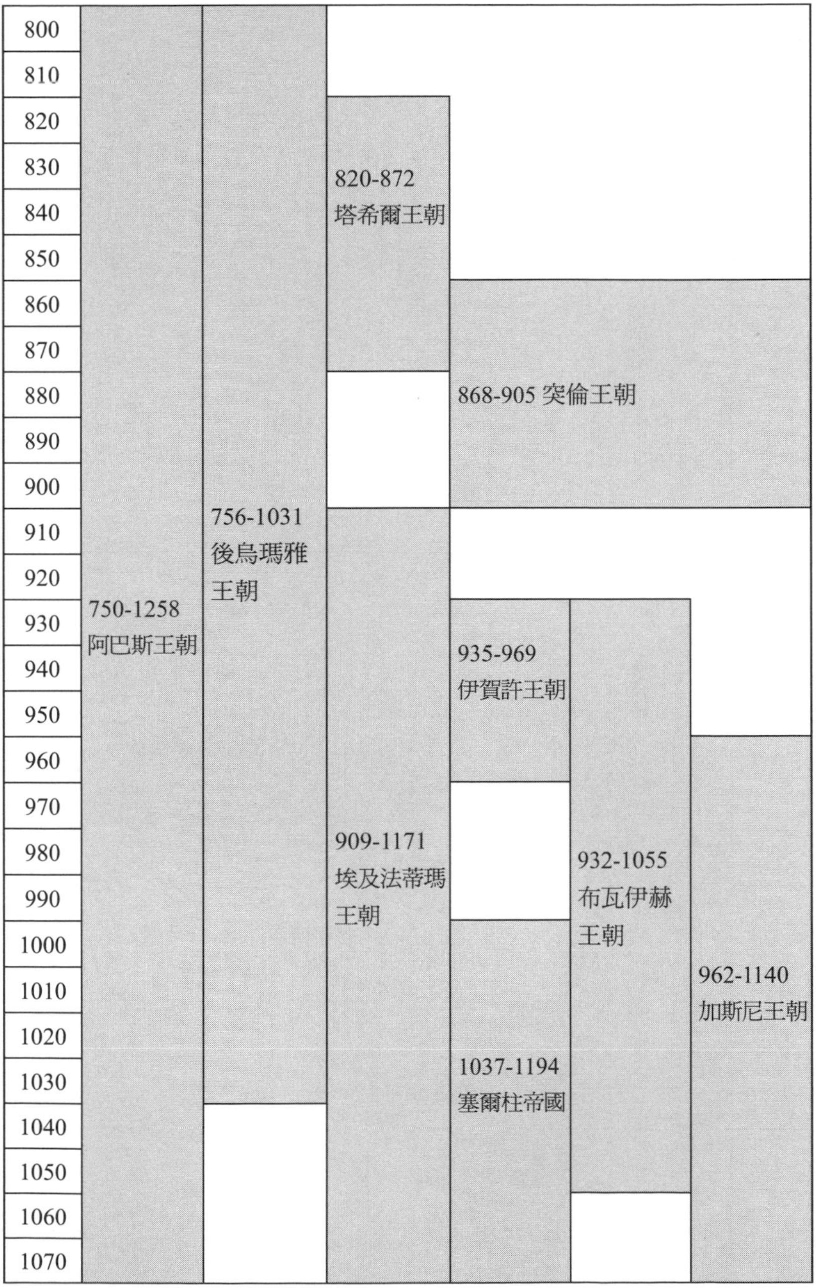

年						
800						
810						
820						
830			820-872			
840			塔希爾王朝			
850						
860						
870						
880				868-905 突倫王朝		
890						
900						
910		756-1031				
920		後烏瑪雅				
930	750-1258	王朝				
940	阿巴斯王朝			935-969		
950				伊賀許王朝		
960						
970						
980			909-1171		932-1055	
990			埃及法蒂瑪		布瓦伊赫	
1000			王朝		王朝	
1010						962-1140
1020						加斯尼王朝
1030				1037-1194		
1040				塞爾柱帝國		
1050						
1060						
1070						

1080						
1090					1096-1099 第一次十字軍東征	962-1140 加斯尼王朝
1100						
1110			909-1171 埃及法蒂瑪王朝			
1120						
1130						
1140				1037-1194 塞爾柱帝國	1147-1149 第二次十字軍東征	
1150						
1160					1161 漢薩聯盟成立	
1170	750-1258 阿巴斯王朝	1077-1231 花剌子模				
1180						
1190					1187-1192 第三次十字軍東征	
1200			1202-1204 第四次十字軍東征			
1210			1215 英國大憲章頒佈	1218-1221 第五次十字軍東征		1169-1250 埃及敘利亞亞優博王朝
1220			1228-1229 第六次十字軍東征			
1230			1254 萊茵聯盟成立		1225-1309 窩闊台汗國	
1240			1248-1254 第七次十字軍東征	1242-1502 欽察汗國		

年份						
1250	750-1258 阿巴斯王朝		1248-1254 第七次 十字軍東征		1225-1309 窩闊台汗國	
1260						
1270						
1280						
1290						
1300						
1310						
1320			1256-1393 伊兒汗國			
1330		1250-1571 埃及 馬木路克 王朝				
1340				1242-1502 欽察汗國		
1350						
1360						
1370	1291-1922 鄂圖曼 土耳其帝國					
1380						
1390					1369-1507 帖木兒帝國	1337-1453 英法 百年戰爭
1400						
1410			1405-1433 鄭和下西洋			
1420						
1430						
1440						
1450						

年份						
1460			1463-1479 第一次威尼斯—土耳其戰爭			
1470					1369-1507 帖木兒帝國	
1480				1242-1502 欽察汗國		
1490						1499-1502 第二次威尼斯—土耳其戰爭
1500						
1510	1291-1922 鄂圖曼土耳其帝國	1250-1571 埃及馬木路克王朝		1517 馬丁路德宗教改革		1519-1522 麥哲倫船隊環球
1520					1519-1559 第二次義大利戰爭	
1530						1538-1540 第三次威尼斯—土耳其戰爭
1540			1499-1736 波斯薩法維王朝			
1550				1526-1858 印度蒙兀兒帝國		
1560						
1570					1562-1593 法國宗教戰爭	1570-1573 第四次威尼斯—土耳其戰爭

年						
1580					1562-1593 法國 宗教戰爭	1588 英西戰爭： 無敵艦隊敗
1590						
1600					1600 英屬東印度公司成立	
1610						
1620						
1630		1618-1648 30 年 宗教戰爭				
1640					1640-1649 英國清教徒 戰爭	1645-1669 克里特戰爭
1650	1291-1922 鄂圖曼 土耳其帝國	1654-1667 波俄戰爭	1499-1736 波斯 薩法維王朝	1526-1858 印度 蒙兀兒帝國		
1660						
1670						
1680		1683-1699 維也納之戰			1688 英國光榮革命	
1690					1695-1696 第一次俄土戰爭	
1700					1701-1713 西班牙王位 戰爭	
1710		1700-1721 大北方戰爭				1710-1711 第二次 俄土戰爭
1720						
1730						

1740						
1750			1756-1763 英法 七年戰爭			
1760					1768-1774 第一次 俄土戰爭	
1770						
1780		1747-1826 阿富汗 杜蘭尼王朝	1775-1483 美國獨立 戰爭			1789-1795 法國大革命
1790					1799-1815 拿破崙戰爭	
1800						
1810	1291-1922 鄂圖曼 土耳其帝國			1526-1858 印度 蒙兀兒帝國		
1820					1821-1829 希臘 獨立戰爭	
1830			1794-1925 卡賈爾王朝		1839-1842 第一次 英阿戰爭	1813-1859 高加索戰爭
1840		1839-1942 第一次 鴉片戰爭				
1850		1856-1860 第二次 鴉片戰爭			1853-1856 克里米亞 戰爭	
1860		1866 普奧戰爭		1861-1864 美國南北戰爭		

<table>
<tr><td>1870</td><td rowspan="6">1291-1922
鄂圖曼
土耳其帝國</td><td>1870-1871
普法戰爭</td><td rowspan="6">1794-1925
卡賈爾王朝</td><td>1871
德意志統一</td><td>1877-1878
俄土戰爭</td><td>1878-1800
第二次
英阿戰爭</td></tr>
<tr><td>1880</td><td rowspan="3"></td><td colspan="3"></td></tr>
<tr><td>1890</td><td colspan="3">1894-1895 中日甲午戰爭</td></tr>
<tr><td>1900</td><td colspan="3">1904-1905 日俄戰爭</td></tr>
<tr><td>1910</td><td>1911-1912
的黎波里
戰爭</td><td colspan="3">1914-1918 第一次世界大戰</td></tr>
<tr><td>1920</td><td></td><td colspan="3"></td></tr>
</table>

廣場 全球紀行05

聖戰與文明：伊斯蘭與西方的永恆衝突

作　　者　張錫模
責任編輯　沈昭明
美術設計　林芳如
圖表重繪　呂昀禾
排　　版　菩薩蠻數位文化有限公司
社　　長　郭重興
發行人暨出版總監　曾大福
出　　版　廣場出版
發　　行　遠足文化出版事業股份有限公司
地　　址　231新北市新店區民權路一〇八—三號六樓
電　　話　(〇二)二二一八　一四一七
傳　　真　(〇二)八六六七　一八五一
客服專線　〇八〇〇　二二一　〇二九
電　　郵　service@sinobooks.com.tw
網　　站　http://www.bookrep.com.tw/newsino/index.asp
法律顧問　華洋國際專利商標事務所　蘇文生律師
印　　刷　成陽印刷股份有限公司
三版二刷　二〇一五年十二月
定　　價　三六〇元

國家圖書館出版品預行編目(CIP)資料

聖戰與文明：伊斯蘭與西方的永恆衝突 / 張錫模作；
-- 三版. -- 新北市：廣場出版：遠足文化發行, 2015.07
　面；　　公分. --（全球紀行；5）
ISBN 978-986-91909-1-6(平裝)
1. 中東　2. 西歐
735 104009184

廣場出版讀者回函卡

親愛的讀者您好：

感謝您購買廣場出版的書籍，您的建議就是廣場出版前進的原動力。

誠摯邀請您提供對於本書的寶貴意見，我們將不定期提供您最新的出版訊息與優惠活動。因為有您的支持與鼓勵，將使廣場出版的編輯更加努力，為每位讀者編出更好的作品。

◎姓名：_______ ◎性別：□男 □女 ◎學歷：_______科系_______

◎生日：西元______年____月____日 ◎E-mail：________________

◎聯絡地址：□□□□□____________________________________

◎聯絡電話：（ ）____________ ◎手機：____________________

◎職業：

□學生 □生產、製造 □金融、貿易 □出版、傳播

□服務業 □教育、文化 □旅遊、運輸 □醫療、保健

□家管 □零售、流通 □建築、營造 □藝術、設計

□公職 □其它

◎購買書名：____

◎購書地點：

□實體書店（____________書店）

□網路書店（____________網路書店）

□書展 □郵購 □直銷 □機關團購

◎您由何處得知本書資訊：

□書店 □報章雜誌 □DM傳單 □親友推薦 □網路爬文

□圖書館 □廣播電視 □其他：____________

◎您對本書的評價：（請填代號 1.非常滿意 2.滿意 3.普通 4.待改進）

□內容 □封面設計 □版面編排 □印刷品質

◎您的閱讀習慣：

□人文歷史 □社會科學 □文學小說 □藝術設計 □宗教哲學

□心理勵志 □財經企管 □其他____________________________

◎更多對本書或廣場出版的建議：

____

____

廣場部落格：http://agorapublisher.pixnet.net/blog Facebook：廣場出版

AGORA
廣場出版

客服電話：0800-221-029

電子信箱：service@bookrep.com.tw

請沿虛線對折寄回

廣　　告　　回　　函
臺灣北區郵政管理局登記證
第　1　5　5　1　2　號

請直接投郵，郵資由本公司負擔

2 3 1 4 1 新北市新店區民權路 108～3 號 6 樓

遠足文化事業股份有限公司　收

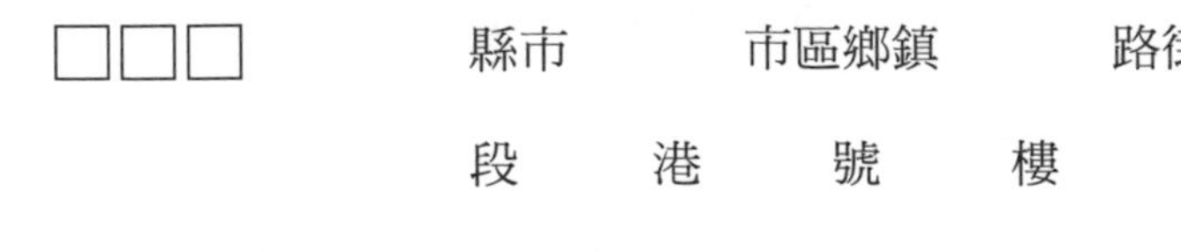

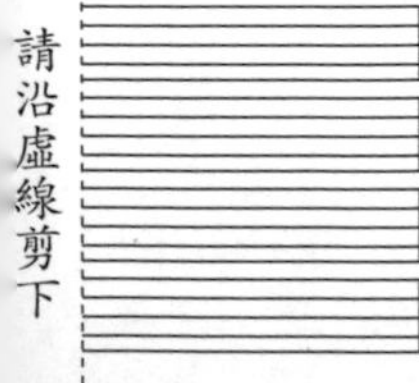

請沿虛線剪下